JN234883

網島 聖
Amijima Takashi

同業者町の研究
同業者の離合集散と互助・統制

清文堂

同業者町の研究
―同業者の離合集散と互助・統制―

目　次

第Ⅰ章　序 …………………………………………………………… 1
　第1節　研究の背景と本書の目的　2
　第2節　本書の研究対象と方法　4
　第3節　本書の構成　7

第Ⅱ章　先行研究の成果と課題 ……………………………………… 9
　第1節　都市の産業化と在来的産業基盤　10
　第2節　同業者町研究の成果と課題　13
　　1．視点と成果　13
　　2．同業者町研究の課題　16
　第3節　マーシャルの産業地域論と産業化期の産業集積　19
　　1．産業地域論と産業化期の産業集積　19
　　2．産業化期の産業集積に関する歴史地理学的研究　21
　第4節　同業組合や商業会議所に関わる議論と産業化期日本の歴史研究　25
　第5節　小　結　28

第Ⅲ章　同業者町の概観 ………………………………………………35
　第1節　商都大阪の経済発展における同業者町　36
　　1．江戸期から明治期の大阪と産業化　36
　　2．江戸期における大坂の同業者町　40
　第2節　都市史料としての商工名鑑的出版物と同業者町　43
　第3節　明治後期における同業者町分布　45
　第4節　大正・昭和初期における同業者町分布　49
　第5節　産業化期大阪における同業者町の類型　53
　第6節　小　結　55

第Ⅳ章　同業者町と調整の重要性
　　　　―明治・大正期の大阪道修町を事例に― ………………………61
　第1節　道修町の歴史と産業化期日本の医薬品産業　62
　第2節　大阪の医薬品産業と道修町の存続　65
　　1．明治・大正期の大阪医薬品産業　65

目　次

　　　2．医薬品業者の立地動向と道修町　68
　　第3節　薬種商同業者集団の結びつきと業態の拡張　71
　　　1．明治後期の道修町における主要薬種商　71
　　　2．明治期大阪の製薬業の発展と道修町薬種商　72
　　第4節　薬種商の利害対立と調整機能　78
　　　1．組合下部組織と薬種商間の関係　78
　　　2．薬種商間の調整と同業者集積の意義　81
　　第5節　小　結　84

第Ⅴ章　新たな調整への変化
　　　　―市場環境の変化と道修町― ……………………………………89
　　第1節　両大戦間期の大阪における道修町と医薬品産業の動向　90
　　第2節　道修町の医薬品業者と営業状況　95
　　第3節　問屋・卸売業者の取引関係と調整機能　100
　　　1．流通経路と取引関係の変化　100
　　　2．問屋・卸売業者による調整の変化　104
　　第4節　製薬業者による新たな調整への変化　106
　　　1．製薬組合の主導権とその変化　106
　　　2．両大戦間期道修町における調整の移行　110
　　第5節　小　結　115

第Ⅵ章　調整の機能不全と集積の複数核化
　　　　―明治・大正期の大阪における材木業同業者町― ………………121
　　第1節　大阪の材木業同業者と市売市場　123
　　　1．明治期の材木商同業組合　123
　　　2．市売の制度・慣習　127
　　第2節　材木産業同業者町の立地とその分裂　130
　　　1．明治後期～大正期大阪の材木産業　130
　　　2．材木業者の立地動向と材木業集積の変遷　134
　　第3節　材木業者の結びつきと流通経路の変化　138
　　　1．集積ごとの主要材木業者の特徴と業者間関係　138
　　　（1）西長堀と立売堀　138
　　　（2）西道頓堀周辺　142

iii

　　　　（3）西横堀川周辺　142
　　　　（4）港区周辺　143
　　2.　流通経路の変化と材木業者間関係の複雑化　148
　第4節　業者間の利害対立と調整の機能不全　152
　　1.　市売の制度・慣習に対する改革要求　152
　　2.　調整の機能不全とその要因　155
　第5節　小　結　160

第Ⅶ章　産業化期における同業者町の役割と産業地域論……165
　第1節　産業化期の同業者町にみられる諸類型　166
　第2節　同業者町の調整機能と空間的集積形態の維持　168
　　1.　構成員の新陳代謝と多様性の包摂　168
　　2.　市場環境・産業構造の変化への対応　169
　　3.　フォーマルな制度・組織の適切な介入　170
　第3節　考　察　171
　　1.　産業化期の大阪における同業者町の役割　171
　　2.　産業化期の大阪からみた産業地域論　173

第Ⅷ章　結　語 ………………………………………………177

補　章　近代都市における商工名鑑的資料の価値………185
　第1節　はじめに　186
　第2節　松本における「繁昌記」出版の目的と系譜　188
　　1.　山内實太郎編『松本繁昌記』の内容構成と出版の目的　188
　　2.　松本町における「繁昌記」出版の系譜　191
　第3節　山内編（1898）における商工名鑑的内容の分析　194
　　1.　商工業者紹介文の検討　194
　　2.　商工名鑑的情報とその性質　196
　第4節　地方都市における商工名鑑的「繁昌記」出版の文脈　203
　　1.　鉄道の敷設と在来産業の再興　203
　　2.　地方都市ダイレクトリーとしての「繁昌記」　206
　第5節　おわりに　211

目　次

参考文献　215
図表一覧　238
あとがき　241
索　　引　245

装幀／寺村隆史

第Ⅰ章 序

第Ⅰ章　序

第1節　研究の背景と本書の目的

　本書の問題意識は、在来的産業基盤として大都市内部の産業集積に注目することで、日本における産業化の歴史の一端を再検討しようとすることにある。本書では、在来産業が近代以前から維持した有形・無形の産業基盤を在来的産業基盤とする。産業化（industrialization）とは、農業が支配的で、天然資源によって発展が強く制約される経済から、製造業の拡大に牽引されて、物的・人的な資本形成が進み、急速かつ持続的に成長していく経済への転換と定義される歴史上の事象である（阿部 2000: 410）。産業化の過程は、18世紀後半から19世紀にかけて、英国の産業革命によって世界史上初めて実現された。産業化は世界経済に大きな影響を与え、英国や欧米諸国といった産業化に成功した国々と、主にヨーロッパ以外の産業化し得なかった国々との格差を拡大させる原因となった。19世紀半ば以降、アメリカ合衆国やフランス、ドイツなどの西欧諸国が英国に続き、欧米以外では日本も1880年代半ば頃、産業化のスタートを切ったとされる。

　産業革命期の英国にもたらされた新たな生産技術や組織が様々な国や地域で産業化を促進していったことは否みがたい。しかし、英国を含め、産業化に成功した国々では産業化期に在来の産業部門が分厚く残っており、それらによって経済発展する途が模索されていたこともまた事実である（斎藤 2008: 291-292）。日本の場合も、第Ⅱ章で言及するように、在来産業が産業化において重要な役割を果たしたことが指摘されている（谷本 1995; 中村 1997）。すなわち、日本は19世紀末から20世紀にかけての時期に、欧米以外で西欧型の産業化にキャッチアップすることに成功した稀有な例であるが、そこでも在来産業を基盤とする産業化の様態が存在したと考えられるのである。

　そこで、日本の産業化に言及する議論に注意を向けると、大規模な資本投下や生産体制の整備ばかりでなく、都市内部の中小零細企業の集積が産業化

第 1 節　研究の背景と本書の目的

を推進する上で重要な役割を果たしたことに気づかされる。工業地理学の産業地域社会研究は、日本の大都市における産業化の特徴として、中小零細企業の集積が果たした役割を強調し、そこでは補助産業（流通業・問屋）との結びつきや、伝統的な制度・慣習・文化に支えられた構成員間の共同体的なつながりが経済効果を発揮してきたと論じている（板倉ほか編 1970, 1973; 竹内 1978, 1983）。こうした産業地域社会研究の指摘は、産業地域内部における主体間の継続的な関係に基づく協調的行動や信頼関係が、在来的産業基盤として経済効果を発揮したことを示唆するものといえる。

ただし、産業地域社会研究は、大都市内産業集積の現代における状況を分析することに主眼があり、産業化期の歴史的な実態は直接検討の対象にしていない。また、産業地域における主体間の継続的な関係性を検証するためには、それを支える地域の制度・慣習・文化や製造業と商業などの補助産業の相互依存や結びつきを明らかにすることが重要になるが、これらの点は十分解明されていないことも批判されている（宮川 1974; 須山 2005）。

そこで、本書は産業地域社会の前身である同業者町に注目し、これを産業化期日本の在来的な産業集積と位置づけて分析していく。同業者町は継続的な主体間の社会的関係に担われた伝統的な制度・慣習・文化を継承し、明治以前から存続した同一業種の産業集積である（藤本 1963）。産業地域社会研究では、同業者町と産業地域社会が見出される大都市内産業集積の関係を直接指摘していないが、両者の構成員である同業者が共有する制度や組織は、明治期以前の職人仲間や商人仲間およびその後継の同業組合といった同じ系譜に連なるものである。よって、同業者町の中から産業化に成功したものが、第一次世界大戦後に大都市内産業集積へと成長したと想定することができる。

以上より、本書は、大都市における在来的な産業集積である同業者町が、日本の産業化を進める上で在来的産業基盤として果たした役割を明らかにすることを目的とする。具体的には、産業集積の経済主体である同業者達の社会的関係に注目し、同業者町が産業化に対応し、それによって空間的な集積

第 I 章　序

を維持させたメカニズムが産業化を促進する重要な要素であったことを論証していく。

第2節　本書の研究対象と方法

　日本における産業化を牽引したのは、大阪と東京の突出した2大産業都市であった。ここでは阿部（2006: 61-73）にしたがって、産業化直前の明治初期における、大阪府と東京府の諸産業の状況を見ていこう（表 I − 1）。全国的に農業の生産額が全物産中の61％に及ぶのに対して、大阪では31％と低く、工産物の比重は全国水準をはるかに上回る64％である。これに比較すると東京の農産物と工産物の比重はそれぞれ44％、51％にとどまり、製造業の比重は高いものの、全物産生産額は大阪の半分に満たなかった。さらに、工産物の内訳を見てみると、東京府ではほとんどの製品の生産額が大阪府に及んでいないことがわかる。このように、産業化直前の段階で、大阪府は全国でも抜群の工業都市であったことが確認できるのである。詳細は第Ⅲ章で触れるが、こうした大阪の製造業が東京の製造業に対して優越している状況は、産業化期にも継続していた。また、産業化期に移植産業ばかりでなく、産業化以前からの在来産業が発展し重要な役割を果たしたと考えると、日本の産業化を考察する上で、大阪は東京より重要な事例と位置づけられる。

　そこで、本書の検討対象を、明治〜昭和初期における大阪の同業者町とする。産業化期の大阪の産業構造は、英国における産業化の中心地であったマンチェスターとよく似ており、かつて「東洋のマンチェスター」と称された。そのため、経済史からは産業化期のマンチェスターと大阪の比較研究も行われている（Farnie et al. 2000）。産業化期の両者に共通する特徴としては、産業化期以降に急速に発達した産業だけではなく、在来産業である商業と深く関わる多様な製造業、商業、金融業の集積が重要な役割を果たしたことが示されている（阿部 2006）。日本最大の工業都市であるとともに商業都市でもあった産業化期の大阪は、本書の目的に対して格好の事例といえる。

第 2 節　本書の研究対象と方法

表 I-1　1874（明治 7）年の大阪府および東京府における生産額

	大阪府	東京府	全　国
工産物	6,090,296 (5.4) [63.7]	2,146,187 (1.9) [50.9]	111,891,559 (100) [30.1]
農産物	2,946,932 (1.3) [30.8]	1,865,326 (0.8) [44.2]	227,286,701 (100) [61.0]
原始生産物	527,541 (1.6) [5.5]	207,937 (0.6) [4.9]	33,128,714 (100) [8.9]
合計	9,564,769 (2.6) [100.0]	4,219,450 (1.1) [100.0]	327,306,974 (100.0) [100.0]
工産物内訳			
綿織物	698,117 (11.2)	62,495 (1.0)	6,249,057 (100.0)
蝋	227,207 (20.8)	1,170 (0.1)	1,089,832 (100.0)
菜種油	214,121 (12.0)	8,852 (0.5)	1,789,426 (100.0)
油粕	116,090 (29.3)	0 (0.0)	396,161 (100.0)
桶樽類	98,657 (18.9)	47,960 (9.2)	521,915 (100.0)
綿糸	97,686 (13.9)	3,543 (0.5)	705,097 (100.0)
鍋釜類	72,310 (25.5)	2,424 (0.9)	284,019 (100.0)
漆器	67,123 (14.5)	23,967 (5.2)	462,254 (100.0)
車輌類	53,282 (35.3)	76,638 (50.7)	151,128 (100.0)
農具	34,966 (11.0)	5,096 (1.6)	319,050 (100.0)
鋸鉋斧包丁類	31,008 (13.4)	6,650 (2.9)	231,078 (100.0)

注：原始生産物は林産物、水産物、鉱産物、畜産物の合計。大阪府は旧河内、和泉両国を、東京府は三多摩地域をそれぞれ含まない。（　）内は全国に対する比率（％）、[　]内は各合計に対する比率（％）を示す。
内務省勧業寮編『明治七年府県別物産表』（藤原編 1959）、山口（1956）、阿部（2006：64）により作成。

　また、明治初期の大阪では旧制度の撤廃によって従来の商工業上の組織や制度が消滅し、産業化を推進する上で数多くの困難に直面した。そこで、1878（明治11）年に、大阪市内の同業者町で営業する各種在来産業中の有力業者が集う形で大阪商法会議所を結成し、経済的な規制の制定や制度設計、そして政府に対する政策提言を数多く行った（新修大阪市史編纂委員会編 1994a: 288-292）。

　このように、各種の同業者町は大阪商法会議所とその後継団体である大阪商業会議所に参加し、大阪および周辺地域の産業化に重要なイニシアチブをとっていた。こうした大阪における商法会議所の設立と活動は、後に続く全国各地の主要都市における商業会議所設置[1]の先駆けとなり、1902年の「商業会議所法」制定へとつながっていく（日本商工会議所編 1978; 宮本又郎 1993）。したがって、同業者町における主体間の協調的行動を検証する上で、産業化期の日本における典型的事例といえる大阪は本論文の分析対象にふさ

第Ⅰ章　序

わしい。また、こうした商法会議所（商業会議所）と一体となった同業組合の半公的な活動は、その内容が文書化されていることが多く、関連する史資料が手に入りやすいことからも、事例地として適当といえる。

　なお、本書では第Ⅲ章で大阪市域全体における同業者町の変遷を検討し、その検討結果を踏まえて、さらに具体的な同業者間の社会的関係と利害対立の調整を検討する事例として、医薬品産業と材木業の同業者町を取り上げる。これらは、江戸期からの在来産業を基盤に発展しつつ、明治・大正・昭和期を通じて集積を維持した事例である。また、大阪商法会議所、大阪商業会議所に代表者を選出する同業組合の本拠地でもあり続けた代表的な同業者町であり、本書の実証的な分析の対象にふさわしいと考えた[2]。

　本書の特色として、採用する方法についても言及しておきたい。産業化に関する既往の歴史地理学研究の視点は、経済主体間の関係性が産業集積の経済発展へとつながるメカニズムを明らかにする上で不十分である。そこで、本書は経済地理学等の産業集積研究の視点を産業化の歴史地理学研究に援用することで、同業者町が継承・発展させてきた制度・組織・慣習に着目し、これらを支える主体間の関係性が産業集積の維持・発展にどのように作用したのかを解明する方法をとる。

　具体的には、同業者町における継続的な主体間の社会的関係を分析する上で、補助産業である流通業者の果たす役割に着目し、特に彼らが産業化によって生じる同業者間の利害対立を調整（coordination）する作用に注目する。経済史研究も江戸期の株仲間から明治以降の同業組合に受け継がれた同業者集団の機能として、調整[3]を指摘している（藤田 1995）。主体間の調整が同業者町の空間的な集積形態にどのような影響を与えたのかを分析することで、日本の産業化に関する新たな理解を提示できるものと考える。また本論文が採用する具体的な手法は、主体間の関係を名簿、商工名鑑的出版物、および業界紙の記事類を用いて検証するものとなる。同業者町の主体である、個別の業者を抽出しうる史資料として、団体名簿、商工名鑑、業界紙などを多面的に用いる。

第3節　本書の構成

　ここで本書全体の構成を示し、その意図を予め示しておこう。まず第Ⅱ・Ⅲ章において、論文全体に関わる視点や方法を整理した上で、研究対称地域の概観を行う。続く第Ⅳ～Ⅵ章が本論となる部分を構成し、具体的に同業者町の調整機能が集積を維持する作用について検証していく。第Ⅶ章は以上の検証を踏まえて、考察を加える。

　第Ⅱ章では、本書が対象とする産業化期の日本の同業者町に関して、既往研究の整理を行う。日本における産業化の歴史において、同業者町を都市における在来産業の拠点として捉えうることを確認し、既往の同業者町研究の成果と課題を提示する。さらに、近年の英語圏における産業化と産業集積に関する議論を展望して、日本の同業者町研究の課題を克服するための視点を提示する。第Ⅲ章では産業化期の大阪に注目する意義を改めて述べ、「商工名鑑的出版物」を資料として大阪市内における明治から昭和初期にかけての同業者町の変遷を包括的に検討し、大阪の産業化を推進した同業者町の意義を検証する。また、第Ⅳ～Ⅵ章で分析の対象として、医薬品産業と材木業の同業者町を選ぶ意義についても示す。

　第Ⅳ章では、第Ⅲ章までの議論をふまえて、明治・大正期における道修町の医薬品産業同業者町を事例に、経済主体である同業者間の対立する利害を調整する機能が、同業者町の存立と空間的集積の維持にとって重要であったことを明らかにする。第Ⅴ章では、大正・昭和初期の両大戦間期に焦点を当て、第Ⅳ章で示した道修町における調整機能によって集積を維持するメカニズムが変化した際に、集積の性質にどのような変化が見られたのかを検討する。そこでは、両大戦間期に、道修町の見かけの集積は維持されていたが、調整の内容は根本的に変化するとともに、同業者町の実態も問屋・卸売業の集積から製薬業の集積へと変質していたことが明らかになるだろう。

　こうした道修町の事例は、市場環境の変化にも拘わらず、調整が形を変え

第 I 章　序

つつも効果を発揮し続けた事例といえる。これに対して第Ⅵ章では、調整が必ずしも効果を発揮するばかりでなく、機能不全に陥ってしまう可能性についても考慮に入れ、調整の機能不全が同業者町の空間的な集積形態に影響を与えることを材木業の同業者町を事例に分析する。調整が機能不全に陥る原因についても言及されるであろう。

　第Ⅶ章では、第Ⅲ〜Ⅵ章を通じて行った検証結果をまとめた上で、大阪の産業化において同業者町が在来的産業基盤として果たした役割を考察する。以上の内容をふまえて、第Ⅷ章では総括的な議論を行い、本論文の結論を提示し、残された課題についても展望する。

　注
　1)　1909年の段階で、全国に58の商業会議所が設置された（宮本又郎 1993）。
　2)　事例選定の理由、およびそのプロセスは第Ⅲ章で詳述する。
　3)　また、経済地理学においても、制度を重視するレギュラシオン理論（宮町 2000）や取引費用論の立場（藤川 1999）から調整機能に対する注目がなされている。

第Ⅱ章　先行研究の成果と課題

第Ⅱ章　先行研究の成果と課題

第1節　都市の産業化と在来的産業基盤

　近年の経済史研究では、産業革命を急激な変化ないし「革命」として強調するのではなく、近世からの連続的変化の延長上にある産業化（industrialization）として理解するのが一般的である（斎藤 2008: 43）。例えば、数量経済史研究の進展により、英国における産業革命期間中の国内総生産の成長率は大幅に下方修正され、産業革命という現象が本当に「革命的」であったのかが疑問視されるようになった（Crafts and Harley 1992）。また、プロト工業化に関する議論では、本格的な都市部での産業化に先立つ時代の経済成長が重視され、農村部における手工業やその原料作物の栽培が発展の原動力になったとされる（Mendels 1972; 斎藤 1985; Ogilvie and Cerman 1996）。

　こうした視点からは、囲い込みに代表される大土地所有者の投資が農業に変革をもたらし、成長する都市の工業部門に労働力を供給したとする古典的な農業革命論に疑義[1]が呈された（Wrigley 1988）。また、産業化期には必ずしも資本集約的で大量生産志向の生産システムが席巻したわけではなく、伝統的な手工業に依存する職人（クラフト）型の工業部門が重要性を低下させたわけではない[2]。都市を拠点とする問屋を軸として、柔軟な分散的生産システムが中小規模の企業を結合しており、その集積が重要な役割を担ったことが指摘されている（Berg 1993, 1996; Sabel and Zeitlin 1985）。

　これらの知見により、とりわけ英国においては、産業化とは諸地域で自生的に生じた分業の進展と市場の創出・拡大の累積的変化の結果もたらされたものと見なされるようになった。こうした見方にとって、産業化期の英国の諸都市において地域間分業を担った産業地域（industrial district）の重要性を示したアルフレッド・マーシャルの進化経済学的な観点は、問題意識の面で共有する点が少なくない（マーシャル 1985）。すなわち、今日の英国における経済史や経営史、歴史地理学研究では、産業化期の経済的な空間を、都市を拠点とする産業地域と、それらを結びつけるより広域の地域システムとし

て捉える傾向が強く、マーシャルが産業地域と呼んだものへの関心が高まっている（Popp and Wilson 2007）。

　こうした研究動向の影響を受け、日本においても、同様に近世以来の自生的な経済発展として産業化を捉えようとする動きが出てきた。従来、産業化国としては後発の日本については、海外から移植された生産性の高い工業部門と、生産性の低い在来の産業部門の存在が対立的に捉えられ、産業化の研究においてはもっぱら前者が検討の対象となってきた（山田盛太郎 1934）。しかし、上述のように「産業革命」概念の見直しが進む中で、在来産業の重要性も見直されている。産業化は、必ずしも産業資本家や賃労働者といった新たな近代的経済主体だけが担ったのではなく、商人・中小経営・名望家といった在来的な諸主体間の関係や行動パターンの変化が、日本の産業化において重要な意味を持っていたことも認識されはじめた（谷本 1995）。

　特に都市では、明治中期から昭和初期に至る産業化の時代に第2次・第3次産業が急激に発展しており、当時発展しつつあった移植工業部門だけでは農村から流出した人口を十分吸収することができず、実際には在来産業がはるかに多くの人口を吸収していた事実が明らかになった（松本・奥田 1997）。すなわち、移植産業が主として生産財やエネルギー生産、大規模流通等を受け持ち、在来産業が最終財の生産や小口の流通を担うという社会的分業が成立し、経済規模が拡大するにつれて、消費需要も増加して在来産業は発展したと考えられるようになったのである（中村 1997）。したがって、日本の産業化を再検討する上で、都市を拠点とした在来産業に注目することが重要になる。

　以上の問題意識に立って、本書は第Ⅰ章で述べたように、このような産業化を支えた在来的産業基盤の一つとして、日本の都市を構成する歴史的な産業集積、すなわち同業者町に着目し、日本の産業化を在来的産業基盤が展開した側面から捉える。そもそも工業地理学の産業地域社会論によれば、大都市内部の産業集積においては歴史的に継承された制度・慣習・文化が保持され、流通業・卸売業等の補助産業との密接な結びつきが存在するとされる

第Ⅱ章　先行研究の成果と課題

（板倉ほか編 1970, 1973; 竹内 1978, 1983; 塚本 2013）。また、産業組織に注目する経済史研究からも、大都市内部の中小工場集積に着目し、そこでみられる問屋を中心に結ばれた小規模作業場を基盤とする産業組織を在来の分散型生産組織の延長線上に評価する議論が行われている（谷本 2005）。

　しかしながら、こうした工業地理学や経済史の議論は、在来的産業基盤として、集積内部の組織形態、慣習、文化の重要性に言及するものの、必ずしもその内実にまでは踏み込んでいない。また、検討対象とする時期は集積の発展した第一次世界大戦以降に集中しており、これらがどのように前時代から継承され、発展したのかについても十分明らかではない。

　そこで、本書はこうした産業集積の基盤として同業者町に注目する。近世の大坂[3]等の大都市では、町の地縁的な共同体とともに、職縁による仲間の共同体が都市構造を規定する上で重要な役割を担っていた（今井 1986; 井戸田 1997; 武谷 1999）。こうした同業者町が明治以降の産業化の中でたどった変遷については、かつて歴史地理学から研究が進められた。すなわち、既往の同業者町研究では集積内部の社会関係や制度・慣習・文化にまで踏み込んだ議論が行われ、産業化期の日本における産業集積の特徴を明らかにする上で重要な知見を数多く残している（藤本 1963）。

　特に、大阪、東京、京都など、近世に三都と称された大都市内部の同業者町は、明治以前から存続する都市内産業集積として理解することができ、工業地理学や経済史が指摘してきた大都市内の中小産業集積の伝統や社会関係、そして補助産業としての問屋や卸売業との関係といった諸課題を解明する上で格好の検討対象である。ただし、次節で述べるように歴史地理学における同業者町研究は1970年代以降長らく停滞しており、近年の経済地理学における産業集積論の知見と比較、検証するためには乗り越えなければならない課題も多い。

　そこで、本章では、まず同業者町に関する既往の研究成果を整理した上で、同業者町が産業化に果たした役割を議論するために克服しなくてはならない課題を指摘する（第2節）。その上で、近年の英語圏における産業化期

の地域形成と産業集積に関する研究動向を展望、参照することで(第3節)、こうした課題を克服するために有効と考えられる研究方法を提示していく(第4節)。

第2節　同業者町研究の成果と課題

1. 視点と成果

「同一職種の業者が町あるいは通りに比較的高率で集積し、また景観としても卓越している地域」を同業者町という(藤本 1963: 2)。1950年代から60年代にかけて、同業者町の発達過程や社会的、空間的構造の研究は、日本の都市に関する歴史地理学の古典的テーマの一つであった。

日本における同業者町の研究は、個々の事例の文化景観の検討から始まった。辻田(1952)は、「成立の時期と契機を異にする各種の同業者町が同一都市内に近い距離を距てて共存し、相互の間に文化景観の著しいずれを示し社会不整合面を露呈しているのは、ひとり社会学・経済学の問題であるばかりでなく、地理学の立場からも注目に値する都市の景相の一つではないか」として、景観論の立場から行う同業者町の研究を主張した(辻田 1952: 37)。こうした初期の同業者町研究はそもそも数が少ない上に、専ら同質的な地域の景観と他の地域の景観との比較検討に止まり、それ以上の分析は十分でなかった。

同業者町研究に転機をもたらしたのは、英語圏における都市生態学研究の隆盛とその成果の都市地理学研究への導入である。英語圏の都市生態学研究では、まずバージェス(1962)の同心円構造モデルやHoyt(1939)の扇形モデルなど、シカゴ学派都市社会学の影響下に、都市の空間的パターンに関する研究が進められた。やがて、それらは因子生態分析などの定量的研究とともに、都市の歴史的発展過程を重視する定性的研究[4]へと発展した(森川 1975)。そして、後者の研究動向から、産業革命以前の都市内における職業的な棲み分け、すなわち同一業種の産業集積が近代以降の都市構造をも規定

第Ⅱ章　先行研究の成果と課題

していることに注目する研究が進められるようになった（Vance 1971; Langton 1975）。こうした研究動向は日本にも導入され、例えば、小林博（1956,1961）はシカゴ学派都市生態学研究の知見を都市地理学に導入し、都市形態・都市地域区分の理論化を進めた。

　以上の動向に影響を受け、同業者町研究においても、都市の空間構造や空間的形態に歴史的な経緯が作用していることに関心が注がれ、地域内部の構造や職業上に現れた地域性の動態的な把握が重要視されるようになった。藤本（1963: 7）は、「同業者町がそれぞれ前の時代に先行した都市の性格を基盤として成立したのであれば、現在のそれは過去の都市における地域現象の残像とみなされ」るため、「同業者町の地理学的研究には、ある時点の断面における分布・立地・形態・機能といった、定型的・一面的・静態的な同業者町の地理的描出と同時に、なぜ卓越した地理的景観として現在にまで残存したかを考察」する必要があると指摘した。

　そこで同業者町研究の視点として採用されたのが、藤岡（1955）による地域変遷史法（景観変遷史法）[5]である。地域変遷史法とは、現在・過去相互の地域を理解する上で、地域とその歴史的な変遷を組合せる視点であり、具体的にはある1時点を中心とした同業者分布等の地域現象、景観要素を「時の断面」として復原しつつ、その断面が「厚み」のある時間的スパンで切断されたものであること強調し、それらを連ねることによって地域の変遷を説明しようとするものである。この視点に基づく方法の利点は、ある特定の時点における詳細な史料が欠如していても、推定に基づく記述的説明を展開することが可能な点にあるといえる（金田 2006: 35）。これにより、具体的な同業者町研究の手法は、おおむね同業者の分布を複数時点について復原し、その他の史資料から生産組織や取引の実態を加味して、空間的近接性や立地条件の点から同業者町の形成・存続・発展の過程を考察するものとなった。

　地域変遷史法を用いるにあたって、藤本（1963: 1-2）は、従来の城下町、寺内町などの歴史的都市の内部構造の研究が、「静態的な、またある一時点におけるもの」にとどまり、「継続した空間的・時間的な変化、すなわち、

地域的・歴史的なもの、および両者の相関的立場からする歴史地理的・生態的考察は少ない」と批判し、同業者町研究はこれらの研究と違い、都市生態学研究の影響下に、動態的な分析を進める意図をもって地域変遷史法を採用したと主張する。

以上のような方法による同業者町研究は、集積の形成・存続要因や産業化との関わりについてどのような知見を残したのだろうか。まず、同業者町の形成要因について、経済的要因[6]とともに、領主の政策・支配層と同業者の結びつき・封建的政治体制などといった経済外の要因が強調された。例えば、藤本（1963）は、京都と大坂の同業者町について、経済外の要因として朝廷や封建領主による同業者の集住化政策などを取り上げている。また、奥田・岡本（1957）は京都室町の織物問屋同業者町について成立の起源を中世の座に求めている。このように、同業者町研究では、支配者の強制や当事者の個人的都合も含めて、同業者町の成立に関わる偶有的な状況を挙げてきた。

一方、形成された同業者町が存続する要因に関しては、同業者の集団化がもたらす地理的慣性が指摘されてきた（藤本 1963）。また、同業者町の立地が一度決定されると、そこを中心として広範囲に影響力を発揮する政治・経済・社会全般にわたる統合組織が形成されるとし、これによりその位置の変更が難しくなる事象が歴史的慣性と呼ばれることもあった（樋口 1963; 永野 1971）。これらは一度同業者町が形成されると、同業者町の性質がさらに同業者を招来して発達するという一種のトートロジーといってよい説明を行うのみで、地理的慣性、あるいは歴史的慣性が指す内容やメカニズムは明らかではない。

この点について論理的な説明を加えようとするのが、家業に注目した研究群である（谷岡 1957, 奥田・岡本 1957, 藤本 1957）。これらの同業者町研究は、同業者町の存続要因を地理的慣性のみに帰することに対して、「旧套墨守ということが唯一最大の条件だとすれば、果たして同業者町が、激しい歴史の流れに圧倒されず、今日まで生き永らえることができたであろうか」と疑問

を付す（谷岡 1957: 200）。その上で、家業という論点から血縁による関係に限定されるが、同業者間の社会関係や、それによって形成される慣行・風習が同業者の集積を維持する要因として存在することを指摘した。さらに、同業者町における商家同族団（暖簾内）に注目する研究では、家とは血縁によって結ばれた家族とは異なる概念であり、住込奉公人や分家、別家等の非親族の構成員を含むものであると指摘し、同族団存立の基礎条件として近隣関係を重視している（中野 1948）。これらの研究によれば、血縁に限らず、様々な同業者間の関係性やそれに立脚して形成された慣行や風習が、同業者町の存続要因として働いたと理解することができるだろう。

2. 同業者町研究の課題

　以上のような、古典的な同業者町研究においては、2つの課題が残されているように思われる。

　第1に、近世から続く歴史的都市の空間構造や機能の分析に関心が集中する一方で、同業者集積が存続する要因に関しては封建的政策や地理的慣性、あるいは漠然と地縁が指摘されるに過ぎなかった点が挙げられる。社会学における都市生態学研究は、当初は地理学同様に都市の空間的側面を重視していたが、やがて社会・文化・心理的側面をも重視するものに変化していった（ワース 1965）。しかし、多くの都市地理学研究では空間的側面を重視した都市生態学研究のキャッチアップにとどまり[7]、地理学と社会学の間で用いる方法に関する交流はそれ以上進まなかった。

　これにより、既往研究では同業者町を構成する同業者間の社会的結合の契機については、十分明らかにされてこなかったといえる。すなわち、同業者町がどのように集積を維持し、自らを再編する力を働かせていったのかを、内部における同業者相互の連関に注目して明らかにする作業は、歴史地理学においては必ずしも展開しないまま、同業者町研究は終息したといえる。そのため、都市の空間的な側面、すなわち形態論に執心する地理学の同業者町研究に対して、都市社会学から、同業者集団そのものの構成・統合原理やそ

の社会的結合の契機に踏み込んだ分析が軽視されているといった批判が加えられている（松井 1980）。したがって、同業者町の維持・存立要因を具体的に明らかにするためには、同業者間の社会関係に踏み込んだ分析が必要となるだろう。

第2に、これまで同業者町が検討される際には、封建制の名残を残す、いわゆる伝統産業の事例が専ら検討の対象となり、産業化期に業態が発展的に変化した事例については対象外とされがちであった。そのため、同業者町の産業化との関わりは、歴史地理学の問題意識から欠落していたといってよい。1960年代以降、歴史地理学は社会経済史的な関心から疎遠になり、形態論への関心を深めていった（矢守 1970; 三木 2006）。こうした中で、前近代からの都市形態の継続性に注目する視点に制限されて、同業者町研究の検討対象は、過去の姿をよくとどめた変化に乏しい伝統産業の事例に集中することになった（矢守 1974: 263-280）[8]。このような動態的視点の欠如には、既往の同業者町研究が依拠した地域変遷史法という方法に帰される原因も存在する。金田（2006）によれば、地域変遷史法は特定の1時点から復原した景観を、時間的にある程度幅のある「厚みのある時の断面」として把握するため、実際の地域における社会・文化的な変化をよそに、景観ないしは地域を構成する要素を極めて静態的にとらえてしまう危険性を内包していた。

これらの原因により、既往の同業者町研究では近代以降の同業者町は細々と伝統を守る形で存続する事例のみが取り上げられ、産業化に深く関わった同業者町は視野の外におかれてしまったといえる[9]。そのため、既往の研究は産業化に対する関心を失ったため、同業者町が産業化において果たした重要な役割を捉え損なっていることが指摘できる。前節の内容を踏まえるならば、産業化を理解するために、封建的政治権力による居住地制限が無くなった明治期以降の同業者町の維持と発展に改めて注目することが必要になる。

以上をまとめると、既往の同業者町研究は都市生態学研究の影響下に産業集積の形成と維持の要因を考察するものであった。そこでは、集積の維持・存立の要因について、血縁や地縁の観点から経済主体たる個々の同業者の関

第Ⅱ章　先行研究の成果と課題

係性とそれに立脚した地域的な制度・慣習が重要であったことが示唆された。また、地域変遷史法という方法の制限の中においてではあるが、集積の維持・存立の要因を動態的に分析する必要性が指摘されたことも、見過ごせない。

　しかしながら、その後、産業化期の同業者町についてこれらの論点は活発な議論の対象にならず、今日までに十分解明されたとは言いがたい。産業化の時期には多くの産業で市場の環境や技術の変化が起こったことが想定され、そのなかで存続に成功した同業者町に注目することは、産業化の中で在来の産業集積が果たした役割を理解する上で重要な課題となる。また、産業集積としての同業者町の維持・存立要因の研究は、ほとんど手つかずで残されており、未だそのメカニズムはブラックボックスのような状態にある。これを同業者町における経済主体間、すなわち同業者間の関係にまで踏み込んで具体的に解明することが必要であろう。

　こうした課題に取り組むための研究方法を求めて、次節では英語圏における産業地域（industrial district）の議論に注目したい。これは英国の新古典派経済学者マーシャルが19世紀末から20世紀初頭に西欧諸国の産業集積を実地に観察して、集積の利益に関する経済学的な考察を加えて提示した概念であり、近年の英語圏における産業化期の経済史、歴史地理学的研究では理論的枠組みとして盛んに引用されて研究が進められている。また、近年の経済地理学でもマーシャルの議論を発展させる形で産業集積の維持・存立要因に関する理論的枠組みの精緻化が進められており、歴史的な研究との間で相互に参照が進んでいる。そこで、次節ではマーシャル自身の産業地域論を整理した上で、それを援用する近年の英国を中心とした英語圏の議論を展望し、日本における産業化期の同業者町が維持・存立するメカニズムを分析する上で有効な視角について検討して行く。

第3節　マーシャルの産業地域論と産業化期の産業集積

1．産業地域論と産業化期の産業集積

　マーシャルは、産業化期におけるゾーリンゲンやシェフィールド、ランカシャーといった都市や地域を実地に観察して回り、産業地域の概念を提示した。したがって、そこに示されている産業地域における集積の利益とは、産業地域が産業化に果たした役割を説明するものに他ならず、都市が産業化する歴史を理解する上でも有効と考えられている。ここでは、マーシャルの産業地域論を振り返り、都市の産業化に対して産業地域が果たした役割を考察していく。

　マーシャルの産業地域論は1890年刊行の『経済学原理』（マーシャル 1985）と1919年刊行の『産業と商業』（マーシャル 1986）の2つの主著にまとめられている。これらによれば、同一業種の産業集積によりもたらされる集積の利益は、①工程間分業に伴う補助産業の形成、②産業上の雰囲気（競争意識と経験知の伝播）、③提携的な建設的協同の3つにまとめられる[10]。

　まず、①工程間分業に伴う補助産業の形成とは、資本財製造業者や「機械の経済」を実現する専門加工業者、原材料および製品の流通に携わる商社、そして下請賃加工業者などが集積することを意味する。これは補助産業の集積による外部経済の発生を指摘した論点であるが、マーシャルは近接性の問題を距離や輸送費の問題から検討していない。マーシャルにおける近接性とは、「共通の知識と信頼」に基づく個別接触を通じた取引活動の円滑化であり、取引費用（特に調整費用）の範疇に属する問題である（小田 2004: 29）。したがって、マーシャルの補助産業に関する論点とは、当該の企業と補助産業との間の関係を円滑にするような、共有される知識や規範、社会関係を重視するものといえよう。産業化期においては、こうした重なり合うローカルな制度が取引の調整を可能にし、経済活動の規則や規範を作り上げていたのである（Lewis 2009）。

第Ⅱ章　先行研究の成果と課題

　次に、②産業上の雰囲気（競争意識と経験知の伝播）とは、専門的技能の教育と熟練の形成、熟練技能の世代的再生産、技術革新指向の企業家風土、そして新たな着想の相互交換などの現象を指す。マーシャルは「産業がその立地を選択してしまうと、ながくその地にとどまるようである。同じ技能を要する業種に従事する人々が互いにその近隣のものからうる利便には大変大きなものがあるからである」と指摘している（マーシャル 1985: 271）。産業地域では、同業者の日常的な研鑽と接触の中で相互に波及する産業上の技能、秘訣や知識が累積的に増幅していき、これが集積の利益になっていた点を示したものといえよう。

　マーシャルは暗黙知や形式知といった知識が集積の利益として重要な役割を持っていることを指摘し、それらを形成する産業地域に独自な産業上の雰囲気（industrial atmosphere）を重視している（小田 2004: 30-31）。産業上の雰囲気[11]とは共通の知識や技能を共有する、産業と結びついた文化や地域性を指すものといえるだろう。このように、産業化期においては近接する商工業者の相互作用により実現する局地的な学習環境が形成されており、経済的なパフォーマンスを発揮していたのである（Lewis 2009）。

　③提携的な建設的協同には、広報活動と市場の拡大、資材の共同購買、受注の分配、技能者の要請、新技術の導入、そしてインフラ整備等が具体的に該当する。マーシャルは19世紀前半の英国において産業界を支配した破壊的な競争に対して、構成員にとって共通の利益が得られる一種の独占形態を建設的協同（constructive cooperation）と表現した。建設的協同の形態には、自生的でインフォーマルな集積内の協同行為や関係性にとどまらず、「提携的な行動」（マーシャル 1986: 604）と表現される同業組合などの業界団体が含まれており（小田 2004: 31）、制度的な裏付けを持ったフォーマルな組織なども含めた範疇であることがわかる。なお、このような建設的協同は、時には向上心・競争心を喪失させるというジレンマを抱えるのであって、マーシャルにとって産業地域とは協同意識と競争意識が相克する場として認識されていた（小田 2004: 32）。産業化期においては、商工業者間ネットワークの地理

第3節　マーシャルの産業地域論と産業化期の産業集積

的な集中が都市の拡大に必要な商工業者間の経済的相互依存関係を可能にしたと考えられる（Lewis 2009）。

以上のように、マーシャルの産業地域論に特徴的な集積の利益とは、補助産業、産業地域の雰囲気、建設的協同の3つのキーワードによって理解できる。マーシャル自身は新古典派の非常に競争的な市場観を有しており、産業地域内部の社会的側面について詳細な検討を加えていないが、これら3つの特徴はいずれも産業地域内部における主体（アクター）間の継続的な関係に基づく、協調的行動や信頼関係に言及するものであることがわかる。なお、関係性の主体としては製造業者や職人に限らず、商人や商社といった関連業種も含めた考察が重要なこと、そしてインフォーマルな関係ばかりでなく、法規などの裏付けを持つフォーマルな組織や関係性についても注意すべきとしている。これらの視点が、新制度派経済学、進化経済学、経済社会学などの新しい知見とも共鳴し、制度・慣習・文化といった要素を組み込んだ産業集積の分析に論拠を与え（水野 1999）、近年の経済地理学では様々な地域における産業地域を高く評価する事例研究を進めている点が注目される。ただし本論文にとって重要なのは、現代の産業集積をめぐる研究の進展ではなく、産業化期の産業集積をどのように捉えるべきかという点にある。

英語圏における都市経済史、経営史、歴史地理学の研究では、資本主義的な産業化と都市化を分析する上でマーシャルの産業地域論が利用されている（Hudson 1989; Wilson and Popp 2003; Carnevali 2004）。それは、上述した3点の要素を通じて、産業化期の都市における空間や場所と経済の関係を正確に叙述することが可能になるからである。こうした視点は都市内部の産業集積である同業者町の分析にも応用可能であろう。そこで次項では、マーシャルの影響を受けて進展している産業化期の産業集積に関する研究成果を整理しておく。

2．産業化期の産業集積に関する歴史地理学的研究

1980年代以降、英国を中心として、国家を単位とした従来の経済史の見方

第Ⅱ章　先行研究の成果と課題

が、産業化期における地域差の理解を歪めていることが認識されはじめ、経済発展を動態的に理解するためにも都市や地域に注目することは必要不可欠と考えられるようになった（Hudson 1989, 1999; Pollard 1981; Stobart 1996）。すなわち、産業化期の経済史的な分析をする上で都市や地域を対象とする研究が数多く進められるようになった。特に英国では産業化期の都市や地域と産業を実際に分析したマーシャルの議論が再評価され、産業地域が分析の枠組みとして注目されるようになったのである（Popp 2001; Rose 2000; Stobart 2004）。

一方、同時期から他の幅広い社会科学の分野でも産業集積に対して関心が集まりはじめていた。こうした動向の直接の契機となったのは、政治経済学者のピオリとセーブルを嚆矢とする産業集積に関する議論である（ピオリ・セーブル 1984）。彼らは、多品種少量生産を柔軟にこなす中小企業の集積地域が新たに繁栄する生産システムになると評価した。彼らの議論を受けて1990年代以降に進められた産業地域論の理論的な精緻化は、前節で見た②と③の論点における産業地域の社会・文化的な側面を強調するものとなり、マーシャルの議論を拡張するものとしてネオマーシャルモデル（neo-Marshallian model）と称されるようになった。その特徴は、社会（society）・制度（institution）・文化（culture）などの経済外の要素を考慮に入れて産業集積を分析していく点にある[12]。

ネオマーシャルモデルの産業地域論は現代の産業集積を検討対象としていることや、産業地域が想定する産業集積の空間的な範囲ないし大きさが明瞭でないなどの問題はあるものの[13]、産業化の過程を理解する上でも有効であることから、そこで得られた理論的成果は歴史的な産業地域研究にも影響を与えている（Lewis 2009）。特に、産業地域の理論的研究に注目する産業化期の歴史研究は、英国で数多く行われてきた。例えば、Popp（2001）はスタッフォードシャーの製陶産業を取り上げ、産業化による他の産業地域との価格競争の圧力を避ける上で、産業地域の社会的関係が強くまとまったものである方が良いことを示した。一方、ウースターおよびトーントンの手袋製

第3節 マーシャルの産業地域論と産業化期の産業集積

造業の集積の事例からは、市場や原料供給地へのアクセスにおいて全く有利でない土地に、何世紀にもわたって集積が維持された点が明らかにされた（Coopey 2003）。また、シェフィールドの鉄工業と刃物製造業については、産業地域の発達における企業家の役割が分析されている（Lloyd-Jones and Lewis 1994; Tweedale 1995）。

　しかし、このように具体的な事例に即して検証が進められると、ネオマーシャルモデルの産業地域論は産業化期英国の事例に適用する上で問題をもつことが浮かび上がってきた。ネオマーシャルモデルは、産業地域内の信頼関係、自生的な社会関係や地域アイデンティティなどの社会・文化的特徴が本来競争し合う同業者に協働を可能にするとしている。ところが、20世紀以降の英国ではこうしたメカニズムが十分働いていないか（Wilson and Popp 2003; Popp 2003）、むしろ産業地域の社会的関係が経済発展の足かせとなっている場合が多々あることも明らかになってきた（Popp and Wilson 2007）。

　そもそも産業化期英国の産業地域はほとんどが今日までに衰退してしまい、現代では産業地域の社会的関係や文化によって形成された同業者間の関係が観察できないという問題がある。これにより、現代では「なぜ英国には産業地域が存在しないのか」という問いが立てられるまでになっている（Zeitlin 1995）。新古典派経済学者であるマーシャル自身が意図した産業地域は、高度に競争的な環境にあるとされ、社会に埋め込まれた要素が介在する余地はないとする向きもあり（Langlois and Robertson 1995）、ネオマーシャルモデルの拡張された産業地域論を退け、純粋なマーシャル自身の議論のみによって産業化期の産業地域を分析すべきことも主張されている（Propris and Lazzeretti 2009; Sunley 1992）[14]。

　一方、英国のみにこだわらない比較史的視野をもつ研究からは、新しい論点が示されつつある。ネオマーシャルモデルは、共同体に埋め込まれた社会的関係に依拠する同業者間の信頼と協同によって、詐欺瞞着といった機会主義的行動などの取引にかかわるコストを抑制している点から、産業地域の維持・存立要因を説明しようとする。しかしながら、大陸ヨーロッパで維持・

第Ⅱ章　先行研究の成果と課題

存立する産業地域の事例では、内部の業者間に厳しい緊張関係や公然の対立が存在してきたことが明らかとなってきた（Zeitlin 2008）。

　これにより産業地域の維持・存立に関わる議論の焦点が、同業者の意見の不一致や利害の対立を妨げる協調的な経営文化の存在から、こうした対立を調整し解決する制度的メカニズムの存在へと移動しつつある。Carnevali (2004) は業者の近接性によって信頼や社会的埋め込み、協働が自生的に発生するというネオマーシャルモデルの説明を批判的に検討した上で、19世紀末のバーミンガムにおける貴金属産業街を事例に、同業組合などの管理組織や管理制度の運営による経済主体の意識的な努力が必要であると主張する。さらに、取引における信頼を増進し、機会主義を抑制する制度的エージェントとして同業組合や商工会議所、サービスセンター、地方自治体などの組織をとりあげ、これらが産業化期以降の大陸ヨーロッパには見られるが、英国を含むアングロサクソン圏の経営環境では、バーミンガム貴金属産業街の事例を除き、ほとんど見られないことを指摘し、これこそが20世紀以降の英国の産業地域において社会的関係や文化により形成された同業者間の関係がほとんど存続しなかった理由であると述べる。

　以上のように、近年の英語圏における歴史的な産業地域に関する議論を振り返ると、マーシャルの議論は産業地域内部における主体間関係に基づいた協調的行動や信頼関係に注目して集積の利益を議論する視点を提示するものであった。こうした関心は経済発展の歴史をより具体的に解明しようとする近年の産業化期の産業地域研究に影響を与えている。しかし、そこには、こうした協調的な関係や信頼関係が発生するメカニズムを解明していないという点で限界があった。この課題を解決するためには、産業地域が維持・存立するメカニズムの解明にあたって、産業地域内の業者間に見られる利害の対立や意見の不一致を調整する制度や組織、具体的には同業組合や商業会議所に注目することが有効であることが分った。次節ではこうした制度や組織を産業化期の日本における事例について具体的に検討している研究動向を整理し、本書が検討対象とすべき同業者町の組織や制度について考察する。

第4節　同業組合や商業会議所に関わる議論と産業化期日本の歴史研究

　産業化期の日本において産業地域内の業者間に見られる利害の対立や意見の不一致を調整する制度や組織、具体的には同業組合や商業会議所に関する研究を整理していく。ただし、産業化期日本については、マーシャルや産業地域論に言及した議論はほとんど行われていない。また、同業者町に関してもこうした研究は皆無である。したがって、ここでは同業組合や商業会議所に関する研究を、直接マーシャルの影響下に無い研究や同業者町のような小規模な集積に関する研究についても取り上げていくことにする。

　同業組合などの同業者団体や商業会議所に対して、制度論的アプローチから行われる研究に歴史制度分析がある。これは新制度派経済学の考え方を歴史的な研究に導入したものである。新制度派経済学は、人間の合理性や情報処理能力は完全ではないと前提し、市場では不完全情報や限定合理性によって発生する取引コストが存在することを指摘する。取引コスト[15]とは、具体的には取引相手を探索し、交渉し、契約を結び、その契約を履行させる上で発生するコストを指す（Williamson 1985; North 1990）。

　歴史制度分析はこうした考えを導入し、記述的な歴史解釈に取引コストの経済学やインセンティブやリスクの配分に関するゲーム理論を用いた分析を行う。これにより、実証可能な仮説にしたがって、企業・政府間や企業銀行間の関係、生産組織や市場取引に関する制度などを論ずることを可能にし（斎藤 2010）、江戸期の株仲間などの同業者団体による制度づくりが分析されている（岡崎 2001）。また岡崎（2005）所収の諸論文は、生産組織を財・サービスの生産のため継続的・長期的な取引関係によって形成された主体間の関係と位置づけ、生産組織による仕事の割当て（コーディネーション coordination）と、人々がその仕事を行うように誘因（インセンティブ）が与えられる点を多面的に検討した。

　同業組合や商業会議所に注目する研究として、共同体と公的な組織の間に

第Ⅱ章　先行研究の成果と課題

位置するアソシエーション（中間組織 association）に注目する議論も重要である。アソシエーションは組織間調整メカニズムの1類型と捉えられ（山倉 1994）、多数の組織が含まれている場合や、共同目標の達成のために組織間の協調・協力が必要な場合に形成されるメンバー間で意思統一を図るための仕組みとされる（松本 1996）。近年の経済史研究でアソシエーションが注目される背景には、市場経済は様々な長所を持つシステムではあるものの、競争の行過ぎ、規制の無視や軽視、短期的利益の偏重などの弊害がつきまとい、市場経済のみによって完結したシステムにはなりえないとする認識がある（猪木 2001）。

　都市地理学からは遠城（2006）がアソシエーションに言及している。遠城は、英国の経済人類学者キース・ハートの議論に依拠して、アソシエーションを、信頼によって個人と個人をつなぐ独自の社会形式であり、共同体的な相互依存関係でもなければ、国家の「公共性」とも異なる、独特な仕方で維持された対面関係の場として機能するものとする。そして、都市民衆は、国家、市民社会、アソシエーション、共同体、市場といった複数の社会制度のうちいずれかを選択してそれにのみ属するというよりも、これらの制度に同時に属してそれを巧みに折り合わせているとも指摘している。

　このように定義づけられるアソシエーションは、実際には多岐にわたる形態をとるが、日本の産業化期における代表例としては、特に同業組合や商業会議所、業界団体について検討が進められている（松本 2002）。経済史における同業組合研究では、近世の株仲間から受け継がれた「調整機能」と「信用保持機能」が、明治初期の国内経済関係諸法の未整備もあって、政府から必要視されたことを明らかにした（藤田 1995）。加えて、政府による規制への対応や、情報の収集と伝達、製品の標準化などが、同業組合の具体的な機能であったことも指摘されている（松本 1989a, 1989b, 1993）。同様に国内における地域経済の発展に商業会議所が寄与した点や（上川 1991; 宮本又郎 1993; 若林幸男 2001）、各種業界団体が政府と個別企業の間に存在する情報の非対称性を打破することで産業政策の実効性を高めていたことが明らかにさ

第 4 節　同業組合や商業会議所に関わる議論と産業化期日本の歴史研究

れている（橘川 1991; 岡崎 1993; 橋本 1994; 白戸 2000）。これらの研究では、地方経済の利益を代表する商工業者がアソシエーションを結成し、地方自治体や政府と交渉することを通じて、地域の利益を獲得していったことも明らかにされている。

　こうした論点は近代の産業と地域形成に関する歴史地理学の研究と重なるところも多い。青木（2000）は埼玉県における酒造業を事例に、同業組合が地域の分化・統合に果たした役割を検証した。また、清水（2011）は大垣や四日市における商業会議所と各種業界団体に注目し、これらが地域内部の商工業者がもつ利害・要求を調整し、その結果を市政や産業振興策に反映することで地域の発展に貢献したことを論証した。

　以上のように、産業化期の日本に関する歴史的研究においても、近年の市場を補完する組織・制度を重視する視点から、経済主体の合理性を限定的に捉え、経済活動の実態を解明するためには主体同士の社会的関係や社会的ネットワークを明らかにすることが重要視されており、同業組合や商業会議所などの制度・組織に注目した議論が展開されている。こうした関係性については、英語圏で注目されている直接生産に関わるものに加え、商業を含めた取引や政策への対応に際して行われる調整に関するものも注目を集めている点が特筆される。ただし、これらの議論は法制度史的な枠内で論じられることが多く、制度・組織が具体的にどのようなメカニズムで働いていたのかが明らかでない。

　この点を考える上で、明治以降に作られた商業会議所や同業組合が一定の地理的な範囲を対象にしていることはもちろん、同業組合の前身となった株仲間には居住地制限などによる特定の空間との強い結びつきがあった点が重要である。すなわち、主体の間で取り交わされる社会的関係に立脚した組織や制度を地縁や空間的な集積形態と関連づけて、その集積を維持する要因を具体的に研究することが必要であろう。同業者町はこうした検討の対象として最も適当なものの一つと言える。

第Ⅱ章　先行研究の成果と課題

第5節　小　　結

　本章では、産業化を支えた在来的産業基盤として都市の産業集積に注目すべきことを確認し、こうした産業化期の産業集積である同業者町に関する既往の歴史地理学研究の成果と課題を整理し、その課題を克服するための研究方法を模索して、同様の問題意識をもつ近年の歴史地理学、経済地理学、社会経済史研究を展望してきた。同業者町研究は都市生態学研究の影響下に進められており、主体間の社会的関係に注目して同業者町の維持・存立要因を考察する視点を持っていた。しかしながら、次第に歴史地理学研究の関心が都市の形態論へと偏重し、過去の姿をよくとどめる静態的な事例の分析を重視して、産業化期に業態や業務内容が劇的に変化した同業者町における社会的関係と同業者町の維持・存立要因との関係を検討する研究は十分進展しないまま停滞した。

　本章ではこうした同業者町が維持・存立したメカニズムを具体的に検討する方法を求めて、マーシャルの産業地域論とその理論的枠組みを継承する英語圏の産業地域に関わる歴史地理学的研究を整理した。マーシャルは産業地域における集積の利益を同業者間の協調的行動と信頼関係が生み出す技術や取引上の外部経済によっても説明していた。そこでは協調的行動や信頼関係を可能にする産業地域の制度・慣習・文化が重要な検討対象になる。こうしたマーシャルの議論は1980年代以降、幅広い社会科学諸分野で再評価されるようになり、主にイタリアにおける産業地域の事例から観察された内容を加味して、より産業地域の社会・文化に関する視点を拡張したネオマーシャルモデルへと発展した。ネオマーシャルモデルは産業地域の自生的な協調的行動や信頼関係が取引における機会主義的な行動を抑制することから、産業地域が維持・存立するメカニズムを説明する。

　しかしながら、産業化期英国の産業地域に関する歴史的研究からはこうした自生的な協調的行動や信頼関係が見出されず、むしろマーシャルのオリジ

第5節 小　結

ナルな議論に立ち返るべきとして、こうした説明の当否が議論されるまでにいたっている。これに対して、比較史の視野を持つ研究からは、大陸ヨーロッパの事例を加味して、産業地域では協調的行動や信頼関係が決して自生的にもたらされるのではなく、同業組合、商工会議所、地方自治体などの管理組織や管理制度を通じた不断の努力が重要であるという視点がもたらされた。このように産業地域を維持・存立させるメカニズムに関する議論は、その焦点を同業者の対立や不一致を調整する制度・組織的メカニズムへと動かしつつある。

　そこで、こうした論点を日本の同業者町に適用するため、近年の日本における歴史地理学、経済史などの研究から、経済的な管理組織や管理制度に関する議論を整理した。そこでは英語圏の産業地域研究と同様に、制度・組織に注目して株仲間、同業組合、商業会議所などに関わる制度・組織の分析が行われていることを確認した。これらの制度・組織では諸主体間の利害対立や意見の不一致を調整する作用をもっており、その合意形成のプロセスを詳細に分析する必要が指摘されている。また産業化期の日本においては、同業者間の関係性だけではなく、法規や地方自治体、そして政府・国家といったより公的な制度・組織との関係についても視野に収めることが重要であることが分った。ただし、これらの議論では制度・組織と地縁や産業集積の関係は検討されていない。

　以上の議論を参照して、本書では産業集積の分析にあたって、ネオマーシャルモデルや産業化期英国の事例に依拠する産業地域論ではなく、制度・組織に注目する立場を取る。具体的には、株仲間、同業組合、商業会議所などに関わる制度・組織の議論を参照することで、まず個別の主体とその関係性を明らかにした上で、主体間の社会的相互作用や相互依存に留意して、合意形成や取引における調整に注目する方法を採用する。これにより、本論文は在来的な産業基盤である同業者町が、産業化に適応しつつ、都市の産業化を進める上で果たした役割を明らかにする。この方法は第Ⅳ、Ⅴ、Ⅵ章を通じて用いられるが、主体間の取引や合意形成に関わる調整のプロセスが集積

第Ⅱ章　先行研究の成果と課題

の維持・存立に有効である点については、特に第Ⅳ章で詳細に検討する。加えて、本論文は極めて転変の激しいことが予想される産業化期の状況を考慮に入れて同業者町の動態性に留意し、こうした制度・組織が集積の維持・存立に対して有効に作用するばかりでなく、十分機能しない場合があったことに注目する。この視点は、有効に作用した第Ⅳ、Ⅴ章の事例と対比する形で、特に第Ⅵ章での検証に用いられることになる。

注

1) さらに、アメリカにおいても伝統的な産業革命像の見直しが進められ、自明視されてきた工場制をはじめとする生産システムの効率性が再検討されるようになった（Robertson 1999）。
2) 斎藤（2008）は、産業化期に機械化と大量生産への投資が生じたのは、18〜19世紀の中間財生産部門において生産性を高める最も有効な途だったからであり、手工業的な技術が未だに比較優位を持つ部門も多かったと主張している。また、最終消費財生産部門では、中間財の生産における機械化、大量生産化のおかげで部門間の相互依存が進み、かえって職人的な技能が存続し、新たな発展を遂げることもあり得たと指摘する。
3) 詳細は次章で述べるが、こうした近世における「町」の地縁的共同体と株仲間の職縁的な共同体の重なり、および密接な関係が最も明瞭に指摘され、研究蓄積が豊富なのも大阪の事例である（今井 1986）。したがって、近世—近代を通して継続的に産業化の歴史を考える上で大阪（大坂）における同業者町を事例とすることが適当と考える。
4) 都市の歴史的発展過程を重視する定性的研究の動向としては、ヨーロッパ諸都市のCBDを論ずる上で、古い市場や教会・王宮などの中心核を歴史的要素として重視するDickinson（1951）や、大陸ヨーロッパの都市の空間的パターンを歴史地理的な発展過程の中で捉えたLichtenberger（1970）などがあげられる。
5) 藤岡（1955: 42-57）は地域変遷史法と景観変遷史法をほぼ同義のものとして説明している。そこで、ここでの地域変遷史法の理解は、景観変遷史法の特性と問題点について詳述した金田（2006）の説明を地域変遷史法の説明に読み替えて依拠した。
6) 藤本（1963）は経済的要因の事例として、例えば、扇子業同業者町と竹林、西陣の織物業同業者町と良質な水資源などの材料産地との近接性を取り上げている。
7) 都市の社会・文化・心理的側面を重視すべく、因子生態研究の方法を用いる都

第5節　小　結

市地理学研究も進められた。しかし、そもそも都市の社会地区を分類するための理論に過ぎず、因子分析の手法を用いようとも歴史的傾向や、社会・経済・政治的特徴を関連させるのに失敗する恐れがあるとして都市生態学研究の社会地理学への応用は否定的に捉えられた（Eyles 1974）。

8) 「産業革命以後資本主義の発達に伴って同業者町の内容も変化をとげ、封建遺制を比較的強く残している手工業者、および、問屋制商業資本家の同業者集団地域と、資本主義機構に円滑かつ早急に組み入って発展をとげた近代的高度資本主義的商工業地域とに分化した」のであり、「後者はいわゆる同業者町の概念以上に近代的進化をとげ、また歴史地理的考察よりも、むしろ経済学からのアプローチが必要かつ重要である」として、同業者町研究の対象は前者のみに限られていった（藤本 1963: 4）。

9) 藤本（1963）は、以下のように主張している。「ことにわが国の場合は、余りにも近代化・資本主義化が急激であったため、その変革によく追随できた先進的部門すなわち近代的商工業と、追随できず脱落した後進的部門すなわち伝統的工業とに分化した。（中略）わが国では同業者町の研究に、伝統工業の分析理解が必要となる」（藤本 1963: 4-5）。

10) 小田（2004）は、マーシャルの著作で指摘されている集積の利益を大きく5点にわけて整理する。その上で、5点の中には、マーシャルの議論には純粋に同一業種の産業集積によりもたらされるものと、多様な業種の集積、すなわち都市化の経済によってもたらされるものが混在しているとして、後者に該当する2点を除外して産業地域における集積の利益を考察している。

11) なお、マーシャルは産業上の雰囲気について、「商社は、顧客の必要に見合うような直接的ヒント、そしてそれに合うような方法の提示によって、製造業者を頻繁に支援」する（マーシャル 1986: 279）とも指摘しており、集積の構成員を製造業者、職人のみに限定せず、商社、商業従事者も重要な主体として視野に収める必要を主張するものといえよう。

12) 例えば、企業間関係と個人間関係を含む文化（Sforzi 1989）や、文化的背景や市場と制度の相互作用（Brusco 1990）、そしてコミュニティの社会・文化的な特徴（Becattini 1990）などが分析されるようになり、やがて社会・文化に関する論点が産業集積研究に導入されていくことになったこうした議論の論拠となったのが、Granovetter（1985）による embeddedness（埋め込み）の概念である。embeddedness アプローチとは、経済活動が社会に「埋め込まれている」と見なすものである。本来、embeddedness とはポランニー（1944）が非市場社会に関して用いた概念であるが、Granovetter は現在の市場社会にも適用可能であるとし、これによって社会的関係の役割を重視すべきことを主張した。embeddedness の発想を取り入れることにより、経済地理学の産業集積研究では、集積の利益を社会的ネットワークや信頼形成（Harrison 1992）、互酬的な規範、共同体

第Ⅱ章 先行研究の成果と課題

(Lorenz 1992) などに注目して分析する研究が現れた。また、須山 (2005) は embeddedness の概念を参照して、産業集積の経済活動が埋め込まれている地域社会の方を重視し、仕事と暮らしを一体として捉える必要性を主張した。以上のような embeddenes アプローチは、新古典派的な経済主体の合理的行動という前提を批判し、経済活動の解明には社会関係や社会的ネットワークの理解が必要であることを主張するものといえよう (Harrison 1992; 水野 1999: 45)。

13)　論者によって、産業地域とされるものが都市内部の一地域であったり、一つの産業に特化した都市全体であったり、町のクラスター (cluster) を指したりと首尾一貫していない状況があった。特に、ネオマーシャルモデルが示す産業地域の社会的な特徴は主にイタリアにおける非大都市圏の小さな町から導かれており、産業化期の英国の事例には適合しない場合が多い。Wilson and Popp (2003) は産業地域を一つの町か都市内の一部にある産業の業者が集積したものとし、より空間的に広く一つの商品や技術によって結びついた複数の産業の集積を産業クラスター、複数の都市が相互に結びついたものを産業地帯 (region) と定義づけて区別したが、未だスケールと産業地域の問題が解決されたとは言いがたい。

14)　2000年代以降、経済地理学においてもネオマーシャルモデルのポジティブな経済効果ばかりを強調する産業地域研究に疑問が投げかけられるようになっていく。ピオリとセーブルの議論から時間が経つにつれ、次世代において支配的な生産システムになると見なされたマーシャル的産業地域が、必ずしも経済成長を導いているわけではないことに気づかれ始めたからである (Agnew et al. 2005)。むしろ、産業地域も衰退する場合があることに注目し、集積のネガティブな効果にも注意を向けるべきことが主張されている (Hasshink and Shin 2005)。こうした指摘を受けて、過去の産業地域の事例についての歴史地理学的な実証研究の必要性も認識されるようになってきた (Popp and Wilson 2007)。すなわち、産業地域論を無批判に他の時代や地域の事例に応用するのではなく、分析対象の時代や地域が持つ文脈に配慮した検討が必要とされるに至ったのである。従来の産業地域論がマーシャルの議論に依拠した上で演繹的に拡大解釈されたものであったため、論理に不確かさや弱点を抱えていた。産業地域論をより明確で強固なものにするためにも、帰納的に様々な時代・地域の産業地域を比較検討することが重要になるだろう。

15)　経済地理学においても取引コストに注目した議論が行われている。Scott (1988) は取引コストの議論を立地理論に適用し、企業組織内部の取引費用が企業の外部にある市場を通じた取引費用を上回る場合に垂直分割が生じ、内部の取引費用が外部の取引費用より小さくなる場合に垂直統合が生じると主張する「新産業空間」論を提唱した。これに対し、藤川 (1999) は Scott の「新産業空間」論が取引費用と輸送費用を同一視していると批判する。その上で、増大する不確実性に対処するため、企業は同じ相手と長期の取引を継続するのか、新たな取引

第5節　小　結

先を開拓するのかの選択を迫られ、取引上の調整を図っていく必要があることに着目する。このような調整は取引主体間の距離が小さいほどスムーズかつ小さなコストで行われうることから、集積の利益における重要な側面として「調整の利益」が見出された（藤川 1999）。

第Ⅲ章　同業者町の概観

第Ⅲ章　同業者町の概観

　本章では、明治期から昭和初期にかけて大阪で展開した産業化の特徴を概観した上で、大阪市内における同業者町分布の変遷を包括的に検討する。そして、大阪の産業化を下支えした同業者町の意義を確認するとともに、同業者町の持続と変化に幾つかの類型があることを示す。それを踏まえて、特徴的な同業者町を析出し、本論文が第Ⅳ、Ⅴ、Ⅵ章で医薬品産業と材木業の同業者町を具体的な検討の対象として選ぶ意義を示していく。

第1節　商都大阪の経済発展における同業者町

1. 江戸期から明治期の大阪と産業化

　江戸期の大坂（以下、江戸期については大坂の表記を用いる）は商品取引所が高度に発達し、後の時代から「天下の台所」と称されるほど多数の問屋や仲買が軒を連ねる商業都市であった。出羽国の酒田から下関、大坂、江戸を結ぶ西廻り航路を河村瑞軒（賢）が1671（寛文11）年に整備したことにより、大坂には西日本各地、日本海沿岸の各地、そして蝦夷地から様々な物資が搬入されたのである（阿部 2006）。その一方、大坂は西日本各地から様々な財を集荷し、それらを加工して綿布・皮革・紙・銅・油・酒・薬種などを産出する工業都市でもあったとされ（脇田 1994）、商業と工業が密接に結びついた都市であったといえる。

　天領であった江戸時代の大坂では、東西町奉行所が置かれたものの、取引に関する公的な規制は少なかった。そこで、商業、工業、金融の各業者は株仲間を結成し、商取引の自主規制に努めた。江戸時代には商法等の取引に関する法律は整備されておらず、この株仲間が商秩序を維持する役割を担っていた（宮本又次 1938）。1841～42（天保12～13）年に老中水野忠邦が株仲間の解散を命じたことにより、商業界で大混乱が引き起こされ、1851（嘉永4）年に幕府はその再興を認めることとなった事実は、株仲間が有したこうした商秩序を維持する役割の重要性を物語る（阿部 2006: 14）。

　幕末維新期における富豪に対する巨額の御用金の徴収、明治初年における

第 1 節　商都大阪の経済発展における同業者町

表Ⅲ-1　1889（明治22）年の工業生産額

業種	大阪府		東京府		全国	
機械器具	11,105,608	70.9%	1,636,780	10.4%	15,674,409	100.0%
繊維・繊維製品	5,294,689	6.4%	669,370	0.8%	83,227,436	100.0%
食料品	4,348,911	4.6%	2,472,359	2.6%	95,461,632	100.0%
化学製品	3,392,413	14.3%	1,017,086	4.3%	23,761,908	100.0%
その他雑製品	2,405,712	18.5%	892,709	6.9%	13,030,422	100.0%
製材・木製品	891,771	16.9%	53,545	1.0%	5,262,502	100.0%
窯業・木石製品	710,562	9.5%	474,723	6.3%	7,517,233	100.0%
金属・金属製品	609,770	6.6%	54,544	0.6%	9,277,985	100.0%
印刷・出版	584,857	32.0%	670,721	36.7%	1,827,997	100.0%
煙草	49,168	0.4%	772,015	6.7%	11,559,934	100.0%
合計	29,393,535	11.0%	8,713,852	3.3%	266,601,458	100.0%

(単位：円)

『長期経済統計：推計と分析13』（大川ほか編 1983：64-83）、および阿部（2006：66）により作成。

　銀目・堂島米会所・蔵屋敷の廃止、新政府による旧藩債の切捨て、株仲間の解放等の一連の施策によって、明治初期の大阪経済は一時的に衰退したとされる。大阪の商業や金融業は一時衰退を余儀なくされたが、その後、近代的な制度の導入によって再興し、多数の工場の設立とともに、大阪は全国最大の工業都市へと成長した。こうした19世紀末から20世紀初頭における大阪の経済的発展を指し、産業革命発祥の地である北西イングランドの状況と比較し、「東洋のマンチェスター」と称されるようになったのである。ただし、「東洋のマンチェスター」と称された大阪の発展の背景には、明治以降の製造業の急成長だけでなく、江戸期に形成された商業的基盤を受け継いだ多様な商業や金融業の寄与もあったことに留意する必要がある。

　一般に第二次世界大戦以前の大阪の産業化に関しては、経済発展において繊維産業が果たした主導的役割に注目が集中してきたといってよい。しかし実際には、繊維産業以外にも多様な産業が集まり、重要な役割を担っていた。産業化期の初期段階の大阪府が突出した工業府県だったことは、1889年の全国と大阪府・東京府の工業生産額を示した表Ⅲ-1からも明白である。大阪府が全国工業生産額に占める比率は11％に達し、東京府の３％を大きく上回っている。産業別では、「機械器具」、「繊維・繊維製品」、「食料品」、

第Ⅲ章　同業者町の概観

「化学製品」などの生産額が目立って大きかった。全国に占める生産額の割合では、「機械器具」（70.9％）が突出し、「印刷・出版」は32％と東京府（36.7％）と拮抗していた。「その他雑製品」（18.5％）、「製材・木製品」（16.9％）や「化学製品」（14.3％）も全国に占める比率は10％以上に達し、東京府を大きく上回っている。一方、「繊維・繊維製品」の割合は6.4％とあまり大きくないことが注目される。このように繊維産業以外にも多様な製造業が有機的に連携していくなか、大阪は日本で最も経済的に発展した場所となっていた。

その一方で、地域における共同事業の経営や各種の制度設計において、商業が重要な役割を担っていたことも、大阪の産業化の特徴としてとらえることができる。明治維新の変革は大阪経済にとって大きな意味を持っていた。幕府の統制と庇護の下にあった株仲間が明治維新によって解体され、建前上は経済的な自由が保障された。しかし、株仲間組織が法制上解体されたからといっても、一朝一夕に自由経済のシステムが完成されたわけではない。かつて同業者の組織によって保証された信用は、個々の営業者個人によって担保されなければならず、不正取引や職人の引き抜き行為などが横行していた（古川武志 2001）。商品の品質低下や商秩序の乱れとともに、大阪の経済は沈滞していた。こうした事態を防止するため、実効性のある規制を行い、円滑で健全な経済活動を再開させることが急務となった。

1878（明治11）年、五代友厚、中野梧一、藤田伝三郎、広瀬宰平らを中心とする大阪財界の有力者が協議して、欧米諸国の制度にならって商工業を改善発達させるため、大阪商法会議所[1]を設立することになった。大阪商法会議所設立の目的は、「前近代的な組織」である株仲間のような同業者組織ではなく、近代的な「商法」に基づいた組織を構築することであった（古川武志 2001）。とはいえ、株仲間解散以降の粗製濫造や商秩序の崩壊に対処するため、大阪商法会議所は同業仲間（後の同業組合）の設置を推進しており、これらの同業仲間の多くは江戸期の株仲間を基礎とするものであった。これらの同業仲間の意見を集約し、大阪商法会議所は大阪府下、または日本全体

第1節　商都大阪の経済発展における同業者町

にわたる重要な経済・財政問題を審議し、それについての対策を当局に建議あるいは答申するなど、政策提言も行った（日本経営史研究所編 1972: 165）。

大阪商法会議所における商工業者の意見集約は、会議に参加する議員によって行われた。当初、大阪商法会議所の議員に定数や年限はなく、議員の総数は200名を超えていた。大阪商法会議所の構成員は、大阪市の東・西・南・北の4区に設立された同業仲間（同業組合）の代表者である「選挙議員」と、商工業経験者や会社企業代表者などの「篤志議員」からなっており、同業仲間（同業組合）に参加した商工業者のほとんどは大阪商法会議所の議員選挙権を有していた。表Ⅲ-2は、大阪商法会議所の名称が大阪商業会議所に変わった翌年の1892年とその4年後の1896年における50弱の業種の会議所議員選挙有権者数を整理したものだが、明治中期の商業会議所の議員選挙有権者は極めて在来的な色彩の強い商工業者によって構成されていたことがわかる。

有力な同業仲間や同業組合には数多くの有権者がいたため、会議所の代表者である選挙議員を選出することができた。そのため、明治中期の会議所議員は当時の有力な同業仲間の利害を代表していたといってよい。言い換えれば、商法会議所は同業者町を根拠地とする同業仲間（同業組合）の連合体であったといえる（新修大阪市史編纂委員会 1994a: 288-292）。有力な同業仲間や同業組合の大半は江戸期の株仲間の系譜に連なり、江戸期以来の同業者町とも深く結びついていた。これらの同業者町で営業していた商工業者こそが、明治中期からの大阪産業化の過程で重要なイニシアチブを発揮したと考えられる。ここに、産業化期大阪の同業者町を分析する意義が存在する。

では、産業化期の大阪の同業者町は、実際にはどの程度、江戸期の同業者町を継承したのだろうか。次項では、既往の同業者町研究が、江戸期から産業化期における大阪の同業者町をどのように捉えてきたか、Ⅱ章で言及した既往の同業者町研究によって整理する。

第Ⅲ章　同業者町の概観

表Ⅲ-2　大阪商業会議所会員選挙権者の内訳

業種	1892 (明治25)年	1896 (明治29)年	業種	1892 (明治25)年	1896 (明治29)年
商事会社	99	153	和洋鉄商	13	22
会社員	102	194	古物商	53	93
呉服	112	129	仏壇仏具商	10	13
木綿	161	154	金庫製造	6	4
古着商	79	92	蝋・蝋燭商	43	35
糸商	48	47	畳・畳表・畳糸	15	19
洋反物商	10	43	鰹節商	30	16
足袋・雲斎	40	51	寒天	11	13
藍商	36	37	砂糖	89	81
酒造	67	65	菓子商	66	74
和洋酒	117	110	氷砂糖製造	3	4
醤油	58	64	鼻緒商	1	2
酢	5	7	材木	119	117
塩	11	9	建築請負業	37	49
米穀	205	173	石炭	22	15
肥料	32	25	油商・絞油業	43	50
小間物	112	130	石油商	6	9
舶来物品・模造品	157	120	魚	52	53
書籍	40	43	貿易商	9	9
和洋紙	113	110	荷受問屋	83	55
煙草	32	38	回漕運送業	58	63
薬種	110	122	航漕業	2	3
売薬商	90	121	両替商	31	36
渋	2	2	その他	1,211	1,401
金物商	112	117	合計	3,963	4,392

(単位：人)

新修大阪市史編纂委員会編（1994：290）により作成。

2. 江戸期における大坂の同業者町

　まず、江戸期の大坂における同業者町の状況を整理しておこう。大坂の同業者町の形成は、江戸期以前に豊臣秀吉による大坂の建設と整備に遡る。秀吉は大坂を城下町として繁栄させるため、平野、堺、および伏見から多数の商人を招致、移住させ、業種ごとに集住させる政策をとった（日本地誌研究所 1974: 74-75）。この後、慶長・元和の大坂冬・夏の陣により大坂の商工業

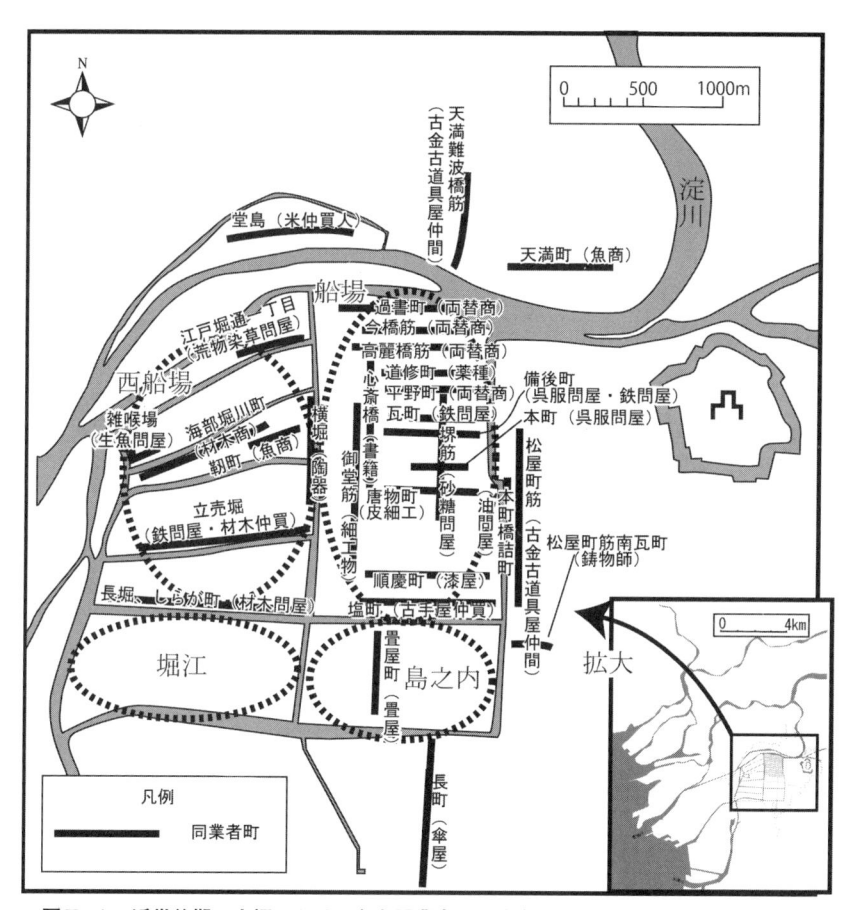

第1節　商都大阪の経済発展における同業者町

図Ⅲ-1　近世後期の大坂における主な同業者町の分布
(藤本 (1963:207-214) により作成。)

は一時衰退することになった。

　しかし、1615 (元和元) 年に大坂城主に就任した松平忠明は、大坂城三の丸を廃して、伏見の町人を招致し、運河の開削や寺院・墓地の整理による都市計画を推し進め、大坂城下町の復興に努めた。その結果、寛永 (1624-1644年) 初期は大坂三郷の市街がおおよそ出来上がり、主要な同業者町が形成された。さらに、水路開削にともない、運送業者から発展した物資別の同業者

第Ⅲ章　同業者町の概観

表Ⅲ-3　大阪における戦後も存続した主な同業者町

業種	所在地（1963年）
薬種	道修町
陶器	西横堀
履物	御蔵跡
繊維問屋	丼池筋
材木	小林町、西長堀
靴及び皮革	鶴見橋付近
家具、道具類、仏壇業者	河原町、堀江橋通八幡町
菓子問屋	松屋町
海産物	靭町
呉服	本町
袋小間物	久宝寺

注：所在地は藤本（1963）による指摘に基づく。
藤本（1963: 213）により作成。

町が水路沿いに発展していった。近世大坂の商業仲間は、諸国からの商品の多くを大坂で水揚げさせ、大坂の問屋の手をへて分散させるという地域的特権を持っており、この特権を巡る支配階級と商人の密接な結びつきは、同業者町が存続した経済的な理由だとされる（藤本 1963: 211）。

江戸後期になると、大坂の同業者町の分布を概観することができる。藤本は、天保年間（1830-44年）の著作『経済問答秘録』に記載された同業者の集団が、江戸期の中期までには形成されていたことは明らかであると推定している（藤本1963: 211）。この資料や『大阪市史』に依拠して、藤本は、商業、製造業を合わせて、28業種、57の同業者町を記載している（1963: 207-214)[2]。これらを整理し、主な商業の同業者町の位置関係を示したものが図Ⅲ-1である。

さらに、藤本（1963）は、第二次世界大戦後の1950～60年代に存在していた主な同業者町として、表Ⅲ-3にある11業種、13の同業者町をあげている。藤本は、これらの同業者町の起源は江戸期の同業者町にあるとし、同業者町を江戸期から産業化期を通じて存続したものと位置づけた（藤本 1963: 213-214）。しかし、図Ⅲ-1と表Ⅲ-3の内容を比較すると、1960年代の同業者町のうち、履物の御蔵跡、繊維問屋の丼池筋（どぶいけ）、材木の小林町などは、江戸時代後期の同業者町として記載されていない。藤本に代表される理解とは異なり、明治以降に形成されたと推測される同業者町が存在することは、同業者町を動態的に捉える必要があるという当然の事柄を示唆してくれる。

藤本（1963）らの既往の研究は、同業者町を漠然と地理的慣性の作用により存続するものとみなし、明治以降の産業化の過程で同業者町が経済的にど

のような役割を果たしたのかに関しては積極的な関心を示さない。明治以降の産業化期における同業者町の実態については、江戸期と調査時点である現在の状況から類推するにとどまり、その実態を産業化期の同時代史料の分析によって検証するという作業を行っていない。

　明治〜昭和初期の産業化の時代は、同業者町を取り巻く環境は激しい変化の中にあり、同業者町はそれぞれ多様な経路をたどって興廃したと考えられる。産業化期において、江戸期から続く在来産業の制度や慣習を基盤として発展・継続していた同業者町を明らかにするためには、どの同業者町が江戸期から継続して存続し、同業仲間や同業組合の制度・慣習はどのように継承、あるいは改変されていたのかを具体的に検証しなければならない。そこで、次節からは産業化期の大阪における同業者町の実態を検証する作業を進めていく。

第2節　都市史料としての商工名鑑的出版物と同業者町

　都市中心部の同業者町の実態を分析するには、個々の同業者町の街区における営業者に関する情報が必要となる。こうした情報を得るためには、公的な地図だけではなく、商工名鑑などの史資料を用いることが有効であろう。本章は、このような商工名鑑的出版物として、主に明治後期から大正期に日本各地で出版された、都市に関する地誌的書物をとりあげる[3]。一般的な商工名鑑類は業種ごとに営業者を網羅しているが、各街路や町ごとに同業や関連業種の営業者の集積を把握するには不十分である。ここで取り上げる都市の地誌的書物は仕入れや視察といった商用を目的として、他地域から自都市を訪れる旅客を読者に想定し、都市内の主要な施設や同業者町における個別営業者の情報を示した案内書である。地名あるいは都市名に加えて、末尾に「―案内」、「―大観」あるいは「―繁昌記」などとする表題を持つ[4]。これらは都市内部の同業者町を把握する上で有効な資料となり、その詳細については補章で検討する。

第Ⅲ章　同業者町の概観

表Ⅲ-4　使用史資料一覧

史料名	編著者	発行者	発行年	備考
大阪繁昌誌	宇田川文海・長谷川金次郎編	東洋堂	1898（明治31）年	復刻版
大阪案内	樋野亮一	駸々堂	1900（明治33）年	国会図書館所蔵
大阪営業案内　大阪商品仕入便覧	不詳	博報社	1900（明治33）年	復刻版
大阪商工案内	太田清次郎	弘栄社	1910（明治43）年	国会図書館所蔵
大阪独案内	海陸運輸時報社編	海陸運輸時報社	1914（大正3）年	国会図書館所蔵
大阪独案内	海陸運輸時報社編	海陸運輸時報社	1915（大正4）年	国会図書館所蔵
大大阪独案内	畝川敏夫	海事彙報社	1926（昭和元）年	国会図書館所蔵
大阪案内：御大典記念　大阪市街地図附	大阪市編	大阪市	1928（昭和3）年	国会図書館所蔵

注：明治30年代～昭和初期までの期間で、仕入案内を念頭に同業種の集積する街区を紹介したものを集めた。

　明治後期の大阪で出版された都市の地誌的出版物には、仕入を目的に大阪を初訪問する者にも同業者町の情報や要素を判別できるように構成されたものが多い。これらを利用することにより、都市中心部における同業者町の復原が可能になるばかりでなく、個々の同業者町が商取引に際して地方や近郊の商工業者に対してもった求心力を推察することも可能であることから、本章の目的に適した史料と考える。

　本章でとりあげる商工名鑑的地誌類をまとめたものが表Ⅲ-4である。明治後期に出版されたものでは、街路に面した商店を1軒ずつ列記していく略地図のようなスタイルで記述したものが多く、特に1898年出版、宇田川文海・長谷川金次郎編『大阪繁昌誌』[5]ではこの特徴が顕著なものとなっている。『大阪繁昌誌』は明治期の大阪に関する史資料として従来から頻繁に利用され、その記載内容に対する信頼性も高い[6]。そこで、まず『大阪繁昌誌』を中心に取り上げ、記載される同業者町の基本的情報について、他の明治後期の史資料と比較しつつ、江戸期から明治期にかけての大阪における同業者町の変化に検討を加える。

　続いて、その後の大阪における同業者町の変遷を追跡するため、大正～昭和初期に改訂されつつ数度にわたって継続出版された『大阪独案内』をとり

第 3 節　明治後期における同業者町分布

上げて検討する。『大阪独案内』においては、明治後期の地誌類のような街路の商店を網羅的に列記するスタイルは廃れているが、主要な少数の有名商店が示され、各同業者町の取扱い品目や立地の変化について詳細な情報が記載されている。1914年の『大阪独案内』の巻頭には、「再版主旨及内容」として、「一、初版の成績に見ると全国書籍店、各駅や汽船乗船並に電車停留場賣店及旅館等で販賣し非常の好評で忽ち絶版となつたが殊に発行者の意外としたのは肝心の大阪市内驛よりも京都、名古屋、神戸及岡山、姫路等の地方驛で最も克く賣れたことである」と記され、同書に対しては他地方から大阪を訪れる旅客の需要が大きかったことを示している。

第3節では、『大阪繁昌誌』において描き出されている明治後期の大阪における同業者町の分布を示し、その後の変化を検証するため、第4節では、『大阪独案内』の記載内容の検討を通じて、大正期から昭和初期にかけての同業者町の変化についても検討する。

第 3 節　明治後期における同業者町分布

『大阪繁昌誌』には、同業者町として32の街区と、そこで街路に面して営業する業者の業種と屋号が記載されている。2年後に刊行された樋野亮一『大阪案内』に掲載され『大阪繁昌誌』に掲載されていない同業者町は、西区川口の石炭同業者町だけで、ふたつの史料に掲載されている同業者町はほとんど一致している。図Ⅲ-1は、『大阪繁昌誌』の記載にもとづき、各同業者町の所在地、取扱商品（業種）、各同業者町の街区で営業する業者中に占める当該業種の業者数の割合を整理したもので、図Ⅲ-2はその分布を具体的に表示したものである。

街区内における同一業種の営業者の占有率が100％となっているものを列挙すると、道修町（どしょうまち）の薬種商（102軒）、北浜の株式仲買人（78軒）、天満（天神橋北詰以東）の青物問屋（67軒）、堂島（堂島濱通渡辺橋以東）の米穀仲買人（63軒）、雑喉場（ざこば）の生魚問屋（49軒）、靱（うつぼ）の干魚問屋（68軒）[7]、永代濱の干鰯問

45

第Ⅲ章　同業者町の概観

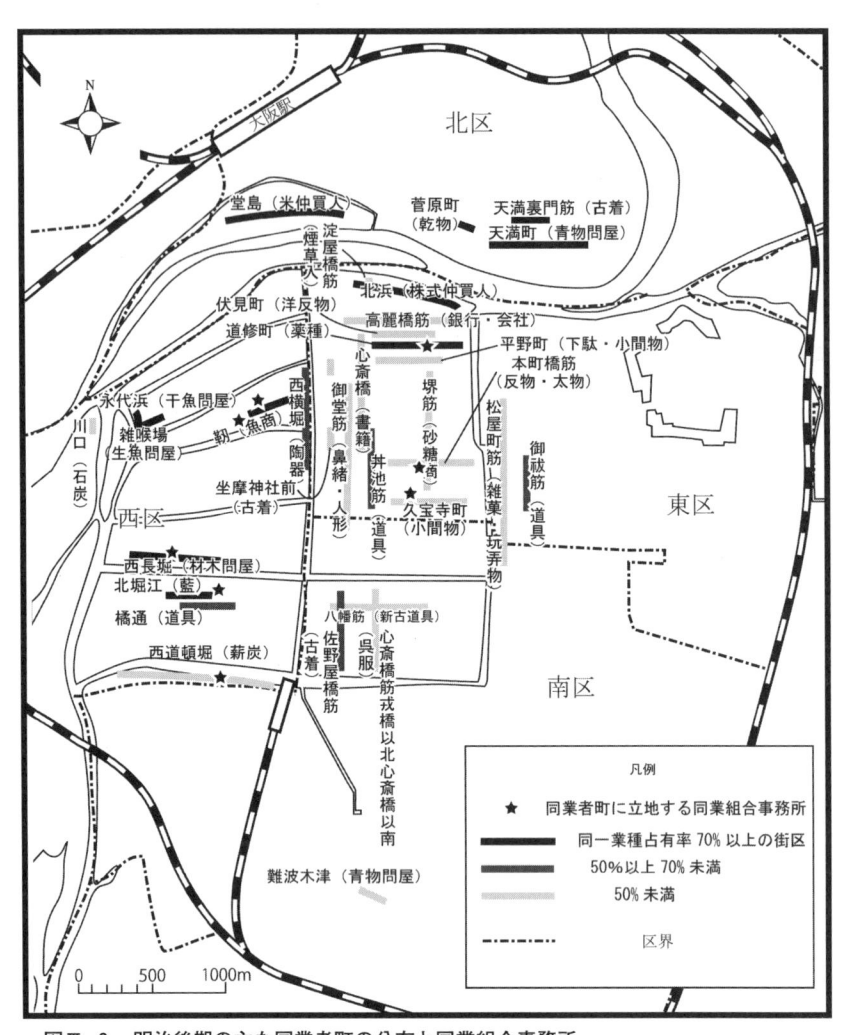

図Ⅲ-2　明治後期の主な同業者町の分布と同業組合事務所
（宇田川・長谷川（1898）、樋野（1900）により作成。）

屋（72軒）の7つの街区がある。また、難波木津の青物問屋（30軒中28軒）、天満裏門筋の古着商（39軒中37軒）、菅原町の乾物商（36軒中35軒）、北堀江の藍商（28軒中27軒）などの街区も同業者の街区占有率は90％を超えている。

　野菜や魚介類といった食料品を扱う問屋・仲買商の同業者町では、同質性が極めて高くなっていることが明白である。薬種の問屋・仲買商が集積する同業者町である道修町のように、問屋・仲買業の集積地区では同一業種の占有率が圧倒的に高い傾向になっている。主な同業者町は、問屋街や市場の周辺に立地する仲買商の集積であることが明らかである。大阪における同業者町が、純粋な製造業者や小売り業者でなく、流通の拠点としての機能を強くもっていたことを、ここでは確認しておきたい。

　そのほかでは、西長堀の材木商（掲載98軒中70軒）[8] の街区占有率は71％となっているが、同一業種の営業者の占有率が50％以上70％未満の同業者町には、佐野屋橋筋の古着商（掲載116軒中81軒）、丼池筋（瓦町〜博労町）の道具商（掲載118軒中63軒）、御祓筋の道具商（82軒中43軒）、西横堀筋（西国橋西詰以南）の陶器商（掲載177軒中98軒）、橘通の道具商（掲載143軒中84軒）などがある。

　次に、同業者町と大阪商法会議所や商業会議所で発言権を持った同業組合の関係を検討する。『大阪繁昌誌』には同業組合に関する直接の記載がないため、やや時代は下るが、1910（明治43）年刊行の『大阪商工案内』に記載されている50の農商工準則組合[9] と33の重要物産同業組合[10] に基づいて考察することにしたい。組合事務所が当該業種の同業者町かその周辺に立地するものは、準則組合で12組合、重要物産同業組合で4組合が確認できる。

　準則組合では、小間物卸、小間物小売、薬種卸仲買、絵具染料商、砂糖商、材木問屋、藍商、藍仲買商、布海苔商、塩魚干魚鰹節商、炭問屋、材木仲買商の12の同業組合が各同業者町に事務所を設けており、これらの同業者町が問屋・卸・仲買といった流通の川上における拠点となっていたことが分る。一方、重要物産同業組合では、莫大小タオル、製薬、穀物、材木の4組合となっている。穀物を除く3つの組合は製造業者を含む組合であり、これ

第Ⅲ章　同業者町の概観

らの同業者町は商業のみならず製造業にも影響を発揮したと考えられる。これらは、大阪商法会議所・商業会議所において多数の会議所会員選挙権者を擁した業種でもあったことがわかる（表Ⅲ-2）。

　明治後期の同業者町の立地状況（図Ⅲ-2）が江戸期（図Ⅲ-1）からどのように変化していったかについて比較検討する。まず、同業者町の立地場所に注目してみると、船場をはじめ都市中心部では同じ場所に存続している同業者町が多いものの、明治後期の段階では、江戸期には都市外縁部であった西区の堀江地域などにも同業者町が見られるようになっていることが明らかである。また、これに伴い西船場の立売堀（いたちぼり）と海部堀川町にあった材木業の同業者町が、西長堀に移動、集約しつつあることも分かる。

　同業者町の業種に注目して見てみると、株式仲買人（北浜）、煙草入（淀屋橋筋）などの同業者町が新たに形成されていることが確認できる。また、細工物から鼻緒・人形に変わった御堂筋や、古金・古道具から雑菓・玩弄物に変わった松屋町のように、同じ場所でありながら業種を大きく変えている同業者町があることも分かる。『大阪繁昌誌』では、一部の同業者町の変化に関する記述も確認できる。例えば、心斎橋の書籍商同業者町（全531軒中29軒）は、「以前は此処に書林頗る多かりし（中略）今猶ほ比較的に書林の多きは、当時の名残」（上巻p11）に過ぎないとして、減少傾向にあることが指摘されている。また伏見町にあった唐物商蛮器商（全36軒中0軒）は既に一軒も記載されていないが、「舊は唐物商蛮器店等多かりしも今はなし」とし同業者町の廃退を紹介している。また、堺筋の砂糖商同業者町（全169軒中10軒）が、「砂糖商は以前道修町より移りたるものなり」（上巻p128）と、以前に道修町から移動した点が記載されている。

　このように、明治後期の段階の大阪の同業者町は、江戸期の状況と比べて、立地場所や構成業種ともかなりの変化があったことがわかる。さらに、藤本（1963）が江戸期から現代まで変わらず存続したと推定した同業者町の中には、繊維の丼池筋（どいけすじ）、御蔵跡の履物商、小林町の材木商集積のように、明治後期にはその存在が確認できないものもある。これらの同業者町は、大正

期以降に発生した同業者町であることが分かる。また、明治後期の丼池筋は、繊維ではなく道具屋の同業者町として紹介されており、大正、昭和期を通じて業種の転換があったと考えられる。次節では、大正・昭和初期にかけてこうした変化がどのように進んでいったのかをさらに検証していく。

第4節　大正・昭和初期における同業者町分布

　続いて、1914～1926年にかけて継続的に出版された、海陸運輸時報社『大阪独案内』およびその改訂版を用いて、大正期以降の大阪における同業者町の変化を検証していく。まず、1915（大正4）年版『大阪独案内』に記載されている大阪の主な同業者町を示したものが、図Ⅲ-3である。『大阪繁昌誌』に示されていた明治後期の状況（図Ⅲ-2）と比較すると、第一次市域拡張により拡大した西区の西部に新たな同業者町が形成されていることが分かる。これらの中には大正期に伸長した鉄鋼、造船等の重工業に関係するものが目立つ。『大阪独案内』は鉄鋼造船業の同業者町について、「大阪は商工の地丈あつて朝から晩迄黒煙で天を焦して居る九條方面より安治川へかけ大小の工場」と記述しており、大阪における重工業の発達を重視する観点から、これらの同業者町は記載されていることがわかる。また、都市の中心部に近い同業者町でも、新古機械の同業者町となった立売堀など[11]、従来の業種とは異なる新たな業種の同業者町として発展したものが記載されている。このように、産業構造の変化の中で新たな業種の同業者町が形成されつつあることが確認できる。

　一方、明治後期に確認できなかった丼池筋の繊維、御藏跡の履物商、小林町の材木商集積は、大正末の時点でも記載されていない。丼池筋については、明治まであった道具商同業者町としての記述がなくなっているが、繊維の同業者町としては記載されていない。このように、既往研究においては江戸期から現代まで存続し、歴史や伝統を有すると考えられてきた幾つかの同業者町が、実際には大正期に至ってもまだ形成されていなかったことがわか

第Ⅲ章　同業者町の概観

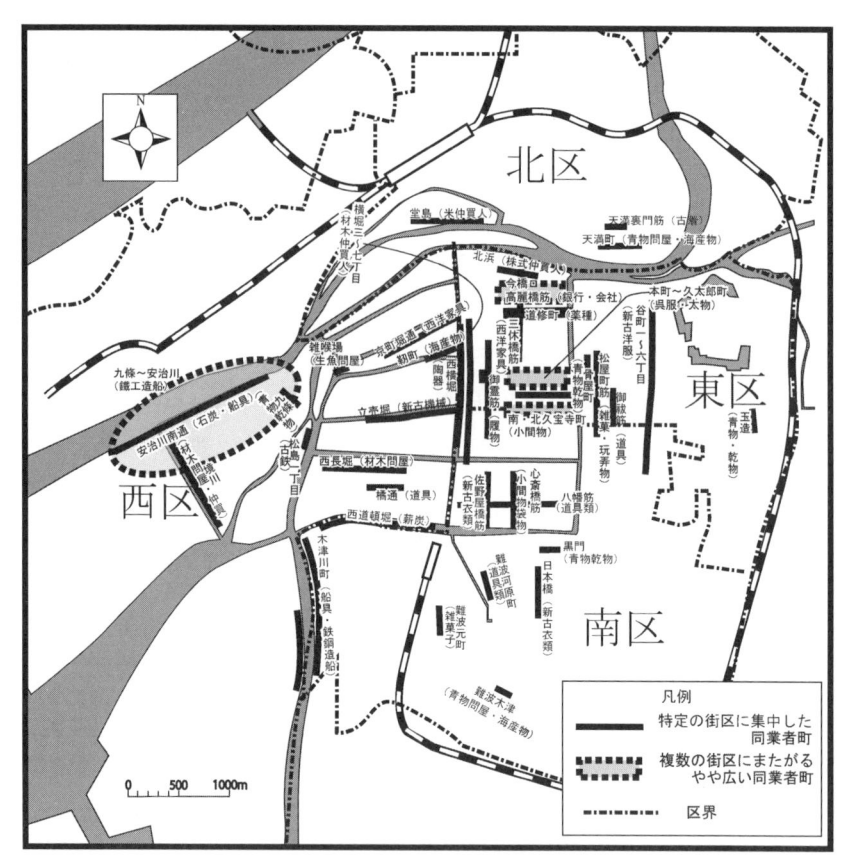

図Ⅲ-3　1915（大正4）年における大阪の主な同業者町分布

（海陸運輸時報社編（1915）により作成。）

る。このことからも、大正、昭和初期にかけて、大阪の同業者町の分布と業種は大きく変化したことが想定される。

そこで、大正後期から昭和初期にかけての変化を具体的に検証するため、約10年後となる1926（大正15・昭和元）年版『大阪独案内』の記載内容を比較検討する。1926年版に記載されている各同業者町に関する内容、および各種同業組合事務所の住所を整理したものが表Ⅲ-5である。各同業者町に関する記述内容において、1914年版とは明らかに異なる変化がいくつも認めら

第4節　大正・昭和初期における同業者町分布

表Ⅲ-5　1926（大正15・昭和元）年における大阪の主な同業者町と同業組合事務所の立地

	同業者町の立地	団体事務所の立地
呉服、太物	本町一・二・三・四丁目、南本町通、北久太郎町	大阪和服商工業組合（東区谷町二丁目）
新古衣類	座摩の前、佐野屋橋筋、天満天神裏門、日本橋二・三丁目	
新古洋服	谷町一丁目～六丁目、西区梅本町	大阪洋服商同業組合（東区谷町三丁目）
履物類	御霊筋（備後町、博労町）	大阪履物商組合（西区靭上通二丁目）
小間物袋物	南久寶寺町～北久寶寺町	大阪小間物卸商同業組合（東区北久太郎町二丁目）
薬種屋	道修町	大阪製薬同業組合（東区道修町三丁目）大阪薬種卸仲買商組合（東区道修町二丁目）
西洋家具	三休橋筋、京町堀通	大阪家具指物同業組合（南区久左衛門町）
新古機械	立賣堀北通、谷町六丁目	
古鐵類	安堂寺橋、松島一丁目、九條	大阪古鐵商同業組合（西区松嶋町一丁目）
船具一式	南堀江、安治川南通一・二・三丁目、木津川筋、本田梅本町	大阪船具商組合（西区北堀江二番町）
石炭コークス	安治川南通	大阪石炭商同業組合（北区南安治川通三丁目）大阪石炭商組合（東区備後町一丁目）大阪コークス同業組合（南区鍛冶屋町）
材木	西長堀南通、尻無川東岸千島町、横堀三丁目～七丁目、境川	大阪木材協会（港区大正一丁目）大阪材木商同業組合（西区西長堀北通三丁目）
陶磁器	西横堀	大阪陶器商同業組合（西区阿波座上通一丁目）
海産物	靭通、天満市場、木津難波	大阪水産組合（港区三條通二丁目）
青物乾物	天満市場、木津難波、骨屋町、三軒家、黒門、玉造、九條、築港雑喉場	塩干魚鰹節商組合（西区靭南通三丁目）
玩具・駄菓子	松屋町筋（内久寶寺町通～下寺通）	大阪玩具同業組合（此花区上福島北三丁目）大阪菓子同業組合（東区瓦屋町五番丁）
道具	八幡筋、南堀江（橘通）、難波河原町一・二丁目、御祓筋方面、九條邊	

注：表中ゴシックでの強調は、業界団体、同業組合事務所の立地が同業者町の所在地と同じか、極めて近隣であることを示す。
畝川鎮夫（1926：73-75）により作成。

れる。まず道修町では、業種として医療器械や製剤が加えられており、業者が医薬品の流通から関連業種や製造業へと業務を拡張したことが確認できる。一方、材木の同業者町や新古機械では、従来の立売堀や西長堀・横堀に加えて、谷町6丁目や「尻無川東岸千島町」[12]といった新しい立地場所が加

51

第Ⅲ章　同業者町の概観

えられ、大正後期にかけてこれらの場所で新たに同業者町が形成されていたことがわかる。しかし、立売堀や西長堀・横堀に旧来から立地していた同業者町も依然として記載され、材木や機械の同業者町は単純に拡張したのではなく、複数核化した例として注意が必要である。

業務の内容に関する記述の変化として注目されるのは、西横堀の陶器商同業者町では「問屋の代表店ばかりが集積」していることや、松屋町筋（内久宝寺から下寺通）の駄菓子に関しては、「地方に卸は皆此処から」行われる点を強調する記述が1926年版に新たに加えられていることがあげられる。これらは、明治以降発達してきた同業者町が、各地方への卸売機能を充実させ、集散地市場としての役割を新たに担いはじめたことを示すものと考えられる。

一方、藤本（1963）が伝統的同業者町の典型例としてあげている丼池筋の繊維、御蔵跡の履物商については、明治後期においても確認できなかっただけでなく、1926年版でも未だに記載されていない。これらの同業者町は、実際には昭和初期から第二次大戦後にかけて形成されたものであったと考えられる。

以上のように、大正期における大阪の同業者町は、新たな産業の導入に伴う製造業の発展だけでなく、明治以降に発達してきた流通業の変化も大きく反映し、取扱製品や立地、業態の上で大きな変化が起こっていた同業者町も少なくなかった。先行研究において明治以前からの歴史と伝統を持っていると見なされていた同業者町の中には、実際には大正・昭和初期以降に形成されたものである例が少なからず存在していることが確認できた。

次に各種の同業者町と同業組合等の同業者団体の事務所の位置について検討する。当該業種の同業者町と団体事務所の住所が一致するものは、谷町の大阪洋服商、北久太郎町の小間物卸商、道修町の製薬業と薬種卸仲買商、松島の古鉄商、安治川通の石炭商、港区大正（小林町隣接）の木材業と西長堀の材木商、西横堀（阿波座上通）の陶器商、そして靭南通の塩干魚鰹節商の組合となる。このうち小間物卸商、薬種卸仲買商、材木商、陶器商、塩干魚

鰹節商については、明治後期の段階から、組合事務所が同業者町の中にあるものであった。これらの同業組合はほとんど流通業の組合で占められている。

ただし、道修町の製薬業と港区大正の木材業のように、製造業等に業務を拡張しつつある事例では、従来の流通業のみならず製造業の拠点を併設する事例も確認できる。

こうした同時代に変化する同業者町の様子は、大阪市編『大阪案内：御大典記念　大阪市街地図附』により、「道修町の薬屋、長堀の材木屋、横堀の瀬戸物屋などは古くから同業軒を並べた町として世に知られて居る（中略）一方にまた新しく現出する同業者町も尠くない、日本橋筋の古本屋、立賣堀の鐵商、御藏跡町の履物と花緒商、三國の晒業等」と記されており、同時代の人にも新たな同業者町の誕生と共に「世に知られた」同業者町の維持も認識されていたことがうかがえる。

第5節　産業化期大阪における同業者町の類型

以上のように、同業者町は伝統を墨守することで、近世以前から現在まで大きな変化を経験すること無く存続してきたとみなす先行研究の知見とは異なり、江戸後期から昭和初期に至る大阪の同業者町がたどった変化には多様性があった。ここでは本章における検討結果を踏まえて、こうした産業化期大阪における同業者町がたどった多様な変化を総合的に考察し、同業者町の類型を析出することで産業化と同業者町の関連を考察する。

産業化期大阪の同業者町の類型として、第1に、明治期の段階で産業や流通の構造的変化にともなって次第に縮小・消滅した業種の同業者町があげられる。これには前時代の繁栄の名残としてかろうじて姿をとどめる書籍の心斎橋や唐物の伏見町などの例があてはまる。これらは都心に近い小売業の商業地に位置する同業者町であり、周囲の繁華街が発達するとともに、特定の業種との結びつきを失ったものと考えられる。このような産業化に対応でき

第Ⅲ章　同業者町の概観

ず、明治期の産業・流通構造の変化の中で縮小・衰退を余儀なくされた同業者町を縮小・衰退型同業者町と位置づけたい。

　第2に、縮小・衰退型と同様に、産業や流通の構造的変化にともなって、もとの同業者町は衰退しつつも、別の業種の同業者町へと再生された類型が確認できる。例えば、取扱商品を細工物から鼻緒・人形へと変化させた御堂筋や古金・古道具商から雑菓・玩弄物へと変化した松屋町、材木から機械類へと変化した立売堀がこの類型に当てはまる。これらは卸売業の集積地であり、もとの業種が産業化に適応することはできなかったが、都市内部で流通拠点として重要な位置を占めていたことから他業種の同業者町へと転換した類型といえる。そこで、この類型を業種転換型同業者町と位置づける。

　第3に、問屋卸売商を中心に集積を維持し、全国、あるいは周辺地域を商圏とする集客力を発揮し続けた類型があげられる。例えば、陶器の西横堀、医薬品の道修町、材木の西長堀などが当てはまる[13]。これらは在来産業である問屋卸売業の集積を維持しながら、明治期から大正期にかけて、各種同業組合の拠点になることで大阪商法会議所および商業会議所の中心的なアクターとなり、大阪の産業化に強い影響力を持った同業者町であった。そこで、この類型を在来産業継続発展型同業者町と位置づける。

　第4に、大正期以降、鉄鋼、造船や機械工業などの重工業分野で形成された類型の同業者町があげられる。これらは今日の感覚からすれば、同業者町というよりも産業集積と呼ぶ方が妥当なものも含まれるが、同時代の資料では同業者町と呼称されており、両者には類似性や影響関係が存在したことが考えられる。また、先行研究によりこれらの同業者町（産業集積）では同業組合の結成や商業と工業の相互依存関係など、明治期から存続する在来産業継続発展型同業者町と同様の制度・組織を採用することで発展していったことが指摘されている点にも留意が必要である（沢井2013）。この第4の類型を、重工業型同業者町と位置づけたい。

　以上のように、産業化期大阪の同業者町は、それらがたどった変化の過程から大きく4つの類型に分けることができた。この内、産業化との関連の中

で特に注目されるのは業種転換型と在来産業継続発展型、そして重工業型の同業者町である。在来産業継続発展型同業者町は問屋卸売商を中心に集積を維持し、全国、あるいは周辺地域を商圏とする集客力を発揮し続けていた。これらは各種同業組合の拠点になりつつ、大阪商法会議所および商業会議所の中心的なアクターとなることで明治期の大阪における産業化に強い影響力を持った。また、業種転換型同業者町は旧来の業種による集積は衰退したものの、別の業種の同業者町に入れ替わることで、在来産業継続発展型同業者町と同様の制度・組織に依拠することで発展したものと理解できるだろう。

一方、大正期以降は、造船や機械工業などの従来無かった新たな業種、業態の同業者町、すなわち、重工業型同業者町が見られるようになった。ただし、重工業型同業者町が台頭する中でも、経済的地位を維持しつつ、問屋卸売商を中心とした伝統的な集積を存続させた在来産業継続発展型同業者町も少なからず存在していた。産業化期の同業者町の存続は、単なる静止状態を意味するものとは言えず、業態の変化や工業化に対応するものであったことが判かる。さらに、大正期以降に形成された重工業型同業者町は、同業組合の結成や商業と工業の相互依存関係など明治期から存続する同業者町と同様の仕組みを採用して発展していったことが指摘されている（沢井 2013）。したがって、同業者町を通じて大阪の産業化を理解するためには、産業化期を通じて維持・発展し各種同業組合の拠点となった在来産業継続発展型同業者町の事例を検討することが重要になるだろう。

第6節 小　結

本章では江戸後期から昭和初期に至る間の大阪における同業者町の変遷を検証してきた。第1節では、明治期において、大阪における産業化のイニシアチブを大阪商法会議所の活動を通じて握っていた商工業者が、各種の同業者町で同業組合に加盟して営業する業者であったことを示し、産業化期の同業者町に注目する意義を示した上で、既往研究にしたがって、江戸期大坂に

第Ⅲ章　同業者町の概観

おける同業者町の形成から分布を整理した。また、第2節では、こうした同業者町の産業化期における変遷を検証するための資料として、本章で用いる商工名鑑的出版物について示した。

　第3節では明治後期における大阪の同業者町分布とその性質について検証した。その結果、明治後期の同業者町分布は、かなりの数が江戸期のものとも現代のものとも異なっていたことが分った。従来の研究は産業化や産業化期に対する関心を十分もたなかった。そのため、同業者町を伝統墨守的に変化に乏しく存続してきたものとみなしてしまい、実際には明治期以降の同業者町が分布、業種の内容ともに大きな変化を経験したという基本的な事実をすら見落としていた。また、大阪商法会議所および大阪商業会議所の活動の単位となる各種同業組合の事務所が同業者町に存在し続けている業種についても検証し、これらがほぼ問屋・卸売業者の集積であり、その内の一部は問屋・卸売業者を中心に製造業にも影響を発揮するものであったことが明らかになった。

　第4節では、明治後期から現代までの間の変化を詳細に位置づけるために、1915年版と1926年版の『大阪独案内』によって同業者町分布の変化とその性質について検証した。その結果、新産業の導入による製造業の発展や流通業の変化にともなって、大正期以降は明治期よりさらに大きな変化が同業者町に訪れていたことが明らかになった。一方、現代からは伝統的と目されてきた同業者町の一部には、昭和初期以降に形成されたものが存在することも示された。さらに、大正期以降の同業組合の事務所と同業者町の立地について検証すると、明治期以降も一貫して存続し続けたのは、ほとんどが問屋・卸売業のみの組合となった。そうした中で薬種（医薬品）と材木業の例は、製造業の拠点を併設していた。これらは、商業を軸とした同業者町が、明治・大正・昭和期を通じて産業化のイニシアチブを発揮し続けたものと見なすことができよう。

　以上の検討を踏まえ、第5節では、産業化期の大阪における同業者町を、それらがたどった変化の過程から、①縮小・衰退型、②業種転換型、③在来

第6節 小 結

産業継続発展型、④重工業型の4つの類型に分けて理解した。そして、同業者町を通じて大阪の産業化を理解するためには、産業化期を通じて維持・発展し各種同業組合の拠点となった③在来産業継続発展型同業者町の事例を中心に検討することが重要であることを指摘した。

本章の検討を通じて、明らかになった在来産業継続発展型同業者町の事例として、薬種（医薬品）と材木業を特筆することができる。西洋化学薬品の導入を進めつつも、伝統的な業態を直ちに放棄することはなかった近代日本における医薬品産業は、伝統的な産業基盤からの継続性と近代化による変化の両面から評価する必要がある（吉岡1989）。一方、木材も、明治・大正期の日本における産業化の過程において、重要な在来の資源として広汎に利用され続けた（松村隆1996; 山口2011）。大阪における両業種の産業集積である道修町と西長堀は「東洋のマンチェスター」を成立させる商業集積の典型例ともみなされている（阿部2006: 161-171）。医薬品の道修町と材木業の西長堀は、江戸期以来の伝統的な業態を受け継ぎつつ、日本の産業化に重要な役割を果たした同業者町の代表的事例といえよう。

さらに、この両者には相違点が存在することも重要である。本章で見てきたように、医薬品の同業者町が変わらず1箇所に集積をとどめるのに対して、明治・大正期において材木業集積地区は移動し、複数に分裂している。また、医薬品はその特性上少量で高価なため、運搬や保存に関するコストが小さく、在庫の保存や取引に際して店舗の立地を制限されることが少ない。ある意味、道修町は輸送費の影響が小さく、それ以外の要因が集積の維持に関わった事例だと推測することができる。そこで、道修町の事例から得られる知見を一般化するためにも、取扱商品の特性上、在庫の保存や取引に際して店舗の立地を選ぶ業種の集積についても比較検討する必要がある。材木は運搬に水運の便が、保存には比較的広大な空閑地が必要となる。したがって、取扱商品の特性に注意して同業者町を比較する上で、医薬品と材木は好適な事例と判断できるだろう。以降の章では、医薬品と材木業の同業者町を産業化期大阪における同業者町の代表例として取り上げ、集積内部の主体間

第Ⅲ章　同業者町の概観

の関係性やその動態的変化を検証していく。

注
1) その後、大阪商法会議所は、1891年に大阪商業会議所、1928年に大阪商工会議所と改称している（阿部 2006: 31）。
2) 藤本（1963: 211）は『経済問答秘録』が天保年間（1830-44）の著作であることから、江戸期の中期迄には同書が示す同業者の集団が形成されていたことは明らかであると推定する。
3) 商工名鑑的出版物の詳細や都市史資料としての有効性については、補章で議論する。
4) 明治・大正期に全国各地域の都市で出版された「繁昌記」、「案内記」などの商工名鑑的地誌について、林順信（1996）は30年余の調査・収集に基づき、641点の目録を作成している。
5) 主な執筆者である宇田川は大阪最初の日刊紙『浪花新聞』を創刊し、朝日新聞や毎日新聞にも入社するなど新聞記者として活躍するかたわら、小説家としても活動した文筆家であった（宮本又次 1975）。
6) 例えば、新修大阪市史編纂委員会編（1994a）は史資料として『大阪繁昌誌』を頻繁に引用している。
7) 干魚問屋と表記される54軒と干鰯問屋と表記される18軒に分かれている。
8) 西長堀の材木商70軒中3軒が、材木問屋と表記されている。他に材木仲買事務所と材木道具商と表記されるものが1軒ずつあるが、営業活動を行っているのか、また業務の内容が材木取引であるのか確認できないことから、これらは材木商に含めていない。
9) 農商工準則組合とは、農商務省が1884（明治17）年11月27日達第三七号をもって定め、各府県に命令した同業組合準則を根拠とする同業組合である。実際の運用は府県ごとに定められた同業組合取締規則に則って行われた。農業組合準則では、その構成員を「農商工ノ業ニ従事スル者ニシテ同業或ハ其ノ営業上ノ利害ヲ共ニスル者」としている（藤田 1995: 16, 95）。
10) 1900（明治33）年に成立した重要物産同業組合法を根拠法とする重要物産同業組合は、賃金・雇傭・価格・品質などを規制する機能や製品検査機能を有し、同一地域内における強制加入や全同業統制力を有する組織法人であった。輸出振興策のため、政府は、農商工準則に準拠した同業組合より強力な統制力を重要物産同業組合に与えていた。重要物産同業組合法のもとでは、当該地域の同一業種に属するすべての商・工業者は強制加入を義務付けられていた。問屋資本にとって、重要物産同業組合は準則組合より好都合な組織であることから、かつて株仲間に属した同業者の復権の産物としても理解することもできる（藤田 1995:

95-99)。
11) 大正〜昭和初期の機械商集積の新たな形成については、沢井（2013）参照。
12) 大正区の千島町と小林町の材木業同業者町は、「千島小林町」と総称され、両者は一体のものと見なされていた（高橋編 1957）。
13) なお、他にも卸売の同業者町としては、雑喉場の生魚問屋や天満町の青物問屋などの各種食料品の卸売業同業者町が確認できるが、本論文では同業者町と産業化の関係を重視する視点から製造業との関わりが深いもののみを取上げることにして、これらの同業者町の分析は別の機会に譲ることにする。

第Ⅳ章　同業者町と調整の重要性
―明治・大正期の大阪道修町を事例に―

第Ⅳ章　同業者町と調整の重要性

第1節　道修町の歴史と産業化期日本の医薬品産業

　この章では、第Ⅱ章で提示した方法を念頭に、同業者町の空間的集積形態を維持する作用として、同業者町における主体間の社会的関係に立脚した組織や制度に着目する視角を導入し、主体間の意思統一を可能にして協調的行動へと結びつける調整のプロセスを検討する。

　検討対象となる事例は、明治・大正期の大阪における医薬品産業の同業者町、道修町をとりあげる。医薬品産業は他の重化学工業と同様に、第一次世界大戦期（1914～18年）を契機として、国策の支えもあって発展を遂げ、第二次世界大戦後の高度成長期には再販制度の導入や流通の系列化といった日本独自の流通システムを作り上げたとされる（小原 2005: 67-98; 神保 2008）。しかしながら、それ以前から大阪の医薬品産業では問屋卸売業主導の流通体制が作り上げられており、その後の発展の重要な基礎になった。例えば、現代まで名を残した武田薬品工業、塩野義製薬、田辺製薬などの製薬企業は、近世大坂の道修町の薬種商に起源を持つ。これらの大企業をはじめとして、第二次世界大戦後の道修町に集積した製薬業者の大部分が、戦前は卸売業を営んでいた。こうした点から、第Ⅲ章で指摘したように、日本における医薬品産業は伝統的な産業基盤からの継続性と近代化による変化の両面を評価することができる事例といえる。

　道修町は大阪市（現中央区）に位置し、河川や運河で囲まれた船場と呼ばれる中心業務地区の一角を占めている（図Ⅳ-1）。道修町への薬種商の集積は、近世の商業政策の強い影響下で実現したとされ（藤本 1963: 207-230）、豊臣秀吉が天正年間（1573～91年）に伏見町で舶来品の取り扱いをさせたことから、周辺に唐薬種を含む舶来品を扱う商人の集住が見られるようになった。その後、1722（享保7）年に徳川吉宗が、道修町の薬種屋株仲間を公許し、薬種商同業者町としての道修町の地位が確立される（野高 2002）。その後、唐薬種流通を統制する必要から、1735（享保20）年には組織を強化した

第 1 節　道修町の歴史と産業化期日本の医薬品産業

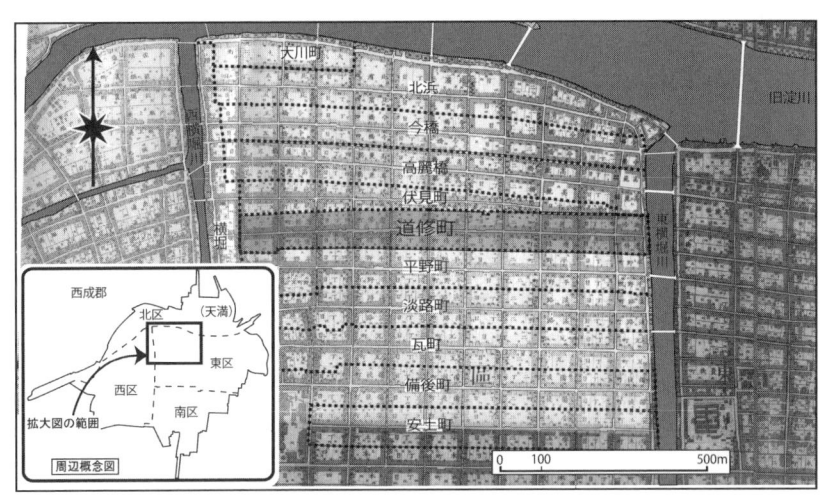

図Ⅳ-1　事例地周辺の概観図
注：図中左下部の周辺概念図における細実線は大阪市域を、点線は市内四区域を示す。
（内務省地理局編「大阪実測図」（大阪府、1890年発行）をもとに加筆し、作成。）

「道修町薬種中買仲間」として追認され、仲間株は明治初頭まで存置された。幕府は薬種中買仲間に道修町一～三丁目への居住地制限を掛け、薬種商の道修町への集積を規定した（内田 1993）。

　しかし、道修町周辺への薬種商の集積を促す要因は他にも存在した。長崎から唐薬種を荷受けし、薬種中買に売出すのは東横堀沿いの唐薬問屋であった。唐薬問屋が薬種の相場、すなわち需給関係を見極めて円滑に荷物を流通させ、薬種中買が薬種の品質を見極めた上で、重量を測定し正確に小分けして各地に売りさばき、流通を円滑にした。このそれぞれの業務の特徴がうまくかみ合うことで、近世の大坂は薬種流通の全国的要として機能したとされる（今井 1976; 渡辺 2006: 393-407）。近世都市史研究では、江戸幕府の都市支配の枠組みである町とは異なる領域で、業務に応じた職縁集団の一定地域への集住が指摘されており（今井 1986; 井戸田 1997）、近世の道修町周辺でもこうした業務ごとの集住形態が見られたものと考えられる。

　明治維新は、こうした近世大坂の医薬品業界に大きな変化をもたらした。

第Ⅳ章　同業者町と調整の重要性

西洋医学の導入とともに、化学薬品である西洋薬（以下、洋薬と呼ぶ）の使用が増加していった。

大阪で洋薬の本格的な製造が開始されたのは明治初年頃とされる。まず、外国人技師を招聘した政府機関による知識、技術の導入と普及がはかられた。1869（明治2）年の造幣局における硫酸の国産化や、政府による大阪・大手前での舎密局の設置などが挙げられる。一方、民間からの製薬業への関わりも見られはじめ、塩酸、硫酸、硝酸、アンモニア水等の製造が始まった。当初の製薬業では汎用の化学薬品と医薬品の製造に区別がはっきりせず、医薬関係者も洋薬の品質を判断する能力に乏しかった。

そこで、大阪では信用のおける医薬品の流通を目指して、1873（明治6）年に薬品改良を目的とした精々舎を今橋四丁目に設立している。精々舎はオランダ人ドワルスを招聘して薬品の改良を図り、外国純良薬品の純雑鑑定を請負うなど、薬局に関する事業を目的とした。こうした民間の動向をうけて、政府も衛生上の観点から薬品試験と薬学講習、製薬技術の伝習をおこなう司薬場の必要性を認めていく。1875（明治8）年にはドワルスを外国人教師とする大阪司薬場が舎密局の跡地に設置された（大阪製薬業史刊行会編 1943: 456-464）。彼は司薬場において薬学の講義を行い、後に製薬業を展開する多くの技術者を輩出した。

こうした中で、和漢薬を中心に取引していた道修町の薬種商も、洋薬の取引を中心とした業態へと、根本的な変化を迫られていく。制度上も、1889（明治22）年に発布した「薬品営業並薬品取扱規則」により、医薬品を取り扱う新たな資格として「薬剤師」が定められ、医薬品の製造業者は免許制の「製薬者」として定められた（武田薬品工業株式会社内社史編纂委員会編 1962: 95-96; 日本薬史学会編 1995: 34-35）。ただし、従来から医薬品を取り扱う業者は薬剤師の資格を得ずとも「薬種商」として位置づけられ、医薬品の流通に携わった。

その後、明治・大正期において、道修町の有力薬種問屋は卸売業の行き詰まりを見越して製薬業へと転身し、その成功によって道修町を維持すること

第2節　大阪の医薬品産業と道修町の存続

ができたとみられている（野高 1995: 3）。これらの問屋は伝統的販売網を有していて、販売に関する心配があまりなかったことから、個別にあるいは協同で製薬業に進出できたと理解されている（吉田 1975: 35-37）。しかし、こうした理解は現代まで存続した一部の製薬企業の社史などの理解に基づいており[1]、既に淘汰されたその他の薬種商の動向を含め、同業者が相互にどのような関係を取り結びつつ集積を維持したのかについての検討は、必ずしも為されているわけではない。薬種商の集まりである大阪薬種卸仲買商組合に関する検討も、もっぱら株仲間からの継続性が問題となる商法成立以前の段階に限定して議論され（野高 1995: 3-6）、洋薬の製造が活発化し、医薬品産業が大きく変化した明治後期から大正期についての検討は不十分である。

　従って本章では、道修町に拠点を置く薬種商の同業者集団が製薬業へと業態を拡張し、近代化を進めながらも集積を維持した明治・大正期の動向こそが関心の的となる。そこで以下では、まず当該時期における大阪の医薬品産業の動向と医薬品産業の集積の実態を確認した上で（2節）、新規参入を含む薬種商の様々な関係のなかから業態の拡張が生じたことを示し（3節）、同業者の利害関係を調整する場として道修町が機能していたことを論じることとする（4節）。

第2節　大阪の医薬品産業と道修町の存続

1. 明治・大正期の大阪医薬品産業

　この節では、明治・大正期の大阪医薬品産業の動向と、その下での道修町への同業者集積の状況を確認していく。まず、各種統計類を用いて、化学工業化が進んだ大阪医薬品産業の発展状況を把握する。

　農商務省『工場統計表』に基づき、製薬業の生産額が掲載される1909（明治42）年以降について、1919年時点の国内上位5府県における医薬品（医薬売品）と工業薬品の生産額の推移を示したのが図Ⅳ-2である[2]。ただし、1919（大正8）年までは『工場統計表』が5年おきの調査のため、1909、

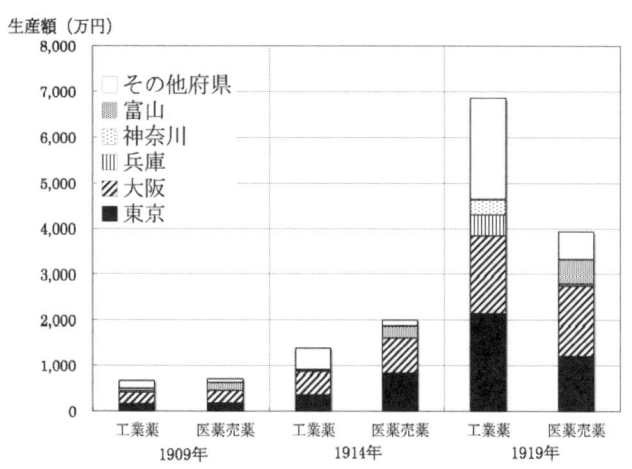

第Ⅳ章　同業者町と調整の重要性

生産額（万円）

図Ⅳ-2　医薬品・工業薬品の生産額と製造者数の推移

（各年次版、農商務大臣官房統計課編『工場統計表』より作成。）

1914、1919年の3時点の比較となる。まず、1909年と1914年の値を比較してみると、前者では大阪における生産額は医薬品が約280万円、工業薬品が約260万円にとどまるが、後者では医薬品が約785万円、工業薬品が約503万円と共に2倍から3倍の増加を示している。また、全国の生産額に占める割合は共に40％弱で両者に大きな相違は見られないことから、国内における薬品の産地として重要な地位を維持していたことがうかがえる。明治末から大正初期の時期には、大阪の製薬業が順調に成長していたといえよう。

次に、1914年の段階と1919年の段階を比べると、こちらも大阪における医薬品の生産額は2～3倍に増加しており、全国に占める割合も変わらず40％弱を維持している。ところが、工業薬品の場合は全国生産額が5倍以上に増加したことを受けて、大阪の全国に占める割合は25％弱にまで低下している。1919年には大阪を逆転した首位の東京をはじめ、兵庫、神奈川の上位府県は全国に占める割合を増加させており、その他の20府県でも割合を増加させている。重化学工業化の急激な進展とともに、工業薬品の製造が全国的に本格化したと考えられ、第一次世界大戦の終結とともに、工業薬品と医薬品

第2節　大阪の医薬品産業と道修町の存続

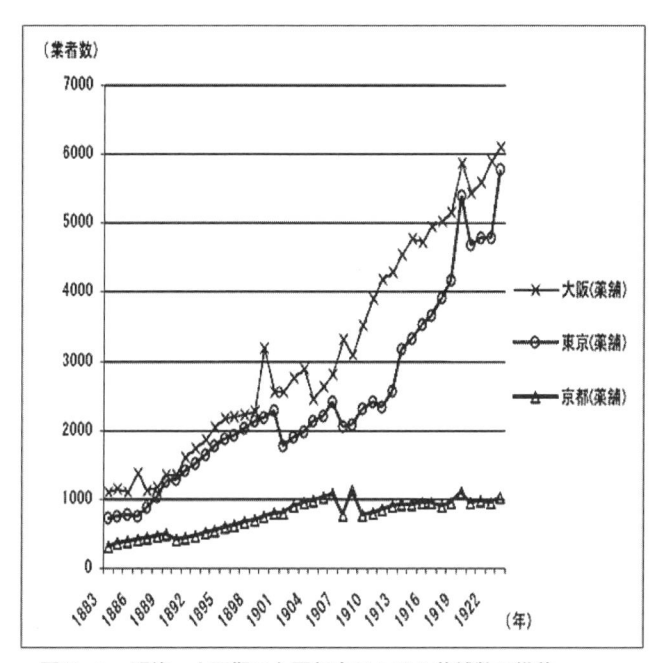

図IV-3　明治〜大正期の主要都市における薬舗数の推移

（各年次版、内閣統計局編『日本帝国統計年鑑』により作成。）

の生産動向にはっきりとした差異が現れはじめたことを示している。つまり、大正中期までの医薬品産業は、明治後期以降、比較的安定したペースで一貫した発達を続けており、重化学工業化の趨勢とはやや異なる様子を示している。

　一方、明治後期から大正初期の医薬品産業の流通業者数に関する資料として、衛生行政に関するデータも参照しておこう。『日本帝国統計年鑑』より1883（明治16）〜1922（大正11）年の大阪の医薬品流通業者数の増減を、東京、京都と比較して示したものが図IV-3[3]である。ただしここでの「薬舗」には統計上の薬剤師と薬種商数が合算されているため、この数字には小売業者が含まれる。その動向は、1900〜1910年頃に増加のペースが一時停滞しているものの、全体として右肩上がりの増加を示している。なお、当初増加のペースは東京と大阪で伯仲していたが、1900年代、1910年代は大阪が凌

第Ⅳ章　同業者町と調整の重要性

表Ⅳ-1　1884年大阪の医薬品産業業者数

立地	薬種商	製薬業者
大阪市東区	278	9
うち　道修町	151	3
平野町	30	1
伏見町	20	-
淡路町	18	2
その他	59	3
大阪市北区	6	1
大阪市南区	13	1
大阪市西区	4	-
西成郡	4	1
合計	305	12

注：大阪薬種卸仲買仲間（大阪薬種卸仲買商組合の前身）に加盟の業者数。薬種商、製造業者ともに兼業者を含む。ただし製造業者は住所が判明するもののみを示した。「薬種卸仲買人名調査簿」（大阪薬種業誌刊行会 1937: 478-515）により作成。

駕しており、発展が著しかったことが判る。

以上のように、明治末期から大正中期にかけて大阪の医薬品市場の規模や生産額は増大し、流通業者数が増加している様子がうかがえる。ただし、工業薬品生産の伸びは全国的な趨勢と比較して相対的に弱く、医薬品産業に重点を置く傾向がやや強かったといえる。

2. 医薬品業者の立地動向と道修町

続いて、当該期大阪の医薬品産業において、道修町にどの程度の同業者が集積していたのかを確認するため、医薬品産業に従事する薬種商と製薬業者の立地動向の変遷を分析していく。なお、入手できた資料の制約から、①1884（明治17）年、②1910（明治43）年、③1916（大正5）年のそれぞれの動向を検討した。

まず、①の段階における医薬品産業従事者の立地動向をまとめたものが表Ⅳ-1である。この段階の薬種商の立地動向は、大阪薬種卸仲買仲間の名簿資料に記された加盟業者の住所から明らかになる。一方、製薬業者については、同時期のその立地に関する資料が入手できないため、ここでは卸仲買仲間の名簿に名前が見られる薬種商兼業の製薬業者を示した。薬種商は9割以上が東区に立地している。その内訳は約半数が道修町に分布しており、隣接する北船場の各町も比較的多い。近世以来の基盤の上に、道修町を中心とした薬種商の集積が維持されていることが確認される。なお、製薬業者については流通兼業のみとなりサンプル数は少ないが、道修町とその近隣（東区内）への集中が見られ、製薬業の立地動向に対しても道修町の影響が考えられる。

続いて、②の段階の立地動向を示した表Ⅳ-2を見ていく。ここでは薬種商と製薬業者の住所をともに把握できる資料として、大阪商業会議所の調査

第2節　大阪の医薬品産業と道修町の存続

による明治44年刊行の『大阪商工名録』を用いた。ただし、ここに掲載されているのは営業税納税額50円以上の業者に限られ、①や③の段階とは単純に比較できず、一定の規模以下の零細業者は除外されている。

　その点に注意が必要であるが、薬種商の立地はやはり大阪市東区が卓越しており、その4割強が道修町に集積している。その一方で、南区や西区の業者数も増えていることが目立つ。図Ⅳ-3で見たように、明治後期にかけて大阪全体の業者数は増加傾向にあり、道修町への集積は維持されつつも、周辺である東区以外へも業者の分布が見られはじめたと考えられる。製薬業者の分布に関しても、道修町を筆頭に東区への集積が目立つが、その全てが薬種商との兼業である。一方、東区以外では比較的製薬業者の多い北区の状況が興味深い。サンプル数自体が少ないものの、業者の7割弱が製薬業者であり、さらにその半数近くが製薬専業である。北区の製薬業者の分布は都島周辺や天満周辺など東区に接する地区に集中していることから、道修町に比較的近いことも大きな要因であったと考えられる。薬種商が増加しつつ、西区や南区に広がっていくのに対して、製薬業者は、道修町により近い北区に分布していると見ることができるだろう。

　最後に③の段階の立地動向を見ていく（表Ⅳ-3）。『大正七年改正大阪商工名録』に依ったが、ここでは掲載業者が営業納税額75円以上のものに限定されている。②よりもさらに経営規模で上層に位置する業者に偏っている点に注意が必要である。やはり東区、道修町への薬種商の集積は顕著であり、その割合も86％に達している。少なくとも、経営規模の大きな薬種商は道修町へ集積する傾向にあったといえる。製薬業者については、納税額制限の上昇にもかかわらず、②の段階より掲載数が増加している。立地動向については、特に道修町を中心とした東区への集中が顕著である。また、製薬業者のほとんどが薬種商兼業者になっており、道修町周辺で営業する薬種商による製薬業への進出や、経営規模の拡大した製薬業者の薬種商への進出と道修町への移動が考えられる。この点は、営業所と生産拠点が分離して、郊外に大規模工場の分布が進みはじめたことも反映していると思われる。

第Ⅳ章　同業者町と調整の重要性

表Ⅳ-2　1910年大阪の主要医薬品産業業者数

立地	流通専業者	製薬専業者	流通・製薬兼業者
大阪市東区	107		24
うち　道修町	66		14
平野町	15		2
伏見町	6		1
淡路町	6		1
その他	14		6
大阪市北区	4	4	5
大阪市南区	14	1	2
大阪市西区	17		5
西成郡		1	2
合計	124	6	56

注：1910（明治43）年度営業納税額50円以上の業者数を示した。流通業者、製造業者数ともに兼業者を含む。製薬業者数の内、括弧内は専業者数を示す。ただし、小売専業者は除く。
大阪商業会議所編（1911）により作成。

表Ⅳ-3　1916年大阪の主要医薬品産業業者数

立地	流通専業者	製薬専業者	流通・製薬兼業者
大阪市東区	36	1	58
うち　道修町	33	1	30
平野町	7		5
伏見町	4		3
淡路町	2		2
その他			8
大阪市北区			3
大阪市南区	3		4
大阪市西区	3		
西成郡		1	2
合計	42	2	67

注：大正5年度営業納税額75円以上の業者数を示す。流通業者、製造業者数ともに兼業者を含む。製薬業者数の内、括弧内は専業者数を示す。ただし、小売専業者は除く。
大阪商業会議所編（1918）により作成。

以上のように、明治期になり薬種商の居住地制限が撤廃されても、一貫して道修町への薬種商の集積は継続していることが明らかになった。業界の拡大とともに、隣接する東区各町以外へも分布が広がってはいるものの、道修町への集積は一貫して高い割合を示しており、集積する業者の経営規模もより大きくなっている。このような近代においてなお続く薬種商の集積について、本章では地理的慣性を理由として説明するのではなく、薬種商の業務内容や業者間のつながりから見た要因の考察が必要だと考える。また、製薬業者と薬種商の立地動向の間にも一貫して関係が認められ、製薬業者の立地に道修町の薬種商が影響を与えたことも想定される。そこで、次節では道修町を中心とした医薬品産業の従事者たちが、相互にどのような関係を持っていたのかについて、業態の別に注意して明らかにしていく。

第3節　薬種商同業者集団の結びつきと業態の拡張

1. 明治後期の道修町における主要薬種商

　表Ⅳ-4は、前節で用いた1911（明治44）年の『大阪商工名録』（大阪商業会議所編 1911）に記載された道修町の薬種商72名（営業税納税額50円以上）について、同資料に掲載された卸売専業・製薬兼業の業態の別、営業税額、営業品目を整理した上で[4]、大阪薬種卸仲買商組合等の名簿資料から確認される各薬種商の初見や独立元との関係、そして1910（明治43）年度の大阪薬種卸仲買商組合役員や評議員への着任者等の情報をまとめたものである。

　まず、業態の別（表中のIDのアルファベットを参照）に注意すると、明治後期の時点では2割弱の業者（D1～D14）が製薬業を兼業していることがわかる。ただし、『大阪商工名録』に記載された道修町の製薬業者は彼ら14名以外には無く、言い換えれば道修町の製薬業者は全てが卸売との兼業であった。後に顕著となった製薬企業の本社機能の集中に比べると、未だ卸売業を営む薬種商同業者町の性格を保持しているといえるだろう。また、営業品目に着目すると、薬種あるいは化学薬品以外にも、香料、化粧品や洋食品、医療用機械や繃帯材料を取り扱っている業者が目立つ。化学や医療に関係する製品を中心に、医薬品以外の商品も同時に扱われていたことがわかり、この点も関連商品もあわせて扱うという点で、卸売業を中心とした道修町の性質を示すものといえるだろう。

　続いて、近世の薬種中買仲間（株仲間）からの連続性を念頭に個別業者の営業経歴をみていくと、72の薬種商のうち19が株仲間に出自を持っており（表中の◎）、一定の割合を占め続けるが、株仲間には出自がなく、明治以降に参入した業者も多いことがわかる。卸売専業の業者に限っていえば、3割強が1884（明治17）年以降になって名簿類に記載がみられるようになり、株仲間の薬種商と過去に被雇用の関係や血縁関係にある業者も含め、明治中期以降の参入者が多数存在している。この点に加えて、納税額から経営規模を

第Ⅳ章　同業者町と調整の重要性

類推していくと、納税額3桁以上の業者は明治中期以降の参入者にも見られることから、これらの新規参入業者も明治後期には経営規模を拡大していたことがわかる。

さらに、こうした業者が道修町の内部で個々に持っていた影響力を推し量るため、道修町に本拠がある大阪薬種卸仲買商組合の1910（明治43）年度役員・評議員5)への着任状況（表中の○●）を見てみる。役員・評議員は、明治中期以降の参入者を含めて満遍なく存在していることがわかり、株仲間からの出自を含めた営業経歴の長さが組合運営の主導権を独占していたようには見えない。むしろ、納税額が2桁以下のものは2軒のみに限られ、大部分は納税額3桁以上であることから、一定以上の経営規模を有していることの方が、組合運営に影響力を持つ要件であった可能性が強い。

以上のように、明治後期の道修町は未だ製薬業者ではなく薬種卸商が集積する同業者町であった。その構成要員も、近世の株仲間由来の業者が一部に根強く残りつつも、明治中期以降の新規参入者も経営規模を拡大させて、発言力を増しつつあった様子がうかがわれる。道修町の同業者町としての存続は単純な伝統墨守にとどまらず、構成する業者の新陳代謝を伴うものであったといえるだろう6)。

2. 明治期大阪の製薬業の発展と道修町薬種商

続いて、前節で見た道修町薬種商同業者町が、明治期の大阪における製薬業に対してどのような影響や関係を持ったのかを個別に検討していく。表Ⅳ-4と同様に1911（明治44）年『大阪商工名録』より1910（明治43）年度時点で製薬業を営む業者（営業税納税額50円以上）を抽出し、明治中後期（明治10～30年頃）における主要な薬種商や他の製薬業者との関係の情報を付加したものが表Ⅳ-5である。ただし、ここでは道修町以外に立地した製薬業との関係に留意するために、同資料に掲載された製薬業者を全て採り上げた。

まず、明治前期の家内工業的製薬業者の典型例として、先行研究で取り上げられている加陽碌平7)と同様に、精々舎から司薬場をへて技師となった

第3節　薬種商同業者集団の結びつきと業態の拡張

西山良造（K6）が、明治後期に至っても製薬業を継続していた。西山と加陽は協業関係にもあった。

こうした初期の家内工業的製薬業者に対して、表Ⅳ-5中にはその下で研鑽を積んだ後に独立し、明治後期にかけて道修町薬種商との関係を深く結んだ技師との関係が複数見られる。例えば、加陽の下で番頭格であった中藤昇平は、加陽と取引のあった小野市兵衛（D2）らから製剤原料を仕入れ、武田長兵衛（表Ⅳ-4のd9）などに卸しつつ、武田、塩野義（同じくd40）、田辺（D7）らの共同事業に技師として協力し、廣業合資会社（N2）の立ち上げに参加するなどした後、岩井松之助（D10）の技師長となっている[8]。同様に内林直吉（N1）は西畑友之助（表Ⅳ-4のd41）、小西儀助（D4）と共同事業を行い失敗したが、その際の取引関係を通じて武田との関係を深め、中藤が武田との特約契約に違反して他の業者との取引を行ったので、代わって武田の特約製薬業者となり、後には専属工場となって吸収されるにいたる[9]。

さらに石津作次郎（D1）、石浜豊蔵（A1）、内林の場合のように、製薬業者間でもめ事があった場合や独立に際して、取引のあった薬種商が仲裁や資本金の出資などの援助をする場合もあった（日本薬史学会編 1995: 48）。このように、流通を通じた道修町薬種商と製薬業者のつながりが、流動的でありながらも強い影響力を働かせたため、道修町周辺に製薬業者の立地を維持促進する要因になったと考えられる。

この他、洋薬の導入に対応すべく流通業者が卸中買商仲間（後の組合）を通じ共同で設立された企業に大阪製薬株式会社がある[10]。これは大日本製薬株式会社（Ki1）の前身であり、当時個人による創設が難しかった局方品（日本薬局方で定められた医薬品）の製薬所を設けるべく、道修町の薬種商が中心となって設立したものである。

大阪製薬株式会社は営業所を道修町二丁目に設置し、医薬用及工業薬品の製造販売を目的とし、資本金10万円、2千株の発行によって設立された。創立に際しての発起人には日野九郎兵衛（表Ⅳ-4中のd15、以下同様）、宗田友

第Ⅳ章　同業者町と調整の重要性

表Ⅳ-4　道修町の主要薬種商（1910年）

ID	名称	株仲間/組合役職	下部組	営業品目	名簿上の初見年	税額		
d1	柚木与兵衛	◎	正	Y	1875	200	D5	小西利七
d2	杉村房次郎	○	正	Y	1875	154	D6	七里清助
d3	祐盛作兵衛	◎	薬	Y, Co	1875	65	D7	田辺五兵衛
d4	稲益清助	◎	正	Y, S	1875	87	D8	黒石卯之助
d5	春元重助	◎	正	Y,Cem,B,M	1875	570	D9	松井又七
d6	川村清兵衛			Y, Cem	1875	88	d32	高橋寅之助
d7	和田卯助	◎	正薬	Y, F, Co, Cem, M, B	1875	279	d33	奥田朝次郎
							d34	原田松次郎
d8	田畑利兵衛	◎	正	Y, B	1875	364	d35	鳥居徳兵衛
							d36	清水広吉
d9	武田長兵衛	◎○	正	Y, Co, Cem	1875	2328	d37	春元竹三郎
d10	長洲寅次郎		薬	Y	1875	93	d38	大島清吉
d11	小西儀助	○●	薬	Y, F	1875	467	d39	安居佐七
d12	小西久兵衛		薬	Y, Cem	1875	206	d40	塩野義三郎
d13	三国仁兵衛		正薬	Y, Cem	1875	231	D10	岩井松之助
d14	島道勘四郎	○	薬	Y	1875	104	d41	西畑反之助
d15	日野九郎兵衛	○●	正	Y, Cem	1875	292	d42	奥野藤吉
d16	伏水弥三郎		薬	Cem, P	1875	91	d43	大谷市造
d17	大江吉兵衛	◎	正	Y	1875	220	d44	五十野善五郎
d18	河合五郎兵衛	◎○	薬	Y	1875	73	d45	大和田源次郎
d19	岡本佐右衛門	◎○	薬	Y	1875	98	d46	丸本利兵衛
d20	谷山伊兵衛	◎○	正	Y	1875	404	d47	藤沢友吉
d21	津田重次郎	◎○	正	Y	1875	242	d48	塩見由三郎
d22	津好宗八	◎	正	Y, Co	1875	157	d49	須藤友七
d23	山本文七		薬	Y, P, Cem	1875	95	d50	長岡弥太郎
d24	山本茂三郎		正	Y, Co	1875	88	d51	太田安吉
d25	福井七郎兵衛	◎	正	Y	1875	229	D11	上仲秀次郎
d26	小西喜兵衛	◎	正	Y	1875	204	D12	河村友次郎
d27	北垣清兵衛		正	Y	1875	102	D13	伊藤千太郎
d28	北浦弥七		薬	Y	1875	103	d52	乾保之助
d29	南野福蔵		正薬	Y	1875	79	d53	友田亀太郎
d30	塩野吉兵衛	◎○	薬	Y, Sp	1875	187	d54	谷重次郎
d31	森政七	◎	正	Y	1875	153	d55	安原富三郎
D1	石津作次郎	○●	薬	Y, Cem	1875	158	d56	今永駒吉
D2	小野市兵衛	◎○	正	Y, P, Co, Cem	1875	509	d57	谷山泰次郎
D3	上村長兵衛	○	正	Y, Cem, M, B	1875	315	d58	世良田亀次郎
D4	小西儀助		薬	Y, Cem	1875	467	D14	柳原三郎

注：IDのアルファベットは立地を示し、D（d）は道修町を意味する。ただし大文字は製薬兼業、小文字は卸仲買商組合、●が製薬同業組合の、1910年度役員ないし評議員。正＝正進組、薬＝薬正組。Y＝薬種、料、P＝染料塗料、Sp＝香料、Co＝香水化粧品、F＝洋酒洋食品。網掛けは当該時の名簿等に記載有。☆欄内における⇒は独立元との主従関係、…は血縁関係。税額は営業税納税額を示す。

名称、所在地（ID）、営業品目、税額は大阪商業会議所編（1911）、近世株仲間への所属は、慶応4年「薬416-450）、1872（明治5）年「薬種中買仲間人数帳」（大阪薬種業誌刊行会編1936: 473-495）をもとに、518-531）によって屋号から姓を比定。名簿上の初見年は、1875（明治8）年は「薬種商組合名面帳」（大阪「薬種卸仲買人名調査簿」（大阪薬種業誌刊行会編1937: 478-515）、1900（明治33）年は「薬種卸仲買商組合阪商業会議所編（1911）を参照した。組合役員・議員への就任は、製薬業が「本年度定時総会を開く」（大阪薬種業誌刊行会編（1941: 396-398）により、明治43（1910）年度のものを示した。下部組への所属は、正依り、薬正組は「明治四十弐年四月廿五日改正　薬正組々合名簿」（道修町文書資料612100）に依った。独誌刊行会編1943: 452-482）、藤沢薬品工業株式会社編（1976: 1-6）、および塩野義製薬株式会社編（1978,

第3節　薬種商同業者集団の結びつきと業態の拡張

○	正薬	Y, Cem	1875	276
	薬	Cem	1875	341
◎○	正	Y	1875	1733
○●	薬	Y, Cem	1875	205
	正	Y, 売薬	1875	67
	薬	Y	1884	88
	正	Y	1884	136
	薬	Y, Cem	1884	91
		Y, Cem	1884	151
		Y	1884	61
	薬	Cem, Co	d5…1884	535
	薬	Y	d5⇒1884	62
	薬	Y	1884	170
○	正	Y, Cem	d30⇒1884	751
○●	薬	Y	1884	294
	薬	Y	d5…1900	143
	薬	Y	1900	61
		Y	1900	87
	薬	Y, Sp, Co	1900	80
○	正薬	Y	1900	186
○	正	Y	1900	235
○	正薬	Y, Cem, 樟脳	d8⇒1900	203
○	薬	Y, Cem	1900	112
	正	Y, Cem, M	1900	125
	薬	Cem, P	1900	-
	薬	Y	1900	53
	薬	Y, Co	1900	70
	薬	Y	1900	65
○●	薬	Y	1900	89
	薬	Y, Cem	1910	175
		Y, Cem	1910	89
		Y, M	1910	-
	薬	Y, Cem	1910	77
		Y, B	1910	129
○	薬	Y, F, P, Cem, B	1910	196
	薬	Y	1910	52
		Y, Cem	1910	1085

卸売専業である。◎は近世株仲間所属業者。○が大阪薬種 Cem＝化学・工業用薬品、M＝医療用器械、B＝繃帯材 は薬種商組合加入が最初に確認される時点。名簿上の初見

種中買仲間名前帳」（大阪薬種業誌刊行会編　1936：1872年「判頭組合人数帳」（大阪薬種業誌刊行会編　1936：薬種業誌刊行会編　1936: 577-715)、1884（明治17）年は人名表」（道修町文書資料603231)、1910（明治43）年は大阪製薬誌刊行会編　1943: 1063-1067)により、薬種商が大進組は「薬種商正進組人名表」（道修町文書資料611078）に立元との関係は、「同業組合設置と調査事項」（大阪製薬業1-3)により作成。

治郎、小西久兵衛（d12)、乾利右衛門、小西儀助（d11)、小野市兵衛（D2)、田畑利兵衛（d8)、白井松之助、上村長兵衛（D3)、福田清右衛門、石津作次郎（D1)、武田長兵衛（d9)、谷山伊兵衛（d20)、春元重助（d5)、塩野吉兵衛（d30)、田辺五兵衛（D7)、塩野義三郎（d40)、小西喜兵衛（d26)、小寺幸次郎、七里清助（D6)、小磯吉人の21人が記されている。発起人は一人当たり50株、合計して1,050株を引き受けている。取締役社長には日野九郎兵衛、取締役には田辺五兵衛、塩野義三郎、宗田友治郎、上村長兵衛が、監査役には小野市兵衛、武田長兵衛が着任して今日の福島区海老江に工場を設けて営業を開始した[11]。

その創立趣意書[12]を見ると、大阪を日本の需要供給を司る百貨集散の地と位置づけ、そこでは製品の「品質精良、価格低廉」が要求されるが、道修町では薬種商の知識や設備の不備により、商品の品質と価格を保証するという集散地の役割が危機

第Ⅳ章　同業者町と調整の重要性

にあると訴える。そこで、薬種商が協同して完全な製薬施設を設置し、「純良」な薬品を需要者に供給しようとの計画の下、「同業者協同一致完全ノ製薬所ナル大阪製薬株式會社」の創立が宣言される。その運営は「百貨集散地殊ニ本邦薬品ノ供給者タル大阪薬業者ノ本分ヲ全ウ」するものとして、販売先には国内他地方の需要者が意識されている。

　また、出資関係からも薬種商の影響が色濃く見られる。当時の業界紙は[13]、日野社長の談として、「前途大に有望なると株式価格の割安なるより有力の某資本家に於て着目する所となり（中略）本會社は普通の営利會社と趣を異にし多数薬業家が創設し數年間主義の為に困難し奮闘し来りしものなるに今や漸く発展の曙光を見んとする際に薬業家の手を放して普通資本家の手に委するは薬業家全体の面目に関するのみならず創立の大趣意を滅却するの恐れあり」と報じており、大阪（大日本）製薬株式会社の経営にとって、広く資本を集め工業化することよりも、薬品集散地道修町の卸売業に資するという役割を果たし続けることが重視されている。

　大阪製薬株式会社が目指す薬品の性質が、「純良」と表現されていることにも注意しておきたい。大阪製薬株式会社は日本薬局方適合薬品の製造を目指して設立されており、「純良薬品」はこの局方適合薬品の流通における惹句として使用された。後年に自家製剤に乗り出した有力薬種問屋が、自社の局方薬品に信頼性を持たせるため「○○印純良薬品」という看板を地方特約店に贈って販路を広げたように（薬の道修町資料館編 2007: 14）、薬品の品質に対する信頼感を維持することが、道修町にとって重要であった。

　以上のように、薬種商と製薬業者の関係を個々に追跡するならば、道修町を中心とした明治後期の大阪における製薬業発展の内実は、単純に問屋卸売業から製薬業への転換として捉えられるのではなく、製薬業者と薬種商が個別にあるいは共同して様々な関係を結びつつ、むしろ薬種商が取り扱う医薬品の質を高める必要性から具体化していったと考える必要がある。すなわち、薬種商が本業である卸売業に見切りをつけて製薬業に転換したというよりは、むしろ卸売業の業務を維持、発展させるために製薬業を用い、取り込

第3節　薬種商同業者集団の結びつきと業態の拡張

表Ⅳ-5　大阪市北東部周辺の主要製薬業者（1910年）

ID	名前	営業品目	組合・下部組	税額	明治中後期の業者間関係	備考
D1	石津作次郎	Y, Cem	☆●薬	158	1892年 K4と共同で製薬業を行う。営業所の道修町進出にd9より援助。	後の石津製薬
D2	小野市兵衛	Y, P, Co, Cem	◎☆正	509	明治中期までは加陽、中藤、A1らにガレヌス製剤原料を供給。	後の小野薬品工業
D3	上村長兵衛	Y, Cem, M, B	☆正	315	明治中期までは加陽、中藤、A1らに製剤原料を供給。	
D4	小西儀助	Y, Cem	☆●薬	467	K6の独立を援助。1892年頃、d41、N1、と「粉末会社」失敗。明治中期まで加陽、中藤、A1らにガレヌス製剤原料を供給。	
D5	小西利七	Y, Cem	☆正薬	276		製薬組合発起人
D6	七里清助	Cem	☆薬	341		
D7	田辺五兵衛	Y	◎☆正	1733	精々舎出身、道修町に工場設置、失火消失。1884年再開。	
D8	黒石卯之助	Y, Cem	☆●薬	205		
D9	松井又七	Y, 売薬	☆正	67		
D10	岩井松之助	Y	☆●薬	294	錦源兵衛から独立、中藤を雇用。	製薬組合発起人
D11	上仲秀次郎	Y, Co	☆薬	70		
D12	河村友次郎	Y	☆薬	65		
D13	伊藤千太郎	Y	☆●薬	89		製薬組合発起人
D14	柳原三郎	Y		1085		丸善薬店
Hi1	北村長三	Y, Cem, F	☆薬	381		
Hu1	清水多三郎	Y, 売薬	☆薬	118		
A1	丸石製薬（石浜豊蔵）	Y	☆●薬	167	明治中期には錦源兵衛よりガレヌス製剤原料等を仕入。K6からの独立をD4が仲裁し、出資する援助があった。	1897年北区に工場。製薬組合発起人。翌年組長。後 D10 に経営譲渡。
Ki1	大日本製薬	Y, Cem	●	2330	発起人 d5, d8, d9, d11, D4, d12, d15, d20, d26, d30, d40, D1, D2, D3, D6, D7。	初代社長 d15
K1	石津作次郎・工場	Y, Cem	☆	59		専業。
K2	今村武四郎	Y		65		製薬組合発起人
K3	乾卯兵衛・工場	Y, 衛生品	◎☆薬	126		営業所は東区道修町
K4	蓮井宗吉	Y, Cem		209	D1の下で製薬業従事、独立。d9、d35より原料を購入、新薬を製造。	製薬組合発起人
K5	田辺工場	Y, Cem	◎☆	156	加陽番頭格の須田を招聘。	D7経営の工場。専業。
K6	西山良造	Y		61	精々舎出身。司薬場より独立。明治前期A1を雇用。加陽と協力。	
K7	大阪瓦斯	Cem				専業
K8	秋山三郎	Cem		59		
K9	須藤製薬	Cem		65		専業
N1	内林直吉	Cem	☆●	76	d41、D4と「粉末会社」失敗。中藤契約違反のためd9の特約生産者、後専属工場。	1887年、東区瓦町で開業。製薬組合
N2	廣業合資会社	Cem	☆	634	中之島で中藤がD4等に沃度の研究協力。d9、d40、D7によって創立。	
N3	大阪晒粉	Cem		2681		専業

注：ID先頭がD（=道修町）、Hi（=平野町）、Hu（=伏見町）、A（=淡路町）、Ki（=北浜）の東区各町の住所を示し、K（=北区）、N（=西成郡）の住所を示す。◎は近世薬種商中買株仲間に所属していたこと、☆は大阪薬種商仲間、大阪薬種卸仲買同業組合への加入を示す。営業品目は、Y（=薬種）、Cem（=化学及び工業用品）、M（=医療用機械）、B（=繃帯材料）、P（=染料・塗料）、Sp（=香料）、Co（=香水・化粧品）、F（=洋酒・洋食）がそれぞれ示す。下部組の記号は、正（=正進組）、薬（=薬正組）を示す。ガレヌス製剤は生薬からの有効成分抽出製剤をいう。●は1910年度の大阪製薬同業組合役員、評議員を示す。税額は営業税の可以。

立地（ID）、名称、営業品目、税額については、大阪商業会議所編（1911）により、組合所属状況については、『大阪製薬同業組合設立同意者名簿』（大阪製薬雑誌刊行会編 1943: 530-532）により、大阪製薬同業組合創立時の構成員を示した。下部組については、正進組が『薬種商正進組人名表』（道修町文書資料611078）、薬正組が『明治四十弐年四月廿五日改正　薬正組々合名簿』（道修町文書資料612100）、によった。業者間関係については、『黎明期の大阪製薬業』（大阪製薬雑誌刊行会編 1943: 456-464）、『浪華製薬沿革史』（岬楽新聞第五百三十二号　1913年11月3日）に記載された座談会記録、及び各製薬社史の内容により作成。

もうとしたと捉えるのが妥当であろう。この点は、同時期の大阪製薬同業組合が大阪薬種卸仲買商組合に従属していると見られていたことからも裏付けられる[14]。次節では、道修町がこうした薬種商の集積として、どのような役割を果たしていたのかについて、調整機能に注目して考察していく。

第4節 薬種商の利害対立と調整機能

1. 組合下部組織と薬種商間の関係

　明治から大正にかけての道修町薬種商の業態は、詳細に見れば主に問屋・店売屋・仲買・注文屋の区別があった（図Ⅳ-4）。薬種商全体の組合である大阪薬種卸仲買商組合の下には、業態ごとの小集団が存在し、これらを下部組と呼ぶ（野高 1995: 30-35）。

　製薬会社の社史等によれば[15]、問屋は薬品を国内製薬場、外国商館、輸入業者から大量に買い付け、注文屋・仲買・店売屋に販売するものであり、注文屋に売り込む問屋の組合を薬正組という。注文屋とは地方の医薬品店から注文を受けて、道修町の問屋から品物を買い入れて送荷する業者であり、注文屋の組合を正進組という。注文屋は、資本があまりかからない上に資金繰りもよく、明治後期から大正初期の道修町では問屋や店売屋を圧迫するほど営業を展開していたとされる。しかし、社史類の理解によれば、その後問屋が製薬事業に進出するに及んで問屋と地方医薬品店との関係が密接となったため、注文屋の多くは流通機構の合理化の中で衰退したとされる[16]。なお問屋・仲買から仕入れて注文屋に売る業者が店売屋であり、店売屋の組合が永久組とされる[17]。仲買は問屋と注文屋・店売屋の間にあって仲介業をするものであり、洋薬を扱うものが住吉組だとされる。

　明治後期に実際に各業者がどの下部組に所属していたかを確認できる資料として、道修町文書資料中に薬正組の名簿[18]と、正進組の人名表[19]が残されている。その情報を表Ⅳ-4の「下部組」の項に示した。これに依れば、現存する製薬会社の社史の記述とは異なり[20]、武田（d9）田辺（D7）、塩野

第 4 節　薬種商の利害対立と調整機能

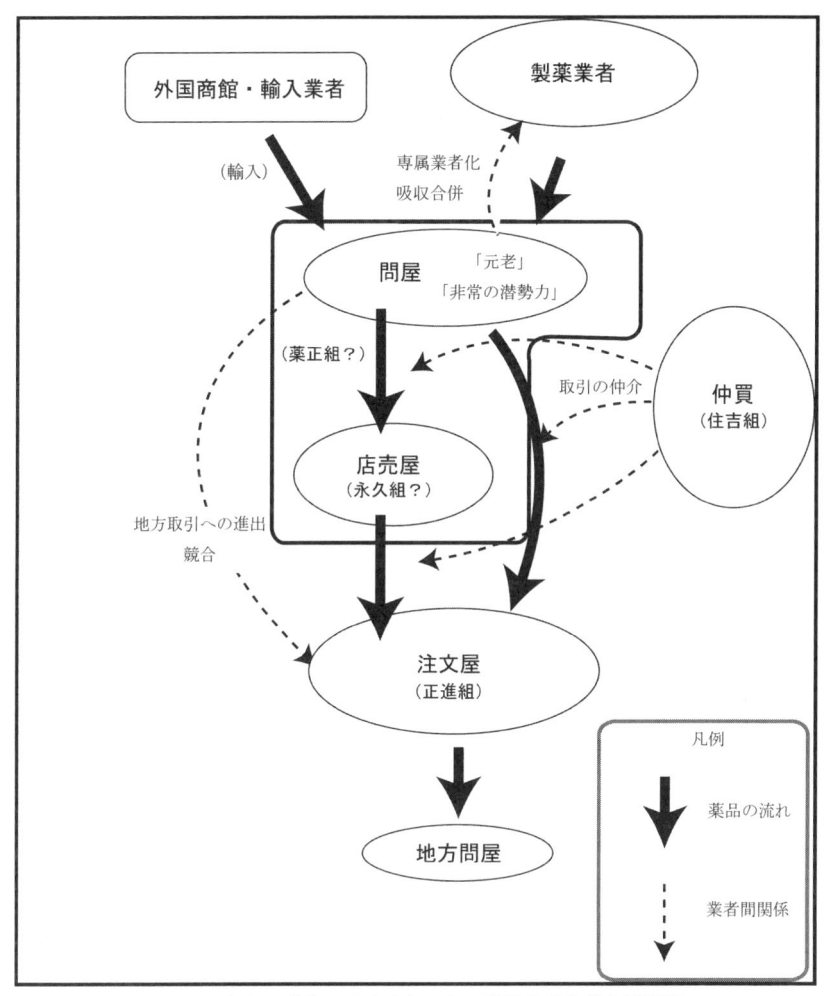

図Ⅳ-4　1896～1914年頃の道修町を中心とした医薬品流通と業者間関係

義（d40）などの有力な問屋が、当初は注文屋である正進組に加入しており、問屋が組織するはずの薬正組には加入していなかったことが判る[21]。当時の業界紙上においても、武田長兵衛、塩野義三郎、田辺五兵衛などの問屋が、正進組の役員や懇親会の幹事などに度々名を連ねている[22]。上述のように社史類によれば、注文屋は流通経路の合理化によって淘汰されたと理解

第Ⅳ章　同業者町と調整の重要性

されているが、実際には、武田らのように注文屋としても活動していた有力な問屋が、当時魅力的だった地方取引に本格的に参入し、自社展開の製薬業を武器に、競合する注文屋を淘汰していったと理解するのが妥当であろう[23]。

以上のような業態間の関係をさらに検討するために、業界紙の1906（明治39）年12月17日の記事[24]から、1901（明治34）年頃の道修町内部における組合役員選挙を舞台とした業態別の業者間対立の一端を見ていく。この記事では、1901年度の大阪薬種卸仲買商組合の役員選挙に際して、「注文問屋の団体たる正進組と店売問屋の団体たる薬正組及び仲買商の団体たる住吉組との間に三座鼎立して互に候補者を争」ったと振り返っている。この内、住吉組はその加入者が仲買商であることから、組合役員の「選挙権は有するも被選挙権を有するものは一二に過ずして運動上には至極好都合の地位にあれば何人もこの団体員に依頼するを例」としており、選挙に際して有力候補の運動に都合良く動員される「道修町界の運動屋」だったとされる。

なお、住吉組の規約は加入者の住所を大阪市東区内で南は本町、北は北浜、東西は両横堀にはさまれた地域（いわゆる北船場）に制限しており[25]、こうした仲買商が道修町周辺において、取引を含めた業者間の日常的な交流、相互作用の接点となっていたことが考えられる[26]。また、「艸楽紙」の記事は、道修町には元老[27]が存在し、「非常の潜勢力」を有しており、いかなる大問題も元老の承諾を得れば直ちに解決されるとしている[28]。取引上の利害関係とは別に、旧来からの伝統をもつ共同体の力関係も効力を維持していたことをうかがわせる。

こうした業態別の対立は1906年に至っても持続しており、薬正組、正進組、住吉組などを中心とした業態別のまとまりごとに、組合運営上の問題においても利害対立があったものと思われる。以上の検証結果についても、図Ⅳ-4に反映してある。次節では、図Ⅳ-4を念頭に、組合運営に関する利害調整が効力を発揮した例として、組合会議の様子に焦点を当て考察していく。

2. 薬種商間の調整と同業者集積の意義

　第1節で触れたように、同業組合が株仲間より受継ぎ、明治期に特に重要視された機能として「調整機能」と「信用保持機能」があげられる（藤田 1995: 2-4）。株仲間研究では、この両機能が密接に関係して発揮された具体的な内容として、種々の「取引上の協定」が指摘され、取引の円滑を期すための「度量衡の一定」や「商品の検査」などが注目されている（宮本又次 1938: 151-261）。以下ではこれらの点に注目して、道修町で行われた大阪薬種卸仲買商組合（仲間）の会議の動向を検討する。

　まず「商品の検査」に関する観点からは、「大阪薬品試験会社」設立の事例がある。これは、1889（明治22）年の薬律制定後、司薬場の後身である国立の大阪衛生試験所では日本薬局方品以外の薬品に関して検査証が発行されないこととなり、実際にはその他の薬品も多数取扱われたことから、安定した流通のために別の試験機関が要請され、大阪の薬種商が中心となって1888（明治21）年に設立したものである（薬の道修町資料館 2007: 12）。大阪薬品試験会社設立の発起人として、田邊五兵衛（D7）、武田長兵衛（d9）田畑利兵衛（d8）、小野市兵衛（D2）、乾利兵衛、塩野宗三郎、日野九郎兵衛（d15）、福田清右衛門、成尾安五郎、宗田友治郎、塩野義三郎（d40）、大井卜新、小寺幸治郎に加え、薬種卸仲買取締・上村長兵衛（D3）の名前がある[29]。また、大阪薬種卸仲買仲間定式会の決議録には、「原案ノ趣意ニ基キ種々論議之上會社方設立ニ決議ス」（大阪薬種業誌刊行会編 1937: 727-728）とあり、仲間会議における議決をへて設立に至ったことも分かる。

　その「創立趣旨書」には、未だ同業者に化学薬品への知識が乏しいことから、粗悪品の流通によって「營業上ノ信用ヲ害」し、「我大阪ハ從來内國中最多ノ藥品ヲ賣買受授シ來リシニ一朝信用ヲ害シ他地方商賣ノタメニ之カ利益ヲ奪ハル」恐れがあると（大阪薬種業誌刊行会編 1937: 281-283）、国内における薬品集散地としての大阪の地位を保つ意図が示される。これは、前節で見た大阪製薬株式会社の創立時に示されたものと等しく、製薬業の展開が「商品の検査」の延長にあり、品質の維持が重要な目的であったことを裏付

ける。

　続いて、度量衡を一定にする観点からなされた、「薬品量目統一」に関する事例を見る。1897（明治30）年頃の薬品売買に用いられた秤量は英国のポンド制度を標準としていたが、他国のポンド制度を用いて、量目を少なくする不正が横行した。そこで、当時の大阪薬種卸仲買商組合では、1898（明治31）年2月に、実際の量目が少なく表示価格が低いこれらの製剤が道修町市場に流入するのを防ぐため、従来の規制容量120匁（450g）を変更し、丁幾（チンキ）製剤等は380g、190g、25g入とすることを組合会議で決定した（大日本製薬株式会社六十年史編纂委員会編 1957: 29-31）。

　この際の組合会議の進行[30]を確認すると、1898年2月2日の薬品量目に関する「組合臨時会」を請求したのは日野九郎兵衛（d15）、小西久兵衛（d12）、上村長兵衛（D3）となっている。丁幾製剤等を1瓶380gとする原案をほとんどの業者が受け入れ、2月5日の臨時会で新規量目が採択され、導入されている[31]。ところが、この新量目を大阪道修町以外の地方の医薬品店は嫌忌したため、地方取引をする注文屋（正進組）を中心に見直しの気運が高まり、翌1899（明治32）年3月の組合臨時会決議で450g制が復活している[32]。このように、道修町では内部における薬種商の業態による利害の違いを、組合会議での議決に至る過程の中で調整しており、これが医薬品の製造や流通にとって重要な組合の決定に影響を与えていたことがわかる。新規参入者の増加とともに同業者町内に相互に対立する利害関係が発生しており、それらをまとめあげて集積を維持し続けるためにも、調整が重要になったと思われる。

　では、そうした調整を対立する業者に受け入れさせる観点と契機とは何であったのか。業態別の利害調整がより顕著に判明する例に、1902（明治35）年衆議院に提出された薬律（薬品営業並薬品取扱規則）改正法案に対する反対運動があげられる。この案は、追加された「第三十七条ノ二」に内務大臣指定の薬品を薬剤師以外は販売できないという条文を含み、薬種商の既得権益を奪う恐れがあった。このため、全国各地の薬種商は反対運動を行い、衆議

院では決議に至らず閉会して決着した。この際の大阪薬種商の運動は、東京に比較して消極的であったとされる（武田薬品工業株式会社内社史編纂委員会編 1962: 96-98）。

　反対運動にいたる経緯を組合臨時会の議事録[33]より追っていく。まず、道修町の薬種商に対して、反対運動への参加要請が東京、長崎、熊本、新潟などからもたらされた。しかし、道修町の薬種商は「地方ハ直接医師ニ売込ム方多キ様ニ聞ク当地ハ直接ノ販売ナキ」（小西喜兵衛）とするなど、他地方との業務内容の違いから、特定の薬品を規制するという改正案に反対する動機に乏しい業者もいたようである。これに対して、他地方と取引を行う注文屋の議員からは、「地方ノ同業者ニ対シテ不親切ヲ欠ク何トカ方法ヲ設ケテ請願」したい（春元重助）などと、反対運動への参加を強く求められる。こうした意見に対して、地方取引に関係の薄い業者からは、決議は「他地方ノ利益」ではなく「我組合ノ利益」をはかるために行われるべき（小西儀助）との要求も提示され、利害対立が表面化した。

　この時は結論が出ず、2月22日の臨時会では継続審議となった。しかし、調整は粘り強く継続されたようで、続く26日の臨時会では、「出席員一致ヲ以テ反対ノ運動ヲ為ス事」に決定されている。会議以外の場における調整の結果、道修町のみの利害にこだわるのではなく、地方と結ばれた卸売流通を維持することが、結局は道修町の利益にもつながると理解されたようである。つまり、前節までに見た薬品集散地としての道修町を維持するという動機にとって、他地域の同業者と結ばれた流通ネットワークを維持することが重要であり、このことが調整が成立した理由であろう。こうした調整が働く背景には、図Ⅳ-4に見られるように、仲買を介して日々集積内で取引を続ける人間関係があったと考えられる。また、運動への参加が決定した後では、反対、賛成の分け隔てなく各組合員が運動に資金を拠出している。その拠出金額は前出の「元老」などの近世からの有力業者が率先して多いことから[34]、「潜勢力」の影響力が背景となって、組合員を従わせたことも考えられる。

　以上のように、道修町に異なる利害を持つ複数の業者が集積し続けること

第Ⅳ章　同業者町と調整の重要性

を可能にしたのは、集積内部のインフォーマルな人間関係に基づく調整であり、これが組合会議等におけるフォーマルな意思決定の支えになっていた。こうした調整は複数の利害を持つ業者の共存を許容しつつ、規制や全国への流通に際して、道修町のイニシアチヴを発することを可能にした。これにより、市場環境の変化に即応しつつ、全国各地と結びついた流通を円滑に進めることができたと考えられる。こうして得られた流通上の地位こそが、大阪の医薬品産業が発展していく上で最も重要な要素であったと言えるだろう。

第5節　小　　結

　本章では、医薬品産業の集積で知られる大阪の道修町を例として、近代化をとげて存続した同業者町に着目し、同業者の集積のあり方を同業者相互の諸関係や業態の拡張、ならびに調整機能との関わりに留意して検討した。まず、1節で近世から明治初期までの道修町を概観したで、2節では明治後期から大正期にかけての大阪における医薬品産業の発展過程を検討し、重化学工業の一般的動向とはやや異なり、医薬品産業が明治後期から持続的に発展しており、同時に、道修町への薬種商の集積は居住地制限のなくなった明治から大正前期にかけても、維持存続しており、集積する業者の経営規模も拡大する傾向にあったことを確認した。

　続いて3節では、こうした道修町の薬種商と製薬業者の関係を、大阪の医薬品産業発展の文脈下に捉え直すため、個別の業者について検討を深めた。当該期の道修町では製薬業者ではなく、一貫して薬種商の集積が顕著である一方、そこに集う業者は近世株仲間由来のものばかりではなく、活発な新陳代謝が行われていたことを確認した。さらに、こうした活発な薬種商の集まりが、製薬業者と持った関わりを検討したところ、明治、大正期の製薬業は道修町の卸売業に付随する形で発展しており、従来想定されていたように、卸売業の先行きが暗かったために有力問屋が製薬業に転換したというよりは、本業である卸売業を維持、発展させていくために製薬業への拡張が図ら

第5節 小　結

れていった側面が明らかになった。

　最後に4節では、こうした近代大阪における医薬品産業発達の要となった道修町が薬種商の集積として果たした役割を調整機能の側面から考察した。まず、薬種商には、業務内容に応じた業者ごとのまとまりが存在し、そこに対立関係もあったことを確認した。そして、大阪薬種卸仲買商組合の会議ではこうした利害関係が調整される様子を考察した。そこでは、医薬品の品質や流通をめぐる調整によって、道修町を流通のセンターとして維持するための取り組みが続けられていた。

　以上の本章の検討は、近世以前のものが根強く存続したことに注目する古典的な同業者町研究とは対照的に、近代化を遂げた同業者町では、構成員や組織に関する新陳代謝が活発であったことを指し示している。また、同業者町の内部を具に見れば、単純な同質性によって集積が維持されていたのではなく、多様な業者・構成員を含みつつ、その利害対立を調整していくことが、同業者町の維持存続にとって重要であったことが確認できた。道修町とその近隣では、多様な協力関係と利害関係にある同業者が集積していることにより、業態の拡張を含めて市場環境の変化に対応することが可能であり、道修町を要とする全国的な流通を維持することができたといえる。

　本章で得られた知見は、単に同業者町研究の空白を埋めるだけではなく、近世に歴史的系譜をもつ業者間関係や調整機能が、そのままの形で継承されることはないとしても、近代の産業集積の重要な前提となることを示している。その際、構成員の同質性が単純に集積の維持をもたらすわけではなく、むしろ投資や流通面を含めた業態の変化や転換が、集積の維持に寄与する場合があることも明らかになった。これにより、第Ⅱ章で提示した主体間の社会的相互作用や相互依存に留意して、合意形成や取引における調整に注意を払うアプローチの有効性も確認できた。

　しかしながら、本章では薬種商同業者町としての道修町が後年の製薬業本社機能の集積地へと変化していく時期を研究対象から外したため、本章で見た調整がその後も継続的に作用したのかは確認できない。そこで次章ではこ

第Ⅳ章　同業者町と調整の重要性

の点について、本章の検討対象後の時期になる両大戦間期の道修町に注目し、さらに検証を進めていく。

注
1) 例えば武田薬品工業、塩野義製薬、田辺製薬の前身はいずれも輸入薬品を他の薬種商に卸す、問屋の業態をとっており、業務内容も似たものになっていた。
2) 化学薬品の生産額に関するまとまった統計類は、明治後期まで入手できない。なお、明治期の段階では工業薬品と医薬品の製造は不可分の関係にあり、両者を明確に判別するのは困難なため工業薬品の製造にも目配りをする必要がある。なお、「工場統計表」には職工数5人以上の製薬業者数の情報も記載されている。全国と大阪における医薬品の製薬業者数は1909年で89と35、1914年で109と48、1919年で145と37になっている。一方、工業薬品の製薬業者数は1909年で49と12、1914年で73と19、1919年で262と65と推移している。
3) 1899（明治32）年の大阪薬舗数が突出しているが、産婆と薬剤師の数値を取り違えて誤記載されている可能性がある。また、1908（明治41）年の大阪製薬者数が突出しているなど、薬種商、薬剤師、製薬者の定義が年度によって不統一である可能性もあり注意が必要である。
4) 明治44年版『大阪商工名録』より、取り扱い商品が「薬種」および「化学及び工業薬品」に分類される道修町に営業所がある業者を以上の情報とともに抜き出した。記載業者は営業税納税額50円以上のものに限られる。
5) 1900（明治33）年改正の大阪薬種卸買商組合規約によれば、組合役員は任期1年で3等（18銭）以上の組合経費を負担した組合員より選挙で選ばれた。1900年の場合は、全組合員404名中140名が該当する。総取締・副総取締各1名と、取締3名の役員がおり、役員報酬が支給された。組合評議員は任期2年の定員30名で、4等（8銭5厘）以上の経費負担者（267名）に被選挙権があった。定式会、通常会、臨時会への参加を要請される（大阪薬種業誌刊行会 1941: 95-96, 163-164, 178-188）。
6) ただし、ここでの検討は大部分『大阪商工名録』の情報に依ったため、経営規模の大きい一部業者の動向に限定されている。さらに、近世大坂道修町薬種商の研究では、薬種商の業態に応じたまとまりと関係性が問題とされていたが、このような点には十分踏み込めていない。より詳細に、明治後期から大正初期の道修町薬種商の動向を明らかにするためには、明治後期から大正初期の組合名簿を含めた史資料の分析から行うことが望ましいが、これらは道修町文書資料に現存しない。なぜなら、1900（明治33）年を画期として道修町文書資料の残存状況には断絶が存在し、下部組織である薬正組のものを除くとそれ以降の組合文書は激減してしまう（道修町文書保存会 1995: ⅲ）。そして、この断絶には道修町内部の

第 5 節 小　　結

業者間にあった何らかの対立が影響したと指摘されている（野高 1995: 35）。なお、道修町文書は道修町文書保存会により、道修町文書資料館に保存されている（道修町文書保存会編 1995）。
7) 明治前期の大阪を代表する製薬業者とされる（日本薬史学会編 1995: 48）。
8) 「先人に製薬を聞くの会　昭和十二年五月二十一日（於星ヶ丘茶寮）」（大阪製薬業史刊行会 1943: 465-478）。
9) 「草創時代の我が大阪製薬界」（大阪製薬業史刊行会 1943: 399-447）。
10) 既往研究には、1882〜1892年前後の主要製薬業者である「大阪製薬会社」を大日本製薬株式会社の前身とするものがあるが、大日本製薬株式会社の前身である「大阪製薬株式会社」の創立は1896（明治29）年であり、これは誤りである（日本薬史学会編 1995: 48）。「大阪製薬会社」は大阪府衛生課から公害の苦情を受けた加陽、中藤らの零細製薬業者が集合して、1887（明治20）年、大阪福島に創設した製薬会社である。加陽、中藤らはその後数年以内に独立している様子である（「黎明期の大阪製薬業」（大阪製薬業史刊行会編 1943: 467））。
11) 「大阪製藥株式會社目論見書」（大阪製薬業史刊行会編 1943: 434-437）
12) 「大阪製藥株式會社創立趣意書」（大阪製薬業史刊行会編 1943: 432-434頁; 大日本製薬100年史編纂委員会編 1998; 10）
13) 「艸楽新聞」358号、1906（明治39）年12月7日。
14) 「大阪の商工組合（九）製薬界二大組合」大阪新報、1913年1月6日。
15) 製薬会社の社史では、1896（明治29）年発足の薬正組を店売問屋（元卸問屋）の団体と定義している（武田薬品工業株式会社内社史編纂委員会編 1962: 109-111; 田辺製薬三百五年史編纂委員会編 1983: 56-59）。
16) こうした注文扱に関する社史記述の基礎には、当時の元卸問屋店主の視点からなされた、注文屋との対立関係に関する語りがあったと思われる。注文屋の権勢振りと横暴さが語られており、反発する感情が読み取れる（三宅馨 1960 3-4; 武田薬品工業株式会社総務人事部大阪総務人事センター編 1999: 1-2, 5）。
17) ただし、明治後期になると関係する資料が確認できず、この頃に解体したか別の団体に再編されたものと推測される。
18) 「明治四十貳年四月廿五日改正　薬正組々合名簿」（道修町文書資料612100）。なお、この名簿には昭和11年までの加入／名義変更／退去の書き込みがあり、今回はこれらの書き込み内容を勘案して、作成当初の1909（明治42）年時点での加盟業者に限定して考察した。作成時点で68軒の業者が記載されている。
19) 「薬種商正進組人名表」（道修町文書資料611078）。作成年時は不明。60名の業者が記載されている。この人名表に記載されている人名と組合名簿資料等を照合し、表Ⅳ-4、表Ⅳ-5と対照すると、田畑利兵衛（d8）、奥田朝次郎（d33）に相当する名義の業者などが1922（大正11）年の「大阪薬種卸仲買商組合人名表」には見当たらず、また大和田源次郎（d45）、須藤友七（d49）などが1900（明治

第Ⅳ章　同業者町と調整の重要性

33）年の「薬種卸仲買商組合人名表」より初めて確認されることから、この人名表の作成時期を1900年から1922年の間に推定した。また、両方の団体にまたがって加入している業者があるが、正進組の人名表は作成年次の特定が細かく行えていないことから、その間のタイムラグも影響している可能性があるだろう。
20）　例えば、武田薬品工業株式会社内社史編纂委員会編（1962: 109-110）。
21）　なお、武田長兵衛商店が薬正組に加入するのは大正4年月12日、塩野義三郎商店が大正5年1月27日、田辺五兵衛商店が明治43年7月14日である（道修町文書資料612100）。
22）　例えば、（1）「正進組総会」岬楽新聞361号、1907（明治40）年1月22日、（2）「正進組青年懇話会」岬楽新聞384号、1907年11月22日など。
23）　大正中期から昭和戦前期にかけては、地方の中小規模の問屋や小売業者と注文屋が取引し、地方の大規模問屋とは有力問屋が取引して住み分けたとする資料がある（「座談会　道修町むかしむかし」大阪春秋31、1982、21頁参照）。
24）　「大阪薬種組合取締候補辞任競争」（岬楽新聞359号、1906（明治39）年12月17日）。なお、同業組合内部で業態別にこのような対立があることは世間体上望ましくないということから、以降の組合役員選挙では各団体より交渉委員を出して互いに妥協してきたと記している。
25）　「住吉組々合規約」（道修町文書資料611037）。
26）　問屋・店売屋・注文屋間の取引は相対取引で行われたが、仲買が仲介を行っていたため、業界紙による全国への道修町の薬価相場の発信は、この仲買への取材に基づいて行われた（道修町文書資料館前館長の久保武雄氏からの聞き取りによる）。
27）　「元老」とは武田、塩野、田辺などの近世の株仲間に由来する「御三家」と称された業者等を指すものと思われる。その発言力の源泉は営業経歴や分家、別家による人脈等に由来するとされる（三島 2006: 100-115）。
28）　前掲24）。
29）　「有限責任大阪薬品試験會社設立願」（大阪製薬業史刊行会編 1943: 280-281）
30）　道修町文書資料（608147）
31）　委員に理事を加えた11名で「昨四日調査会ヲ開キタル処（中略）終日審議討論セシニ四名ニ対スル七名ノ多数ヲ以テ議事ヲ進行スル事ニ決議セリ」とあり、臨時会ではその反対意見も議論されたようであるが、議事録からは詳細が省かれている。
32）　道修町文書資料（608181）。
33）　以下の引用は、大阪薬種業誌刊行会編（1941: 210-245）による。
34）　141軒の業者が合計千四百六十六円の寄附を行っており、そのうち百円以上の寄附を行った業者は、田辺五兵衛、塩野義三郎、武田長兵衛を含む八軒であった（「薬律一件所要経費寄附者」（大阪薬種業誌刊行会編 1941: 246-251））。

第Ⅴ章　新たな調整への変化
―市場環境の変化と道修町―

第Ⅴ章　新たな調整への変化

第1節　両大戦間期の大阪における道修町と医薬品産業の動向

　本章では、前章の検討の後の時代になる両大戦間期において、取引等に関する経済システムの変化が、道修町の調整にどのような影響を与えたのかを検討していく。両大戦間期については、現代の産業集積研究でも、産業集積の起源やそこからの発展のプロセスに注目した言及がみられる（大澤 2005）。特に大阪の工業発展には、両大戦間期における産業集積の工業と商業の相互依存を見出す経済史の指摘もある（沢井 2013）。また、近年の日本の歴史地理学研究では、近代と現代の画期が問題視されており（伊藤 2010）、社会経済史的関心を持つ研究では、現代の経済システムの源流とされる両大戦間期の画期性に注目した課題設定を求めている（三木 2006）。特に医薬品業界では、両大戦間期に化学薬品の製造によって製薬業の役割が高まり、取扱商品の変化とそれに伴う流通チャンネルの変化により、業界全体が大きな構造的変化を迎えた。これらの議論からも、近代から現代への移行期である両大戦間期の産業集積における同業者間の調整に注目する意義は高いと考える。

　第一次大戦を契機に、大阪府では大阪市東部・南部の接続町村が市街地化し、東成郡と西成郡の44町村が1925（大正14）年の第二次市域拡張により大阪市域に編入された。旧市部の東・西・南・北の四区は、北・此花・東・西・港・天王寺・南・浪速の八区に再編され、拡張市域には、西淀川・東淀川・東成・住吉・西成の五区が設けられた（新修大阪市史編纂委員会編 b 1994: 3-8）。さらに、1932（昭和7）年には大正区と旭区が新設された（図Ⅴ-1）（新修大阪市史編纂委員会編 b 1994: 209-219）。なお、西・南・北区は分区されたが、道修町を含む東区は分区されず、行政界上の変更も少なかった。

　市域の拡大とともに、大阪の医薬品業者の分布域も拡大する。大阪卸仲買商組合（以下、卸仲買商組合と略記）の1927（昭和2）年「大阪薬種卸仲買商組合人名表」[1]により、大阪市域における医薬品の問屋・卸売業者の分布傾向をみると（図Ⅴ-1）、大阪市の総数1,045の内、50％強の573が東区に集中

第1節　両大戦間期の大阪における道修町と医薬品産業の動向

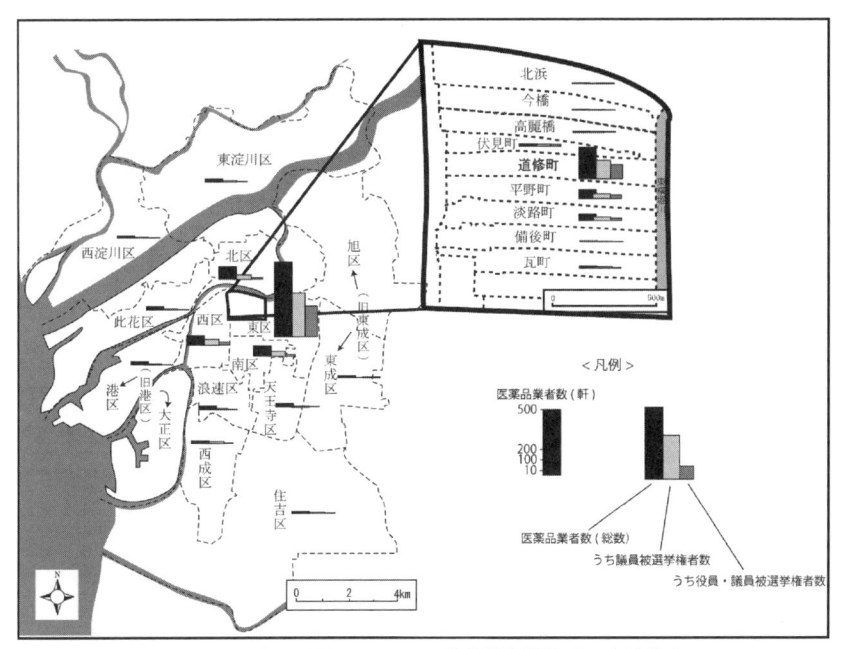

図V-1　1927（昭和2）年の大阪における医薬品業者営業所の立地分布

（大阪薬種卸仲買商組合『昭和2年度　大阪薬種卸仲買商組合人名表』（1927）を参照し、通信協会大阪支部「大阪市内及び接続町村番地入地図」（1919）及び新修大阪市史編纂委員会編（1994）に加筆して作成。図中棒グラフは、大阪薬種卸仲買商組合における役員・議員への被選挙権有資格者の割合を地区ごとに示したもの。）

している。さらに、東区の業者中60％強が道修町（240）および隣接の平野町（69）と淡路町（50）に集中している。昭和初期でも依然として道修町周辺に医薬品の問屋・卸売業者が集積する傾向が確認できる。

　一方、同資料には組合費負担額に応じた、組合役員・議員への被選挙権資格の有無の記載もある。有資格業者は組合活動運営のイニシアチブを取ったと考えられるので、その分布をみていくと、組合議員の有資格者合計545中、東区が60％強、道修町だけでも25％強を占めており、役員・議員両方の有資格者312については75％強（236）が東区に、道修町だけでも35％弱（109）を占めている。組合活動の意思決定に道修町周辺の業者が影響力を行使しやすい状況をうかがわせる。昭和初期まで、道修町には明治期と変わらず医薬品

91

第Ⅴ章　新たな調整への変化

表Ⅴ-1　戦間期の道修町及び大阪医薬品産業を中心に見た製薬業発展の動向

年次	日本および大阪における医薬品産業上の事跡
1914（大正3）年	第一次世界大戦勃発。薬品輸入途絶により薬価暴騰。「戦時医薬品輸出取締令」公布、内務省に「臨時薬業調査会」設置。売薬法制定。
1915（大正4）年	国産代用薬、国産新薬の台頭。染料医薬品製造奨励法。
1917（大正6）年	「工業所有権戦時法」公布により交戦国の特許権を消失させ、輸入代替新薬の製造が本格化。
1920（大正9）年	戦後恐慌、ドイツ医薬品の輸入再開により国策製薬会社（内国製薬、東洋薬品）の破綻。昭和初期まで業界の停滞。
1927（昭和2）年	昭和恐慌の影響により市況停滞。
1937（昭和12）年	厚生省の設置。
1939（昭和14）年	経済統制による公定価格制実施。
1941（昭和16）年	日本医薬品生産統制株式会社および日本医薬品配給統制株式会社の設立。製薬者は全て前者に、薬種商は全て後者に所属するものとされた。
1943（昭和18）年	薬事法制定。

（日本薬史学会編（1995）、大阪製薬業史刊行会編（1944）により作成。）

の問屋・卸売業者の集積が認められ、大阪市域全体の医薬品流通に道修町周辺の業者が影響力を保ったと考えられる。

　両大戦間期日本の製薬業では大きな業態転換が起こり（日本薬史学会編 1995: 63-64)[2]、それに伴い医薬品流通機構も大きく変化したことが先行研究により指摘されている（小原 2005: 67-98; 神保 2008）。当該期の大阪における製薬業の発展に関する事項を表Ⅴ-1にまとめた。まず、第一次大戦を契機に、1917（大正6）年より「輸入代替新薬」、すなわち新薬の製造が本格化したことに注目したい。新薬とは、従来の日本薬局方に記載されていない新開発の薬品であり、日本薬局方品とは異なり、製造者によって定められた定価販売を行える銘柄品であった（塩野義製薬株式会社編 1978: 88-90）。流通価格下落のリスクを回避できるので、多くの製薬業者が新薬製造を目指すことになった。

　ただし、第一次大戦前の段階で主に流通していたのは、医薬品先進国ドイツの企業が日本国内でも特許を有していた輸入新薬であり、日本の製薬業者が参入する余地は限定的であった。こうした状況は1914（大正3）年の第一次大戦勃発より変化していく。ドイツからの輸入薬品は供給が途絶して価格

第1節　両大戦間期の大阪における道修町と医薬品産業の動向

が暴騰した。これに対して、政府は「戦時医薬品輸出取締令」を公布し、内務省内に「臨時薬業調査会」を設置する。「臨時薬業調査会」に民間の有力医薬品業者として大阪から招聘されたのは製薬業者として創業した業者らではなく、田辺、塩野、武田、日野[3]らの問屋であった。ここで得られた調査結果から、政府は1915（大正4）年に「染料医薬品製造奨励法」を公布して医薬品製造を奨励し、さらに1917（大正6）年の「工業所有権戦時法」により交戦国ドイツの特許権を消失させて国産代用薬や国産新薬の開発を強力に促し、日本の製薬業は本格的に展開し始めた。

　しかし、過度な新薬の製造奨励は、戦争終結後に「ドイツ医薬品の輸入再開」により、反動的な薬価の暴落を引き起こした。そのため、数多くの製薬企業が事業の清算を迫られ、昭和恐慌期まで製薬業の停滞を招いた[4]。こうした中で、第一次大戦中に製薬業へ参入した大阪の有力問屋は、発足させたばかりの製薬部門を合理化しつつ、流通部門の収益や豊富な資本によりこの不況を乗り切った。これにより、その後の製薬業発展において主導的役割を一層強めていくことになったとされる（武田薬品工業株式会社内社史編纂委員会編 1962: 319-320; 田辺製薬三百五年史編纂委員会編 1983: 83）。その後の医薬品産業は、1937（昭和12）年の「厚生省の設置」や、1939（昭和14）年の薬品「公定価格の実施」を経て、統制経済に移行する。

　以上の経緯を念頭に、両大戦間期の日本と大阪における医薬品産業の動向を確認しておこう。農商務省「工場統計表」より職工数5人以上の工場における医薬品生産額の推移を図V-2に示した[5]。1919（大正8）年から1924（大正13）年頃にかけては、全国的に製薬業の着実な発達を確認できる。しかし、その後は大阪、全国ともに長く横ばいの状況を示し、昭和初期まで日本の製薬業は停滞したことがうかがわれる。さらに、1930（昭和5）年頃の昭和恐慌期には全国の生産額が顕著に落ち込み、大阪も1932（昭和7）年に落ち込みを見せる。1932（昭和7）年の生産額の1929（昭和4）年の生産額に対する割合をみると、全国の約79％に対して、大阪は64％であり、東京の95％と比較しても大阪製薬業界に対する昭和恐慌の影響の大きさを物語る。

第Ⅴ章 新たな調整への変化

医薬・売薬工場数

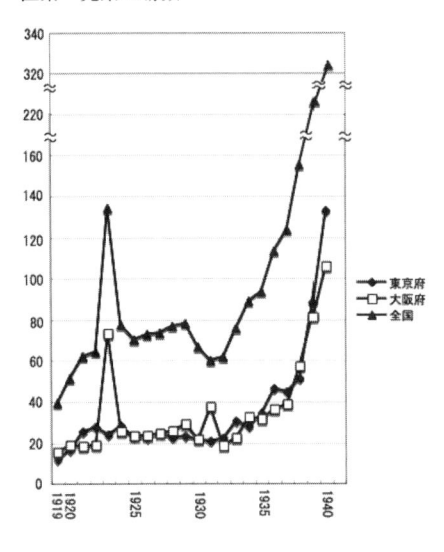

図Ⅴ-2 戦間期における医薬・売薬生産額の推移（職工数5人以上の工場）

（各年次版、農商務省「工場統計表」により作成。）

ただし、この落ち込みを画期に、その後は統制経済へ移行するまで、製薬業の生産額は右肩上がりの発展を示す。

農商務省「工場統計表」より、職工数5人以上の医薬品製造工場数も確認した（図Ⅴ-3）。こちらも1923（大正12）年頃から生産額同様に停滞した後、1934（昭和9）年頃から増加に転じる。ただし、1930（昭和5）年頃を境に大阪の製薬工場数は東京の後塵を拝するようになる。生産額ではその後も両者が伯仲しており、大阪の製薬業が相対的に大規模化していったことをうかがわせる。そこで、第25回および第34回「大阪市統計書」より、製薬業の「職工数別工場数及職工数」を参照し、職工数ベースでの工場の規模を1926（昭和元）年と1936（昭和11）年について比較すると、職工数100～999人の規模を有する比較的大きな工場数は7から11に増加し、1軒あたりの職工数は233人から314人に増加している。ただし、職工数1～9人の小規模工場では、工場数は20から41に増えているが、1軒あたりの職工数は6.5人から5.3人へと減じており、零細化が進んでいる。

このように、第一次大戦以降1930年代初頭まで、大阪の製薬業は停滞を余儀なくされた。さらに、昭和恐慌時には業界全体が打撃を受けて、本格化したばかりの新薬製造も苦境に立つ。そして1930年代以降、大阪の製薬業は一部工場の大規模化が進む一方、零細工場では工場数が増えつつ職工数は減少するという、工場規模の二極化がうかがえた。次節は、こうした経営環境下

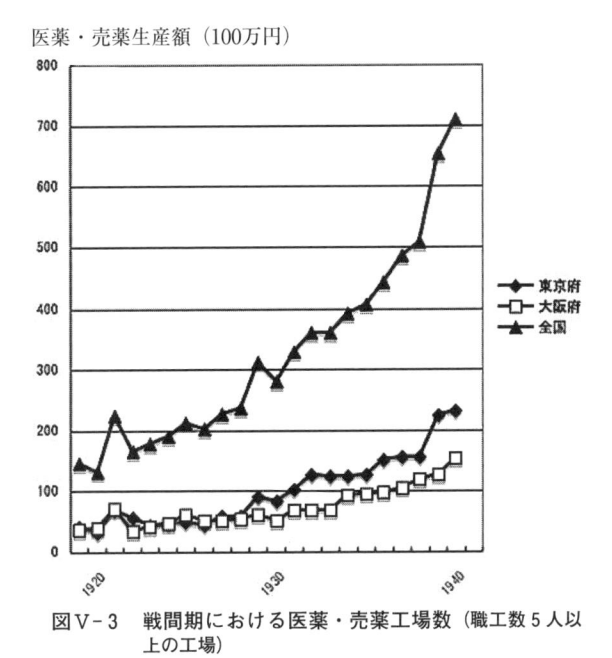

第2節　道修町の医薬品業者と営業状況

医薬・売薬生産額（100万円）

図Ⅴ-3　戦間期における医薬・売薬工場数（職工数5人以上の工場）

（各年次版、農商務省「工場統計表」により作成。）

にある、道修町の医薬品製造・流通両面の業者について詳細に検討していく。

第2節　道修町の医薬品業者と営業状況

　まず、第一次大戦が道修町の医薬品業者に与えた影響を確認する。道修町で営業する一定以上の規模を有する医薬品業者について、『大正七年改正大阪商工名録』（大阪商業会議所編 1918)[9]記載の情報をベースにまとめたものが表Ⅴ-2である（以下、本章で業者に付したID番号は全て表Ⅴ-2中のもの）。明治末期からの医薬品業者の営業継続状況や業態の変化を検討するため、1910（明治43）年や、1935（昭和10）年の情報を加味してある。まず、1916（大正5）年の道修町に65の医薬品卸製造業者が記載されているが、そ

第Ⅴ章 新たな調整への変化

表Ⅴ-2 1916（大正5）年の道修町における主要薬品業者

ID	営業形態	名称または氏名	納税額	営業継続	ID	営業形態	名称または氏名	納税額	営業継続
1	卸小製	菱久小西久兵衛	93	MS	34	卸製	大和田久吉	78	M
2	卸	春元猶之助	368		35	卸	五十野善五郎	99	M
3	卸製	合資会社小西商店	748	MS	36	卸	今中徳次郎	169	
					37	卸	大谷市蔵	138	
4	卸	友田合資会社大阪支店	495	M	38	卸	祐盛作兵衛	110	M
					39	卸製	合資会社犬日ノ出商会	113	MS
5	卸	大和屋谷山伊兵衛	440	M	40	卸	和田卯助	218	M
6	卸製	藤沢友吉	1,200	MS	41	卸製	高橋寅之助	125	M
7	卸	近江屋新良貴徳兵衛	94	S	42	卸製	島田幾次郎	146	M
8	卸製	掛見喜兵衛	118		43	卸製	合名会社藤本商店	178	
9	卸製	乾保之助	236	MS	44	卸製	小西利七	237	
10	卸	丸本利兵衛	277	M	45	卸	七里清助	187	M
11	卸	稲益清助	86	MS	46	卸製	山中千代	170	
12	卸	ヒシエ商会安居佐七	726	M	47	卸	伏水弥三郎	114	M
					48	卸	春元合資会社	1,577	MS
13	卸	津田重次郎	229	M	49	卸製	丸善薬店柳原三郎	1,560	MS
14	卸製	黒石卯之助	204	MS					
15	卸製	浪速薬品商会安原富三郎	309	M	50	卸	近江屋三国仁兵衛商店	228	MS
16	卸製	武田長兵衛	4,318	MS	51	卸	横山直	143	
17	卸製	近江屋津好宗八	138	M	52	卸小製	道修薬局石津作次郎	178	MS
18	製	乾卯本店乾卯兵衛	879	MS	53	卸小製	豊原健之	104	M
19	卸	岡本佐右衛門	324	MS	54	卸	直邊義作	296	
20	卸	伊藤由五郎	529		55	卸	奥野藤吉	124	M
21	卸	大和屋福井七郎兵衛	179		56	卸製	北垣清兵衛	106	MS
					57	卸	上村長兵衛	347	MS
22	卸製	塩野義三郎	1,402	MS	58	卸	長岡弥太郎	84	M
23	卸	小西喜兵衛	396	M	59	卸	原田松次郎	88	M
24	卸	塩見由三郎	250		60	卸製	伏見屋小野市兵衛	549	M
25	卸製	田辺五兵衛	2,682	MS					
26	卸	錦花堂山本茂三郎	81	M	61	卸製	清水玄策	285	
27	卸	川村栄次郎	172		62	卸製	東洋製薬合名会社	309	
28	卸製	八住正三郎	143		63	卸製	市橋力蔵	595	M
29	卸小	合名会社小川商店	476	S	64	卸	山口庄兵衛	258	
30	卸	塩野吉兵衛	888	MS	65	卸製	合名会社白井松器械舗	475	S
31	卸	日野作太郎	124	S					
32	卸製	森政七	132	M					
33	卸	大江吉兵衛	149	MS					

注：営業形態欄の卸は卸売、製は製造、小は小売の業態をとることを示す。納税額欄は営業税納税額を示し、単位は円である。営業継続欄の記号、Mは明治四十三年度版『大阪商工名録』に記載がある業者、Sは昭和十二年度版『大阪商工名録』において道修町での営業が確認できる業者であることを示す。大阪商業会議所編（1911，1918）、「昭和二年十月現在　大阪酒卸仲買商組合人名表」（道修町文書資料：603303）、「昭和十六年度　大阪製薬同業組合組合員名簿」（大阪製薬同業組合事務所）より作成。

第 2 節　道修町の医薬品業者と営業状況

の内、営業形態が卸売のみとなる流通専業は33含まれ、製造専業は 0 である。つまり、全ての業者が卸売業者としての側面を持っており、半数ほどが製造兼業であったことがわかる。

　次に、営業継続状況をみると、65業者中、47（表中 M）が明治末期から継続して営業する業者であり、23（表中 S）が1935（昭和10）年の段階でも営業を継続している。そして20の業者は1910（明治43）年から1935（昭和10）年まで、第一次大戦をまたいで、一定の経営規模を維持しながら営業を続けていた（表中 MS）。その一方、1910（明治43）年にも1935（昭和10）年にも記載が見られず、第一次大戦中に一時的に経営規模を拡大させていたと思われる業者も14ある（表中無印）。これにより、明治期から経営規模を維持しつつ、安定的に営業を継続している業者数に大きな変化はないものの（表中 MS が20に対して S も23に止まる）、第一次大戦とその戦後の十数年間で記載されなくなった業者の割合も顕著であることがいえよう。さらに、各々の納税額の平均値を算出すれば、MS の業者が830円と突出しており、営業基盤の堅固さを示す一方、無印の業者は228円となり、営業基盤が比較的脆弱だったこともうかがえる。

　第一次大戦中に一時的に経営規模を拡大させた業者の典型例として、清水玄達（ID61）が挙げられる。清水は好況中に営業規模を拡大し、他業種へも事業を拡大したが、第一次大戦後の反動不況で事業を清算した業者である[10]。清水の例は、第一次大戦中に一部の新興業者達が道修町内部で一時的に影響力を強めたものの、経営基盤の脆弱さから第一次大戦後に姿を消したことを物語るものといえよう[11]。

　続いて、こうした両大戦間期の道修町の業者と新薬の取り扱い状況をみていく。まず、『昭和十二年度版　大阪商工名録』（大阪商工会議所編 1937）には業種別の項目に「医薬・新薬」が立てられ、新薬への注目が高まっている状況を反映している。ここには、1935（昭和10）年度に道修町に営業所を立地させる90の医薬品関連業者が記載されており、そのうち製造専業が 5、卸売専業が33、卸売・製造兼業が50となる。半数以上が卸売専業者であった

第Ⅴ章 新たな調整への変化

表Ⅴ-3 戦間期の道修町における主要製薬業者と新薬開発の動向

営業形態	名称または氏名	納税額等	主な新薬開発例	
			第一次大戦中（1914～1919）	1920-1933年
医卸製	合資会社小谷製薬所	224		
医卸製	二巴合名会社	308		
医卸小製	株式会社塩野義商店（ID22）	資500万	局所麻酔剤（ネオカイン）、催眠鎮静剤（ドルミン）、殺菌剤（銀エレクロイド）、強心剤（ヂギタミン）	栄養剤、神経痛剤、強心剤、鎮咳
医製	大日本製薬株式会社	資200万		栄養剤、カルシウム剤、鎮咳
医卸製	第一製薬株式会社大阪支店	資300万	駆黴剤（アーセミン、タンバルサン）	栄養剤、ホルモン剤、X線造影剤、鎮咳剤
医卸製	株式会社武田長兵衛商店（ID16）	資1200万	鎮静催眠剤（カルモチン）、不溶性局所麻酔剤（ノボロフォルム）	栄養剤、鎮咳
医卸製	株式会社田辺五兵衛商店（ID25）	資460万		栄養剤、カルシウム剤、鎮咳
医卸製	合名会社新良貴徳兵衛商店（ID7）	139		
医卸製	合資会社乾保之助（ID9）	195		
医卸製	鍵屋和田卯助（ID40）	275		
医卸製	伏見屋河村伊之助	152		
医卸製	鍵清稲益清助（ID11）	81		
医卸製	大原徳松	115		
医卸製	合資会社田辺源商店	87		
医卸製	龍雲堂高田製薬所高田源三郎	334		
医卸製	柾木辰次郎	102		
工卸製	株式会社藤澤友商店（ID6）	資315万	補血栄養強壮剤（プルトーゼ）	栄養剤
売製	合資会社伊藤千太郎商会	資50万		
器卸小製	株式会社白井松機械舗（ID65）	216		

注：営業形態欄の医は「医薬売薬」、「工」は工業薬品、「売」は売薬（今日の医薬部外品に相当する）とを示す。「卸」は卸売、「製」は製造、「小」は小売をそれぞれ示す。納税額欄の数値は営業納税額規模が突出した業者であることを示す。昭和10（1935）年度新薬取扱欄では、大阪商工会議所編が卸売業をを行うものを示した。なお、「新薬」との表記はないが、日本薬史学会編（1995：68-75）る個別の薬品名が記載されているものも示す。主な新薬開発欄は日本薬史学会編（1995：58，から昭和初期にかけての新薬発売品の状況」として紹介されているものを示す。
（大阪商工会議所編（1937）、日本薬史学会編（1995）、田辺製薬株式会社社史編纂委員会（1983）、

第2節　道修町の医薬品業者と営業状況

1916（大正5）年（表V-2）と比較すると、卸売業を営む業者が未だ多数ではあるが、顕著な製薬業への進出あるいは業態転換が認められる。

ここから、取扱品目に「新薬・新製剤」と明記する11軒を全てリストアップし、既往研究から同時期の主な新薬開発の例に挙げられている業者の情報を加えたものが表V-3である[12]。第一次大戦中からいち早く新薬製造に進出していた業者は塩野義商店（ID22）、第一製薬株式会社大阪支店、武田長兵衛商店（ID16）、藤澤友商店（ID6）等であり、いずれも納税額等からみた経営規模は突出している。これらが大戦中に手がけた新薬はドイツの特許権消失をうけた国産代替薬である[13]。一方、1935（昭和10）年度に新薬を取り扱っていた業者をみると、納税額が比較的少ない営業規模が中程度の業者も数多く新薬製造に参入していることがわかる[14]。明治から大正期にかけては、食料事情の乏しさを反映した栄養剤や結核治療用のカルシウム剤の新薬が多数開発されており（日本薬史学会編 1995: 69）[15]、比較的経営規模の小さい業者もこれ

1935（昭和10）年度新薬取扱	備考
◎	
◎エキホス	伊藤千太郎の調停のもと、ID22とID16が合弁で設立。
◎	
	本格的な新薬開発に乗り出すのは1921（大正10）年以降。
	本社は東京。
	製造自体は分社化した武田薬品工業の製造。
◎	
◎	
◎	
◎カルシューム錠	
◎肝油ホルモン	
●	
◎カルシューム剤	
◎	
●	
◎プルトーゼ他	
◎肝油	後年の「ワカサ」。
◎ネオヒポトニン	平野町に立地する白井松新薬部の製造による。

る。）、「器」は医療機械器具に細分類されていることを、「資」表記のあるものは資本金額を示し、経営（1937）によって、◎が新薬の製造を行うもの、●により同時期の主な新薬製品として取上げられてい 68-75）により、「第一次大戦中」および「大正後期より作成。）

第Ⅴ章　新たな調整への変化

らの製薬に参入し得た状況が読み取れる。

　以上のように、第一次大戦中の好況により、道修町では新興業者が多数出現し、多くは戦後の反動不況で姿を消した。両大戦間期を通じて営業を継続した業者の多くは、製造業への業態転換を行う中で新薬の製造を進めるようになる。栄養剤やカルシウム剤の新薬製造に様々な業者が参入する一方、大資本を擁する業者は、第一次大戦中の国産代替新薬の製造から、新薬の生産を本格化させていった。次節では、こうした両大戦間期の経営状況下における、前節で注目した、第一次大戦以前の道修町を支えた問屋・卸売業者による調整の変化を検討する。

第3節　問屋・卸売業者の取引関係と調整機能

1. 流通経路と取引関係の変化

　新薬の台頭は道修町における医薬品流通の形態にも変化を与えた。第一次大戦以前の道修町では、地方の問屋との取引は注文屋と呼ばれる業者が、また大阪近郊の需要家との取引はセリと呼ばれる業者が専門に行っていた。この他に道修町内の卸売業者にのみ販売する店売屋があった。大手の問屋はこれらの道修町内部の業者に医薬品を卸す関係にあった（図Ⅴ-4）。これらの業者はそれぞれの業態ごとに集団を形成し、懇親会や会議を頻繁に行って交流を深め、団結していた。そして道修町内の取引価格の情報を共有し、価格形成に関わる調整を働かせていたと考えられる（第Ⅳ章）。地方問屋との取引は金融面で安定していたこともあり、注文屋は明治期に経営規模を拡大し、大手の問屋を圧迫する勢いであった（三宅馨 1960: 3-4）。そこで大手の問屋も明治後期より販路の拡大を模索する中で、地方問屋との直接取引を企図するが、道修町での重要な販売先でもある注文屋との決定的対立は憚られ、積極的な進出は果たせないでいた（田辺製薬三百五年史編纂委員会編 1983: 67, 88）。

　こうした状況は、第一次大戦後に大手の問屋が自社開発の新薬を擁するに

第3節　問屋・卸売業者の取引関係と調整機能

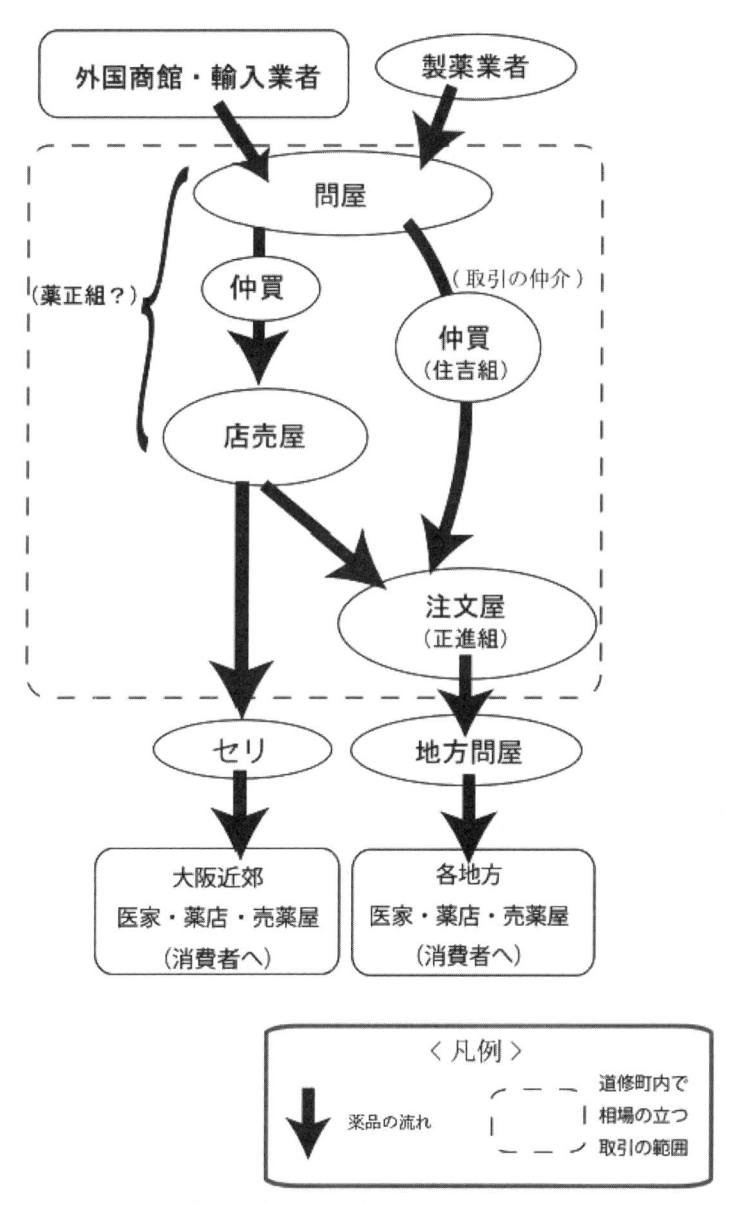

図V-4　明治後期から第一次大戦期までの医薬品流通経路
（日本薬史学会編（1995）、くすりの道修町資料館（1997）により作成。）

第Ⅴ章 新たな調整への変化

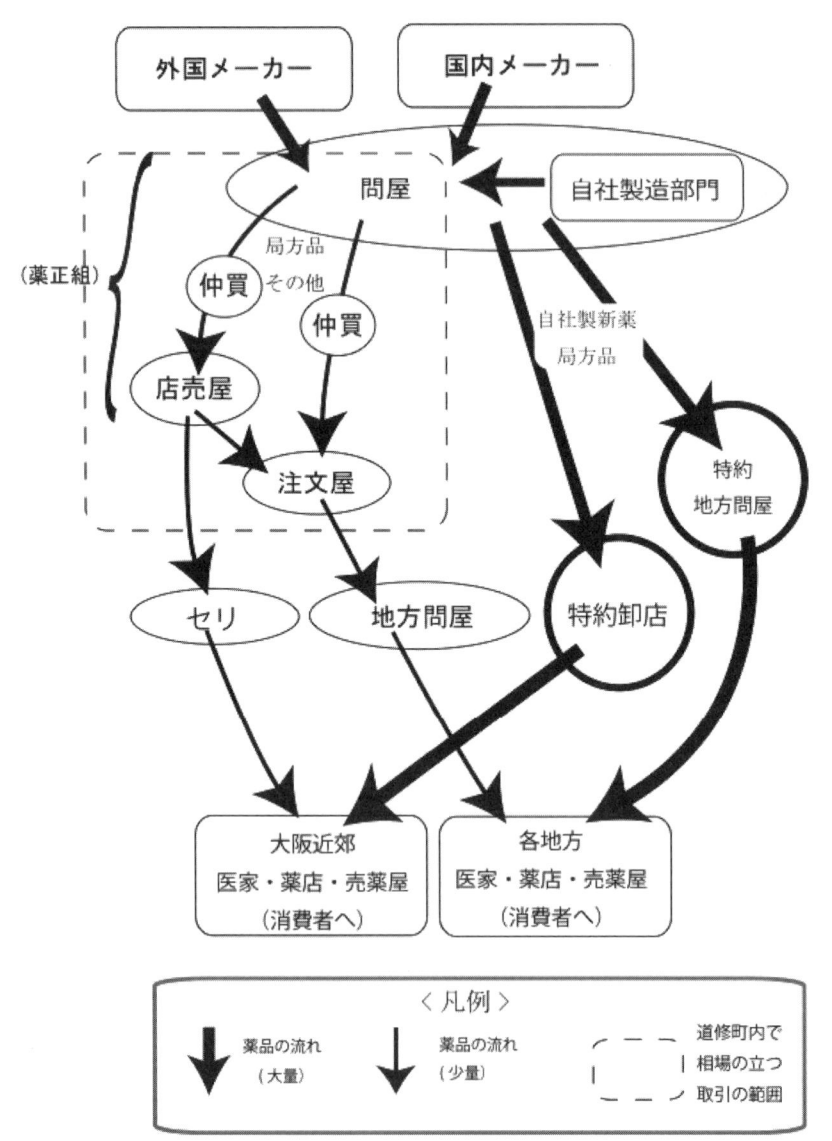

図Ⅴ-5 第一次大戦後から昭和戦前期の医薬品流通経路
（日本薬史学会編（1995）、くすりの道修町資料館（1997）により作成。）

第3節　問屋・卸売業者の取引関係と調整機能

及び一変する。販売先の医家や薬局から新薬への需要が高まり、地方問屋は大手問屋との直接取引を積極的に求めるようになった。これに伴い、注文屋は次第に取引先を限定されていき、衰退していった（図V-5）。

　このような新薬を中心とする取引関係の変化により、道修町内の問屋・卸売業者の関係も変化した。新たな流通経路から排除されつつあった注文屋や店売屋は、営業継続のため、製薬部門を抱える武田長兵衛商店（表V-2のID16、以下同様）や塩野義三郎商店（ID22）、田辺五兵衛商店（ID25）等の特定の大手問屋の特約店と化し、やがて系列下に収められていった[16]。

　例えば、武田長兵衛商店（ID16）は自社製販売品のみの販売会社を設立して流通経路の合理化をはかるため、大阪市内の特約店である合資会社塩見由三郎商店（ID24）・合資会社岡本佐商店（ID19）、合資会社福井七商店（ID21）、合名会社安原富三郎商店（ID15）と協議の上、自社販売品の専売部を設けた（岩本編 1969: 7）。岡本佐商店（ID19）以外は『昭和十二年度版大阪商工名録』（大阪商工会議所編 1937）に記載が無く、1916（大正5）年（表V-2）の時点に比して、両大戦間期には営業規模を縮小した業者であったことがうかがえる。

　これら4特約店は、得意先や営業区域に重複と交錯があったので、業務区域を大阪市東部（東区・天王寺区・住吉区）は福井七商店（ID21）、西部（西区・港区・此花区・西淀川区）は塩見由三郎商店（ID24）、南部（南区・浪速区・西成区・大正区）を安原富三郎商店（ID15）、北部（北区・東淀川区・旭区・東成区）を岡本佐商店（ID19）と分担し、それぞれ店員5名を専任として武田長兵衛商店（ID16）発売品の拡張に当たらせた（岩永 1964: 8）。このように、同業態にある卸売業者間の営業上の競合関係を系列化と業務区域の分担により解消したことがうかがわれる。

　一方、大手の問屋を出身母体とする複数の製薬企業の社史には、こうした道修町の取引関係の変化を肯定的に捉える記述が見られ、製薬業へ進出した問屋の観点を示す資料として興味深い。例えば、塩野義三郎商店（ID22）の立場からは、旧来の道修町の取引機構を「一種の投機的市場」と捉え、市場

第Ⅴ章　新たな調整への変化

合理化の観点から時代の変化により淘汰されるべきものだったと否定的に評価する[17]。道修町の集積は、大正期以前の問屋・卸売業者の水平的関係の集積から、新薬製造に進出した大手業者を頂点とする垂直的関係の集積へと変化した。この変化が従来からの卸売業者の営業継続を助け、集積を維持させたといえる。その一方で、以前に道修町の集積が持っていた価格形成という根源的な調整は系列内で働くようになり、異なる系列間においては同業態の業者間の調整は不要になったことを示すものと考えられる。

2. 問屋・卸売業者による調整の変化

続いて、上述した流通経路の変化が問屋・卸売業者による調整に与えた変化を検討していく。明治期までの道修町が担った主な調整は、業界と行政の間、競合関係にある同業態の業者間、異なる業態の業者間の3つの局面で働くものであった。明治期以前に比較して、大正期以降、道修町の問屋・卸売業者間における異業態の業者間調整に関する資料は少なくなる。大阪薬種業誌刊行会（1941）掲載の記事を見ると、少彦名神社の祭礼や模範的従業員の顕彰等、道修町で共有される文化や価値観に関わる事跡の記録はある程度残されている。一方で、大正期以前の記録で中心を為していた取引に関する異業態の業者間調整や薬事行政との調整に関する記載は激減する。また、道修町文書中の卸仲買商組合関係資料も同時期から激減する[18]。これらの資料は、明治期までの道修町において異業態の業者間の利害対立を、業者間の協調的関係に基づいて調整していた様子を伝えるものであった。

両大戦間期道修町の問屋・卸売業者間対立を示す資料に、1939（昭和14）年4月10日に行なわれた座談会の記事（田口 1952: 72-84)[19] がある。ここでは「欧州戦乱迄は道修町では店売は店売、住吉組は住吉組、問屋は問屋でそれぞれ仲むつまじく和やかに商売をやつておりまして、今のように排撃し合うと云う状態は見られませんでした」とあり、第一次大戦後、道修町の問屋・卸売業者間では流通経路上の業態ごとに深刻な対立が起こり、各々の業態の役割を尊重する協調的関係が変質したことを物語っている。

第3節　問屋・卸売業者の取引関係と調整機能

　このような問屋・卸売業者間の排撃状態の背景には、製薬業の競争激化があったと考えられる。1934（昭和9）年1月1日付の業界紙、薬石日報には「共存共榮は業界進展の基調」と題した卸仲買商組合副組長・東代清次郎の寄稿がある。そこでは「輸出品は國内に於て徒らなる價格の競争により不引合の結果粗悪なる品質に傾き（中略）國内の無用なる競争は出來得る限り之を避け（中略）共存共榮の實を擧げるは我が業界進展の基因」と記している。輸出を念頭にした製薬業者が、自社製品の価格圧縮のために品質低下を招いているが、その背景には国内企業間の競争激化があることが読み取れる。

　以上のように、第一次大戦後の道修町では、新薬流通の台頭により取引関係が変化し、問屋・卸売業者間が反目しあって、各業態の役割を尊重しあう従来の協調的関係が変化したことが確認できた。直接業者間の利害に関係しない文化や価値観を共有する点（祭礼や従業員の顕彰など）においては、道修町の業者間関係が崩壊したわけではない。しかし、同業態の業者間や行政との調整も、新しい対立的な取引関係の影響下に行われたとみなくてはならないだろう。

　明治期までの道修町における、価格形成への参加を基盤にした問屋・卸売業者間の水平的関係は系列ごとの垂直的関係に再編された。両大戦間期以降の道修町では、問屋から進出した製薬企業との関係を密接にして、需要の多い新薬を仕入れることができた卸売業者が営業を継続させた。しかし、新薬を核として製薬業に進出し、系列のトップを占めた問屋は、相互に国内外での自社製品の販路拡大を目指し、過当競争の状態に陥ったと考えられる。その結果、道修町の問屋・卸売業者の関係も、系列化の影響から、製薬部門の対立を反映して鋭く対立するようになったことが推測できる。このように見ていくと、両大戦間期の道修町における調整を明らかにするには、さらに製造業者の業者間関係を検証する必要があるだろう。次節は、大阪の製薬業者の同業組合、大阪製薬同業組合における業者間関係を中心に、両大戦間期道修町の調整を考察する。

第Ⅴ章　新たな調整への変化

第4節　製薬業者による新たな調整への変化

1. 製薬組合の主導権とその変化

　明治初期より大阪には製薬専業の業者が存在したが、零細業者が多かったこともあり、製薬業者の組合は明確な形では存在しなかった。こうした事態を遺憾とする石浜豊蔵（丸石製薬合名会社創業者）、今村武四郎らの製薬業者を中心に、1902（明治35）年、大阪製薬同業組合（以下、製薬組合と略記）が創設された（大阪製薬業史刊行会編 1943: 527）。大正年間の製薬組合加盟者数と加盟者の薬品販売価格を示したものが表Ⅴ-4である。第一次大戦中の1915（大正4）〜18（大正7）年に加盟者数は25％ほど増え、販売価格は5倍弱まで膨れ上がった後、戦後の反動不況により1920〜22年まで加盟者数、販売価格とも減少するが、1923年から再び増加する。このように増減はあるが、第一次大戦後は加盟者数で200名、販売価格で1,000万円以上の規模を維持していた。

　次に、前章で見た卸仲買商組合の場合と同様に、製薬組合内部の調整を考察していくため、製薬組合の意思決定の仕組みを確認していく。その中心は、正副組長からなる組合役員と、その諮問機関たる評議員会を構成する評議員からなる。さらに、重要事項の決定に対しては、15名の代議員を加えた組合会の開催が要請された。

　まず、組合運営の中心となる、役員（組長・副組長）および評議員[20]についいて見ていく（表Ⅴ-5）。製薬組合の役員名を追っていくと、創設期より組合運営において主導的立場を取って来た黒石卯之助（ID14）や丸石製薬といった、創業以来製薬業を本業としてきた製薬業者に代わり、卸仲買商組合の役員も歴任していた田辺五兵衛商店（ID25）や塩野義三郎商店（ID22）といった有力問屋を母体とする製薬企業やその関係者[21]が製薬組合の役員に名前を連ねるようになる。これらは前節で見たように、流通を含めた系列のトップを占める業者であった。その一方で、1902（明治35）年の組合創設以

第4節　製薬業者による新たな調整への変化

来、役員として常に組合運営の中心にいた黒石が第一次大戦終結の1919（大正8）年に評議員へ退く。交代するように田辺五兵衛商店や塩野義三郎商店等の有力問屋に関係する名が浮上している。

評議員についても、評議員数が減る1917（大正6）年頃を境に今村武四郎や合名会社谷山製薬所（谷山泰次郎）などの明治期からの製薬業者が姿を消す一方、入れ替わるように

表V-4　大正年間における大阪製薬同業組合の実勢

年度	組合員数（人）	薬品販売価格（円）
1915年	163	4,097,603
1916年	163	5,565,480
1917年	186	15,359,622
1918年	209	17,257,890
1919年	211	19,525,560
1920年	210	14,851,339
1921年	200	13,867,020
1922年	201	10,141,439
1923年	205	12,568,993
1924年	225	17,441,532
1925年	237	19,720,243

（大阪製薬業史刊行会編（1944）より作成。）

武田長兵衛商店（ID16）、小野市兵衛（ID60）、藤沢友吉（ID6）などの有力問屋の名が現れる。このように、製薬業者間の関係においても、新薬製造に進出した有力問屋の発言力が高まり、組合運営の主導権が移行した様子を確認できる。

こうした主導権移行の契機について、1914（大正3）年12月5日発表の「臨時薬業調査会規程」に関する記事が手掛かりを示してくれる。内務省より「臨時薬業調査會規程と共に委員嘱託又は任命」があったが、その際に大阪から委員に選ばれた業者は「田邊五兵衛、武田長兵衛、塩野義三郎、日野九郎兵衛」の四名の問屋に限られた。これに対し、製薬組合の黒石組長は「我が製薬組合に於ては何等の交渉無きは自ら不徳の至す處」として「辞表を提出」している（大阪製薬業史刊行会 1944: 191-192）。つまり、政府による第一次大戦時の製薬振興策の中で、大阪の有力問屋が民間の代表として遇される一方、従来の大阪の製薬業者は黙殺された。その後、大阪から三名の製薬業者が上京して当局と交渉し、臨時薬業調査会への製薬組合からの協力を実現させ、組長の辞意は撤回されるが（大阪製薬業史刊行会 1944: 192）、創業以来の製薬業者から有力問屋の製薬部門への組合運営の主導権移行は、この時点で決定的になったと見てよいだろう。

第Ⅴ章　新たな調整への変化

表Ⅴ-5　大正年間における大阪製薬同業組合組合役員及び評議員

年度	組長	副組長	評議員
1913年	黒石卯之助（ID14）	丸石製薬合名会社、岡野松之助	今村武四郎、伊藤幸次郎、伊藤千太郎、二宮忠八、堀有造、大日本製薬株式会社、内林直吉、桑根申二男、合名会社谷山製薬所、合資会社大阪化学研究所、小林亀松、安東忠次郎、赤木勘三郎、佐野綱吉、清水如水
1914年	黒石卯之助（ID14）	丸石製薬合名会社、岡野松之助	今村武四郎、伊藤幸次郎、伊藤千太郎、二宮忠八、堀有造、大日本製薬株式会社、内林直吉、桑根申二男、合名会社谷山製薬所、合資会社大阪化学研究所、小林亀松、安東忠次郎、赤木勘三郎、佐野綱吉、清水如水
1915年	黒石卯之助（ID14）	丸石製薬合名会社、岡野松之助	今村武四郎、伊藤幸次郎、伊藤千太郎、二宮忠八、堀有造、大日本製薬株式会社、内林直吉、桑根申二男、合名会社谷山製薬所、合資会社大阪化学研究所、小林亀松、安東忠次郎、赤木勘三郎、佐野綱吉、清水如水
1916年	黒石卯之助（ID14）	丸石製薬合名会社、岡野松之助	今村武四郎、伊藤幸次郎、伊藤千太郎、二宮忠八、堀有造、大日本製薬株式会社、内林直吉、桑根申二男、合名会社谷山製薬所、合資会社大阪化学研究所、小林亀松、安東忠次郎、赤木勘三郎、佐野綱吉、清水如水
1917年	黒石卯之助（ID14）	丸石製薬合名会社	伊藤幸次郎、伊藤千太郎、堀有造、内林直吉、赤木勘三郎
1919年	黒石卯之助（ID14）	井上治兵衛（丸石）、伊藤千太郎	伊藤幸次郎、伊藤千太郎、瀧野勇（大日本製薬株式会社）、内林直吉（武田製薬）（ID16）、桑根申二男、赤木勘三郎、塩野長次郎（ID22）
1921年	伊藤千太郎	井上治兵衛（丸石）、田辺五兵衛（ID25）	黒石卯之助（ID14）、赤木勘三郎、塩野長次郎（ID22）、瀧野勇（大日本製薬株式会社）、伊藤幸次郎、内林直吉（武田製薬株式会社）（ID16）、柳原三郎、桑根申二男、小野市兵衛（ID60）、村松秀（三共株式会社大阪分工場）、藤沢友吉（ID6）
1923年	伊藤千太郎	田辺五兵衛（ID25）、塩野長次郎（ID22）	井上治兵衛（丸石製薬合名会社）、伊藤幸次郎、瀧野勇（大日本製薬株式会社）、内林直吉（武田製薬株式会社）、黒石卯之助（ID14）、柳原三郎（ID49）、赤木勘三郎
1925年	伊藤千太郎	田辺五兵衛（ID25）、塩野長次郎（株式会社塩野義商店）(ID22)	伊藤幸次郎、大日本製薬株式会社、武田製薬株式会社（ID16）、合資会社黒石商店（ID14）、柳原三郎（ID49）、丸石製薬合名会社、赤木勘三郎

（大阪製薬業史刊行会編（1944）より作成。）

第 4 節　製薬業者による新たな調整への変化

表V-6　大阪製薬同業組合代議員（1917、1921、1925年度）

	代議員
1917（大正6）年	乾卯兵衛（ID18）、二宮忠八、東洋製薬合名会社、大日本製薬株式会社（大正8年に辞任して評議員へ）、和多利勇作、清水玄達（大正7年廃業）（ID61）、塩野長次郎（大正8年に辞任して評議員へ）（ID22）、佐野綱吉、安東忠次郎、小林亀松、桑根申二男（大正8年に辞任して評議員へ）、岡野松之助、藤沢友吉（ID6）、岸田市兵衛、田辺五兵衛（ID25）、小谷富三郎、津垣直吉（合資会社キリン商会）、今村完二、大和田久吉、三共株式会社大阪分工場、高田吉太郎（大正8年欠員補充）、木下熊吉（三友製薬合資会社、大正8年欠員補充）
1921（大正10）年	田辺五兵衛（ID25）、田辺禄壽、柳原三郎（ID49）、株式会社キリン商会、安居佐七 ID12）、安東忠次郎、和多利勇作、廣栄製薬株式会社、岸田市兵衛、大和田久吉、松田卯之松、小林亀松、田辺源三郎、小野市兵衛（ID60）、藤沢友吉（ID6）、小谷富三郎、三共株式会社大阪工場、二宮忠八
1925（大正14）年	株式会社乾卯商店（ID18）、株式会社石津作商店（ID52）、合資会社今永商会、二宮忠八、東洋製薬貿易株式会社、東谷與兵衛、小野市兵衛（ID60）、岡野松之助、和多利勇作、田辺源三郎、桑根製薬合名会社、安居佐七（ID12）、松田卯之松、藤沢友吉（ID6）、廣栄製薬株式会社、安東忠次郎、三共株式会社大阪工場、岸田市兵衛、株式会社キリン商会、清水如水

（大阪製薬業史刊行会編（1944）より作成。）

　第一次大戦前後の時期において、大阪の製薬業者の集団である製薬組合の全国的影響力や認知度は、大阪の主要な問屋・卸売業者のそれに対して圧倒的に低かったことは否めない[22]。製薬業の振興に対する国家的な期待や要望が高まる中、政府との意思疎通や他地域の同業者との協働に際して従来から強い影響力を持ち、流通から製薬業へ進出しつつあった大阪の問屋・卸売業者の参画が求められたのは、ある意味必然ともいえる。

　続いて代議員の構成を見ていく。代議員は4年ごとに改選されるので、1917、21、25（大正6、10、14）年のものを示した（表V-6）。田辺五兵衛（ID25）、小野市兵衛（ID60）、藤沢友吉（ID6）等の有力問屋が散見される一方で、石津作太郎（ID52）（大阪製薬業史刊行会 1943: 474）や高田吉太郎（大阪製薬業史刊行会 1943: 424）などの明治期からの製薬業者も見られる。さらに、Ⅲで触れたように第一次大戦期の新興業者の典型と目された清水玄達（ID61）が、1917（大正6）年の代議員に名を連ねている。新興業者から創業以来の製薬業者、問屋を母体とする業者まで、多様な業者が代議員になり得

第Ⅴ章　新たな調整への変化

たことが分かる。新規参入業者の増加、医薬品産業自体の拡大に伴い、製薬組合が多様な製薬業者の利害を調整する場として整備されたことがうかがえる。

　しかし、その後、実際に製薬組合を通じて多様な利害の調整が十分機能したかは疑わしい。代議員会等で活発に意見表明をしていた清水玄達ら新興業者[23]の多くが、第一次大戦後の反動不況で淘汰され、代議員会での目立った議論はその後見当たらない。そもそも、1916（大正5）年の改正組合定款には、代議員は「評議員ノ決定ニ対シテハ不服ヲ申立ツルコトヲ得ス」とあり、評議員の代議員に対する優越が明示されている。評議員と代議員の間に生まれた利害対立は、評議員の利害を優先することで決着をはかった可能性が高い。そして、第一次大戦後に組合役員と評議員会の中心メンバーを占め、寡占的に製薬組合の行政に対する調整に参加したのは、新薬製造に乗り出しつつ、問屋・卸売業者の系列トップを占めた業者であった。その意味で、実際には製薬組合の場は、様々な業者の声を広く取り上げ調整を図る場というよりは、系列を築く大手製薬業者の間で調整を進める場になっていたといえる。それに伴い次節で検討するように、調整の対象となる事項の範囲も変化することになった。

2. 両大戦間期道修町における調整の移行

　前段までの検討結果を受けて、両大戦間期道修町において調整がどのように新たな様式へ移行したのかを考察していく。製薬組合の組合会議の議事進行について、明治期の卸仲買商組合と同等に詳細な資料は現存しないが[24]、会議の日時や議題等の基本的情報は入手できる。ただし、判明する全年度の会議を見るのは煩雑に過ぎるので、第一次大戦前の1913（大正2）、大戦中の1917（大正6）、大戦後の1925（大正14）の3年度に絞り比較検討する（表Ⅴ-7）。

　まず、議題の概要を比較する。1913年度では、医薬品流通に関する規制の問題が議論される場合は限定的で、薬品試験や税制等の点が見られる程度で

第4節 製薬業者による新たな調整への変化

表V-7 大阪製薬同業組合会議とその議題（1913、1917、1925年度）

年度	会議種別	回数	主な議題	出席者数
1913（大正2）年	定期総会	1	組合経費予算案、役員選挙、等	27 注*1
	評議員会	6	組合経費、輸出酒製剤戻税、薬品試験、製薬営業税全廃運動、薬品試験成績報告、博覧会出品、発明考案功績者調査報告、組合員表象の件を総会に提出、鉄道院重量改正に関し答申、大阪繃帯商工同業組合の合併、等	11～14
1917（大正6）年	代議員会	1	役員選挙、経費予算及徴収法、関税改正調査、度量衡私巡視検査、等	11
	定時組合総会	2	経費決算報告、定款一部変更、小分量目確定の件、業務成績報告、農商務省諮問への回答、薬品製造調査機関設置、等	16
	臨時組合会	1	危険薬品取り扱いに関する調査	17
	評議員会	7	経費予算案、組合賦課金等級査定、決算報告、定款一部変更、小分量目、危険薬品取り扱いに関する調査、組合員薬品検査、度量衡検査、関税改正陳情、危険物品取締規則公布、度量衡に関する件、製造場取締規則改正の件、省令阿片売下法改正の件、度量衡器巡視員講演会の件、等	4～7 注*2
	その他	3	役員代議員予選会、代議員選挙、関税調査委員会	n/a
1925（大正14）年	定時組合総会	2	組合経費予算及び徴収法、役員選挙、決算・業務成績報告、薬品容量規格統一の件、等	20
	評議員会	10	組合経費予算と徴収法、代議員改選、危険物品取締規則改正案諮問、有志新年会、薬品量目規格統一、薬品法制定実施に関する建議書、大正十五年度検査薬品選定、危険物品取締規則改正要綱諮問答申、代議員選挙予選会、規格統一の件、輸入品防遏上に於ける功労者諮問、薬品検査試験報告、容量規格統一、薄荷輸出に関する上京運動経過報告、酒精戻税に関し対策請求の件、模範従業員候補者推薦、主要薬品小分量目規定に付き東京案の審議、主要薬品小分量目規定、等	6～7
	その他	1	局方調査委員会	10

注*1：委任状35通あり。
注*2：1917年9月7日の評議員会には、塩野義次郎（塩野義商店）、桑根商会の両代議員がオブザーバーとして参席。同10月19日の評議員会には安藤忠治郎、二宮忠八の正副議長がオブザーバーとして参席。
（大阪製薬業史刊行会編（1944）より作成。）

ある。しかし、1917年度になると度量衡、小分量目、危険薬品取扱等の内容へ拡大し、さらに1925年度には薬品量目規格統一、薄荷輸出問題等も加わっていく。これらの規制に関する議題は、明治期では卸仲買商組合で議論されており（第Ⅳ章）、第一次大戦期を挟んで、流通の規制に関して行政と業界

第Ⅴ章　新たな調整への変化

の調整の場が卸仲買商組合から製薬組合に代わっていく過程を物語るものといえよう。

　続いて出席者数を見ていくと、代議員会と組合総会が11～27名の参加で催される一方、評議員会が1913年度では11～14名だが、1917、1925年度では4～7名の参加となる。さらに、1917年度と1925年度の会議を比較すると、前者は代議員会や臨時組合会、その他の各種委員会等が催されているが、後者は年2回の定時組合総会を除きほぼ全て評議員会で占められ、議題に関する意思決定者の少数化が確認できる。さらに、第一次大戦中の1917年9月7日や同年10月19日の評議員会では、度量衡の改正等の重要な議論に際して、評議員に加え役員や代議員もオブザーバー参席しているが、1925年度にはこうした状況は確認できない。この点は前節で推測した異なる業態の業者間の多様な利害を調整しようとする気運が、第一次大戦後は見られなくなったことを裏付けるものといえる。また、役員・評議員・代議員の選出プロセスをみると、各年度とも選挙によるが、1917年度は1月12日に、1925年度は1月15日に予選会で予め候補者が限定されている。こうして、製薬組合での行政に対する調整は限定された業者間で行われるようになっていった。

　さらに、行政に対する調整の内容を見ても、医薬品の製造や流通に関わる法規や行政の介入への対応において、役員や評議員間で意見や利害が対立する事例は確認できない。例えば評議員会の議事録でも、主に役員からの提案や方針に対して、「即時承認」や「一同了承」の文字が並び続けている（大阪製薬業史刊行会編 1943: 1111-1112）。

　このように、道修町では旧来からの同業者町の取引関係を系列という形に再編しつつ、行政に対する調整は、道修町で長期的に営業を継続していた系列トップの製薬企業間の意見のすりあわせによって行うことで団結を維持した。従って、大阪で営業する製薬企業が道修町周辺に営業拠点を置き続ける意味は、製薬組合での行政に対する調整を通じて決定される規制の内容を迅速に知悉すること、また各系列トップ企業メーカーの下にある卸売業者との関係を深めることに変化したと考えられる。

第4節　製薬業者による新たな調整への変化

　例えば、1923（大正12）年に製薬業を開業した山之内薬品商会は、当初、大阪市此花区（現福島区）に店舗兼工場を構え、西日本全域の総代理店として田辺五兵衛商店（ID25）と契約を結んだ。しかし、1936（昭和11）年には、「田辺五兵衛商店との関係」を「いよいよ緊密」にし、医家や卸売業者へのプロパー（学術的な宣伝）活動において歩調を合わせるため、道修町に隣接する高麗橋へと大阪本店を移転した（山之内製薬50年史編纂委員会編 1975: 9-24）。

　また、1915（大正4）年に東京府麻布富士見町で創立した萬有製薬株式会社の場合も、当初は製薬に専念して、道修町の卸売業者、後藤風雲堂に西日本での販売を一任していたが、「薬業界の進展するに従い、このような機構では機能を発揮することも、また将来大きく伸びるためにも一考を要する状況」となり、「製造、販売の一元化を図ることに決め」、1937（昭和12）年より道修町に隣接する伏見町に新社屋を設け、「支店に昇格いたし、業務を強化一層特約店」との関係強化を期している（岩永編 1964: 116-117）。このようにして、道修町の見かけの集積は変わらず維持されたが、問屋・卸売業者に加え、製薬業者の営業拠点の集積としての性質を持つものへと転換したといえよう[25]。

　しかし、異なる系列に属する同業態の業者間では、製品の販売・流通に関わる利害対立の調整は、逆に難しくなった。具体例として、1929（昭和4）年春における武田長兵衛商店（ID16）と塩野義三郎商店（ID22）の間に起った肺炎特効薬の巴布剤新薬「ホスビン」と「エキシカ」をめぐる販売合戦の激化が挙げられる。ほぼ同時期に同成分の両製剤を発売した両者の販売競争は激化し、販売の手順や運送方法、広告合戦等をめぐって道修町の流通機構は混乱した。こうした状況に、他の道修町の卸売業者は「両者とも引くに引けなくなって、道修町全体がハラハラ」したと述懐する（大阪薬業年金だより編集部編 1977）[26]。最終的に「両者の争いは道修町全体の損失」とする製薬組合の元組長、伊藤千太郎が仲裁に入り、両者の出資で二巴合名会社を設立し、製品名も「エキホス」として両社同量の製造を分担することで決着し

第V章　新たな調整への変化

た[27]）。

　このように、両大戦間期における新薬の製造では系列ごとに類似する薬品が大量に製造、出荷され、濫売の問題が起こった。こうした事態に、競合する同業態の卸売業者間の調整は、第IV章でみた武田長兵衛商店系列下の業者のように、系列内部で分担地域が設定される等して行われたと考えられる。同業態の業者間の利害対立も系列内部で処理されるようになった事態を、本章では移行した新たな調整の形として位置づけることにしたい。

　しかしながら、系列を異にする同業態の業者間での競合は調整されずに放置されており、そのしわ寄せは小売業者たる薬局に集中した[28]）。薬局経営者などの小売業者は両大戦間期道修町の流通機構、すなわち「道修町市場」が「現在甚だ無統制であり、無秩序極まる」と不満を抱く[29]）。その原因は「市場を統制すべき組合即ち薬種卸仲買商組合の無能」にあり、「其の首脳たるべき役員及議員選定に関し決して市場同業者の総意を反映していない」[30]）と指摘しており、新たに移行した調整が第一次大戦以降の系列間の利害対立には十分機能しなかったことを示している。また、この調整の不全により、「政府の方針即ち統制が止むを得ざるものである」（田口 1952: 83)[31]）と、一部で国家的な統制経済への移行を必然視する考えと結びついた点にも注意が必要であろう。

　ただし、ここでは系列間での競争が激化してゼロサムゲームに陥りそうな状況に際しては、製薬組合の元組長が介入したように、道修町内で長期的に営業を継続する系列トップ企業が保持し続けた伝統的な同業者関係が、いわば奥の手として同業態の業者間調整を担ったことに注目したい。大規模化する系列トップの企業同士は業界全体を巻き込んで、短期的な利益の追求や硬直化した経営戦略に陥りがちである。そうした際に、奥の手として、集積内の伝統的な同業者関係が出現し、長期的な利益の追求や業界全体の発展を目指した同業態の業者間調整を可能にしたと評価できるだろう。

第5節 小　結

　本章は、大阪道修町における医薬品産業の集積を例に、両大戦間期の同業者町における同業者間の経済的関係の変化が集積の調整に与えた影響を分析して来た。まず、第1節で両大戦間期の大阪における医薬品業者の分布を概観した上で、同時期に起こった大阪医薬品産業の構造変化を示し、第2節でそうした変化の中で、第一次大戦の前後を通じた個別業者の状況について、営業継続状況と取扱商品から検討し、戦後不況により新興業者が破綻する一方、比較的大資本を有する問屋による新薬製造の本格化を確認した。

　以上を踏まえ、第3節では道修町の問屋・卸売業者間の取引関係と調整の変化を考察した。そこでは新薬の製造を反映した取引関係の変化により、問屋・卸売業者間で第一次大戦期以前に見られた協調的関係が失われ、異業態の業者間の利害に関する調整も衰退したことが明らかになった。

　さらに、第4節では第3節で見た問屋・卸売業者間対立の原因となった製薬業者の同業者関係と新たな調整への移行について、製薬組合に着目して考察した。そこでは、医薬品産業の発達とともに組合加盟者数が拡大する中で、行政と業界の間を調整するプロセスが道修町の有力問屋を母体とする系列トップの製薬業者に集中する過程が明らかになった。それは、両大戦間期の製薬業者にとって系列トップの製薬業者との関係緊密化を求めさせ、道修町に製薬業者の営業拠点集積を形成させる要因になったと考えられる。その一方で、同業組合が全体として取り組む調整は系列間で一致できる法規や行政への対応に限定されていく。以前は集積の根源的な要因であった価格形成に関して、道修町における異なる業態の卸売業者間の調整は、それぞれの系列内で処理されるようになり、逆に系列の異なる同業態の業者間の競争は激化し、調整されないままとなった。そのしわ寄せが小売業者を直撃し、小売業者は調整の不在に不満を高めることにもなった。

　以上の検討結果から、両大戦間期における同業者町の調整の変化をまとめ

第Ⅴ章　新たな調整への変化

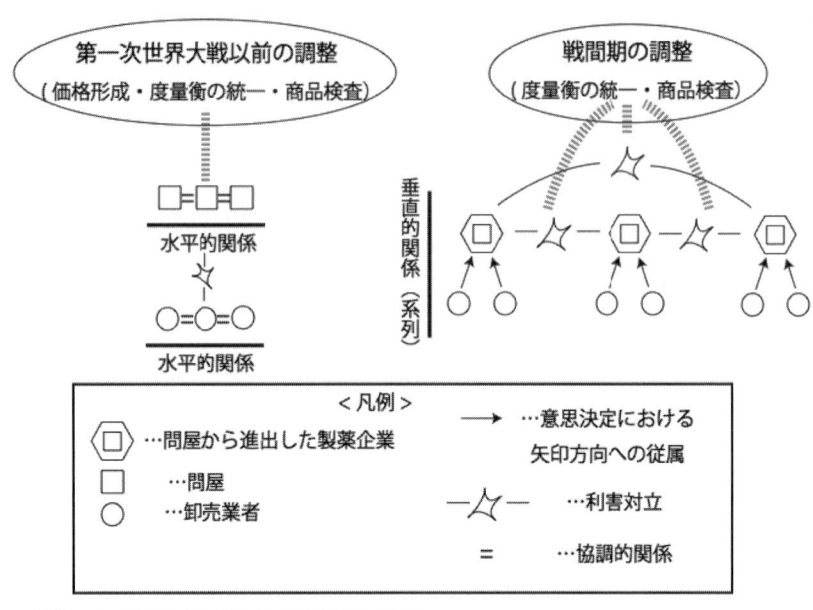

図Ⅴ-6　戦間期道修町における調整の移行

たものが図Ⅴ-6である。メーカー主導の系列下に再編された集積では、価格形成や系列下にある異業態の業者の利害関係に関する調整が系列内部に取り込まれることで、同業者間で水平的に調整する必要を失わせたが、その一方で系列間の調整は困難になった。このように、同業者町の見かけの集積は維持されたが、同業者町の内実は、近世・近代の移行期より、むしろ両大戦間期に大きく変質したことがわかった。ただし、エキホスに関する系列間調整の例に見たように、系列間での矛盾や葛藤が高まった際に、最終的には集積内の一部メーカーが保持した伝統的同業者関係に依拠した調整が、いわば奥の手として作用したことも無視できない。系列トップが道修町の伝統的な同業者関係で結ばれている限り、こうした系列全体を巻き込んで働く同業態の業者間の調整も存在し続けており、企業化、大規模化が進み、硬直化した制度の中でも経営における柔軟性を発揮し得ることを示すものと評価できよう。これにより集積の内実は変化しても、集積自体は維持されたのである。

第5節 小　結

　本章で得られた知見は、調整の概念を適用した研究においても、構成員や機能の変化を適切に意義づける上で、産業集積を動態的に把握するアプローチの重要性を示唆するものといえる。とはいえ、本章および前章の検討は大阪道修町の医薬品産業という1事例に即したものである。他産業の事例でも、集積内の経済的関係の変化に合わせて調整も変化し、集積が維持されたかについてはさらに検討を進めなければならない[32]。そこで、次章では同様の組織・制度を備えながら、集積が1箇所に維持されなかった事例として、大阪の材木業同業者町について検証していく。

注
1) 道修町文書（603303）。
2) 両大戦間期は「新薬・新製剤が続々と登場し、まさに新薬興隆時代」とされる（日本薬史学会編 1995: 64）。
3) それぞれ、田辺五兵衛（ID25）、塩野義三郎（ID22）、武田長兵衛（ID16）に相当する。日野九郎兵衛は問屋であり、道修町の有力問屋が出資者となり設立した大日本製薬株式会社の初代社長でもある。
4) 1918（大正7）年と1920（大正9）年の反動恐慌と、戦時中の新設企業の経営破綻により、医薬品業界も「その深い痛手を長年にわたって背負い続ける」ことになった（田辺製薬三百五年史編纂委員会編 1983: 83）。
5) 1923（大正12）年の生産額の突出に疑問が残るが、これは大阪の売薬生産額が同年だけ大きく申告されているためである（日本薬史学会編 1995: 61）。
9) 記載される業者は1916（大正5）年度に営業納税額75円以上であったものに限られる。
10) 清水玄達（ID61）は小西儀助商店に勤務後、仲買商として独立し、卸売業、製薬業へ業務を拡大した（田口 1954: 47, 81）。清水の大戦中の羽振りの良さや（田口 1954: 49）、本業以外の事業への進出（田口 1954: 54）、戦後不況下の事業清算等が資料から読取れる（田口 1954: 81）。
11) 清水（ID61）同様の新興業者達の権勢を示す資料に「近頃薬界成金傳」艸楽新聞634号、1918年1月1日がある。これらの業者の戦後反動不況による凋落を示す資料に「暗雲低迷の道修町―冬枯れに痛む大小成金」艸楽新聞657号、1918年12月13日がある。
12) 大阪商工会議所編（1937）には新薬取扱いの記載がないものの、既往研究（日本薬史学会編 1995）より新薬製造が明らかな業者として、大日本製薬株式会社、第一製薬、武田長兵衛商店（ID16）が挙げられる。第一製薬は道修町では支店

第V章 新たな調整への変化

の開設であり検討から除外する。大日本製薬は局方品製造のために創立された企業であり、新薬の製造をことさら明記しなかったと考えられるが、大正後期以降は新薬の開発、製造に進出したと考えられる。また、武田長兵衛商店は製造部門を分社化していたため、新薬製造の記載が大阪商工会議所編（1937）から漏れたと考えられる。

13) 第一次大戦以前より新薬の先駆けというべきものが現れていたが、新薬製造の本格的展開は第一次大戦期からとなる（日本薬史学会編 1995: 58）。

14) これは、新薬製造に巨大資本が必要とする今日の議論に反する。一般に、新薬製造には莫大な研究開発費がかかり（くすりの道修町資料館 1997: 34）、薬名が周知されるまでには多額の宣伝費を要する（田辺製薬三百五年史編纂委員会編 1983: 89）とされる。

15) 表中、合名会社白井松（ID65）の「ネオヒポトニン」は血管拡張剤の新薬である（水谷 1943）。

16) 卸売商の錦源兵衛は、第一次大戦後、問屋から製薬業に進出した「メーカー」と卸売商の勢力差が開き、「小資本の卸業者」は「営業を存続する必要上」有力メーカーの商品を扱うために系列化を余儀なくされたと述懐する（錦 1955: 31）。系列卸売企業の例に、武田長兵衛商店系列の厚和薬品、塩野義三郎商店系列の大阪薬品、田辺五兵衛商店系列の峯崎薬品等が挙げられる。

17) 「投機におどった、さしもの道修町薬品市場も、大戦中の大相場を最後に、薬価形成機関、あるいは投機市場としての性格を急速に失っていった」（塩野義製薬株式会社編 1978: 88-90）。

18) 1900（明治33）年を画期に、道修町文書資料中の組合文書は激減する（道修町文書保存会編 1995: iii）。

19) 武田長兵衛商店支配人矢野丑太郎の発言である。

20) 大阪製薬業組合定款は、正・副組長に評議員を加えて役員とするが、本章では便宜上、正・副組長を役員とし、評議員は区別する。

21) 例えば、田辺五兵衛（ID25）は1920、21、26、27年度の大阪薬種卸仲買商組合の組長、武田長兵衛（ID16）は1922、23、30、31年度の同組長、塩野義三郎（ID22）は1928、29、34、35、40、41年度の同組長及び、1922、23年度の同副組長を歴任している（大阪薬種業誌刊行会編 1941: 6-7）。

22) 同時期の製薬組合が卸仲買商組合に従属するものと見られていたことからも裏付けられる（「大阪の商工組合（九）製薬界二大組合」大阪新報、1913年1月6日）。

23) 1917（大正6）年、1918（大正7）年度の代議員会や組合会では、清水玄達による動議や意見表明が見られる（大阪製薬業史刊行会編 1944: 308, 388）。

24) 残存する製薬組合資料が少ない原因に、明治末期の組合事務所火災による焼失、大正期の組合事務所移転時の散逸が挙げられる（大阪製薬業史刊行会編

第 5 節 小　　結

1943: 発刊の辞 1)。
25)　卸売商の錦源兵衛は「道修町市場」の変化について、「徳川期または明治年代にあつた市場とは根本的に異なつた意義と性格」になり、「卸業中心であつた市場は、メーカー中心の市場となり、現在の卸業はむしろメーカーの系列下にある配給処的立場に転落し」たと評する（錦 1955: 32）。
26)　引用部分は山口庄兵衛商店元従業員による語りである。「座談会　懐かしの道修町を語る」（大阪薬業年金だより編集部編 1977: 143-162）。
27)　当該部分は、塩野義三郎商店元従業員による語りである（大阪薬業年金だより編集部編 1977: 159）。
28)　当時の薬局経営者は「新薬業者は広告に重きを置いて宣伝さへ徹底すれば小売業者は儲けやうと儲けまいとイヤ応なしに売らなければならなくなるからそれでいゝと思つてる」と非難する（「本社主催薬業経営座談会―第二回―」薬業往来 4（11）、1932: 3-14）。
29)　道修町の薬局経営者、大江芳之助の業界誌「薬業往来」誌上の連載記事による。引用箇所は「薬品市場論（2）」（薬業往来 5-3，1932: 18-20）。
30)　前掲注29): 19。
31)　発言者は薬業往来誌同人の伊藤翠冠子。
32)　本章では、須山（2005）が指摘するような、産業地域社会が含む住民の文化・社会的関係までには十分踏み込めなかった。こうした課題を遂行するには、近年の経済地理学の研究動向からみて、「embeddedness（埋め込み）」（Granovetter 1985）や「social capital（社会関係資本）」（パットナム 2001）、進化経済学が指摘する「path dependency（経路依存）」（Cooke and Morgan 1998）等の概念に着目する必要があるだろう。

第Ⅵ章　調整の機能不全と集積の複数核化
―明治・大正期の大阪における材木業同業者町―

第Ⅵ章　調整の機能不全と集積の複数核化

　第Ⅳ、Ⅴ章で扱った道修町は、明治・大正・昭和初期を通じて同業者の集積を同一箇所にとどめ続けた事例であった。本章では、主体間の社会的関係に依拠した伝統的な制度や組織が、同業者集積の継続・維持に対して十分有効に作用しなかった事例として、道修町同様に伝統的な同業者の制度や慣習を備えながら、集積地区が複数核化した材木業の同業者町を取上げ、論じることにする。

　西長堀付近の材木問屋街は、1622年頃（元和年間末）に土佐藩が幕府に願い出たことから形成が始まった（阿部 2006: 166-167）（図Ⅵ-1）。先行研究においては、水運に立地を規定されやすい材木業者の集団は、淀川河口の沖積地化と豪商などによる新田開発によって、船場から長堀、立売堀へ、さらに大正区千島町へと、集積地区を漸次西に移動したと説明されてきた（藤本 1963: 219; 日本地誌研究所編 1974: 130）。

　確かに、少量で高額な医薬品とは異なり、材木は在庫や運搬上の理由から、より立地を選ぶ業種といえる。少量で高価な医薬品を取引した道修町と比較すると、運搬や保存にコストのかかる材木業がその集積地を都市化が進んでいない港湾部に移動させたという説明はもっともである。しかし、もし、市街地の拡張や水運の便といった社会・経済的要因だけによって、材木業集積地区の立地が決定されるなら、市街地の中心に近い西長堀の材木業集積地区は、前時代の繁栄の名残でしかなく、いずれ衰退・消滅していたはずである。ところが、西長堀の材木業集積地区はそこに集う業者が他地区の業者と紛争を起こしつつ、大阪の市街地が拡張していった明治～昭和期を通じて存続し、1960年代まで繁栄していた。この西長堀の材木業集積地区の存続、さらには材木業集積地区が複数核化した背景については、制度や組織といった要因についても考慮する必要がある。

　まず第1節では、産業化期における大阪の材木業を規定していたとされる江戸期から受け継がれた様々な伝統的な制度や組織について整理する。第2節では、明治後期から大正期における大阪の材木業集積地区が複数核化した過程を明らかにする。第3節では、複数の集積地区における材木業者の特

第1節　大阪の材木業同業者と市売市場

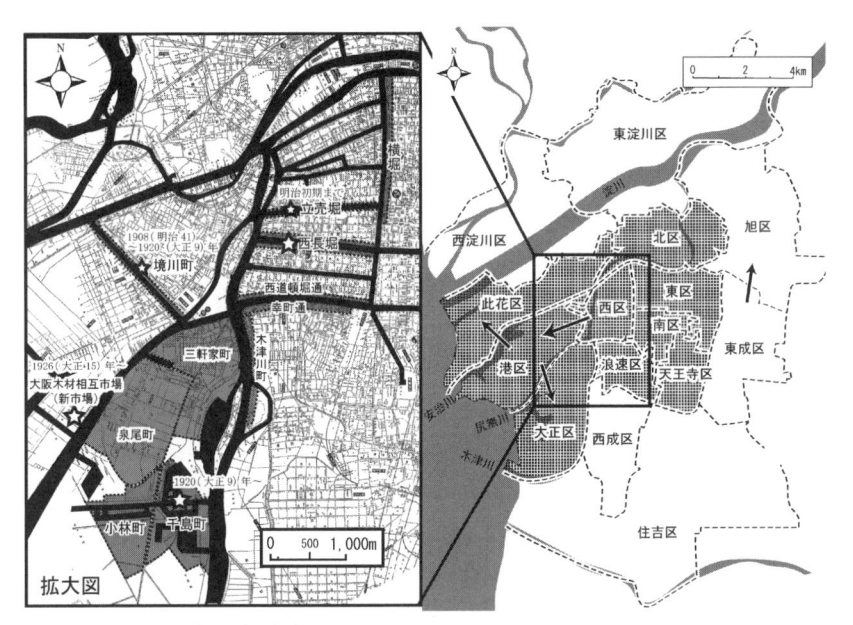

図Ⅵ-1　研究対象地域の概観図

(脇猛夫「大阪市商工地図」(大阪弘文館、1923年発行)、新修大阪市史編纂委員会編 (1994b) をもとに加筆し、作成。右図網掛け部分は、第一次市域拡張時の大阪市域を示す。)

徴、ならびに流通経路の変化によって業者間関係が複雑化していった過程を整理し、第4節では、材木業者間の利害対立や相互の調整機能の不全と、産業集積地区の複数核化との関係を明らかにする。

なお、本章で取り上げる資料について付言しておきたい。道修町の分析では同業組合の文書資料が重要な手掛かりとなったが、材木業の同業組合に関する史資料は断片的にしか残っていない。そこで本稿は材産行政が編述した明治～大正期大阪の材木業に関する調査報告書を主な資料として用いる。

第1節　大阪の材木業同業者と市売市場

1. 明治期の材木商同業組合

江戸期の大坂で木材流通に関わっていた業者は、大きく問屋と仲買に分け

第Ⅵ章　調整の機能不全と集積の複数核化

られる。材木問屋は、山林家から委託された木材を仲買に投票させ最高入値者へ売渡す入札売、買取った木材を相対で商談を決定する小向売、そして委託された木材の送荷を受取り、直接に市場へ出し、仲買に売渡す取引法である市売（せり売）の3種の販売方法を持っており、最も多く行われていたのは市売であった。一方、材木仲買は、競って相場を定めて材木を買入れ、他国商人または市中小売商人へと売渡していた。

　1654（承応3）年、大坂町奉行所は、材木問屋および仲買の中から才幹器量のある10名を選び、大坂三郷中の材木商に関する一切の公用を処理させる十人材木屋を設置した。十人材木屋の傘下には、材木仲買によって七組仲買仲間[1]が形成され、大坂における材木流通を取り締っていくことになった。

　1776（安永5）年、問屋と七組仲買仲間はともに株仲間となっている。市売を行う問屋株は古来20軒と決められ、大問屋と称していた。1830（天保元）年以降は、市売を行うことができない小問屋株の存在が確認できる。一方、七組仲買には、市売に参加できる260余人の本株の業者と、市売に参加できない外株があり、合わせて300余人存在したとされる（西区史刊行委員会 1979: 534-561）。

　明治以降、市売の制度を規定する組織は株仲間から同業組合へと装いを変えることになった（西区史刊行委員会 1979: 562-566）。1873（明治6）年、大問屋と小問屋の団体は合併して「材木並二附属品問屋組合」を、仲買は「諸材木仲買組合」をそれぞれ結成した（船越 1951: 87-88）。1872（明治5）年に行われた株仲間開放によって、市売営業は自由となっていた。しかし、市売自体の取引方法や条件を規定する制度・慣習の多くはそのまま受け継がれ、明治期を通じて大きな変更は加えられなかった（農商務省山林局 1924: 120）。たとえば、市売問屋の数は明治・大正期を通じて20軒前後に固定され、市売の場所は、大阪府令によって特定された市売場所である市浜に限定されていた。独占的に市浜を所有していた約20軒の市売問屋は、「大正期に入っても依然独占権を保ち、なお新規加入に制限を附し、牢固として旧慣を墨守」していたとされる（大阪市役所 1933: 507）。

第1節　大阪の材木業同業者と市売市場

　しかし、1908（明治41）年11月、重要物産同業組合法により、仲買組合と問屋組合は合同して大阪材木商同業組合を組織することになった。材木商同業組合は、第一部仲買、第二部附売問屋、第三部市売問屋の3部で構成された。

　このうち、第三部の市売問屋は、江戸期の大問屋の系譜に連なり、市売を行う権利を独占し続けようとした。上述のように、明治以降、市売営業は自由となったが、市売の場所は大阪府令によって特定の市浜に限定されていたため、独占的に市浜を所有する約20軒の市売問屋は、大正期に入っても高い参入障壁を維持した（農商務省山林局 1924: 98）。

　第一部仲買は、問屋より市買、入札買、相対買をした諸木材・加工材、問屋と関係なく大阪市内外より買入れた諸材、そして自ら投資して伐採した材を販売する業者である。仲買は、様々な経営規模の業者が含まれていたため、甲部と乙部に分けられた。甲部仲買は、江戸期の本株仲買の系譜に連なる業者で、市売への参加権を保有していた。市売は延取引であるため、一定の信用力を必要とし、新規参入には担保[2]と保証人を用意した上で、第一部、第三部の双方から承認される必要があった。一方、乙部仲買は江戸期の外株仲買の系譜に連なり、市売には参加できない業者であった。彼らは、附売問屋から買入れるか、一定の手数料を支払って甲部仲買に代理で市売取引を依頼して買入れた木材を一般需用家に販売していた（松村隆 2006: 2-4）。

　第二部の附売問屋は市売を行う権利がない問屋で、当初、市売とは直接関係を持たない業者であった。附売問屋には、江戸時代の小問屋の系譜に連なるものと、諸国物産荷受問屋として材木を取り扱った業者や、明治以降に参入した業者が含まれた。諸国物産荷受問屋とは、江戸期以来特定地方の諸商品を委託され、大阪で各々の専門商人に売りさばいて手数料を得てきた業者である。その中には木材を取り扱う業者が一定数存在していた（船越 1951: 88-91）。附売問屋の営業様態は、地方荷主から委託された木材や直接買取った木材などを取扱い、それらを加工して大阪市内外の材木業者、一般需要者に相対売買をするものであった（農商務省山林局編 1924）。

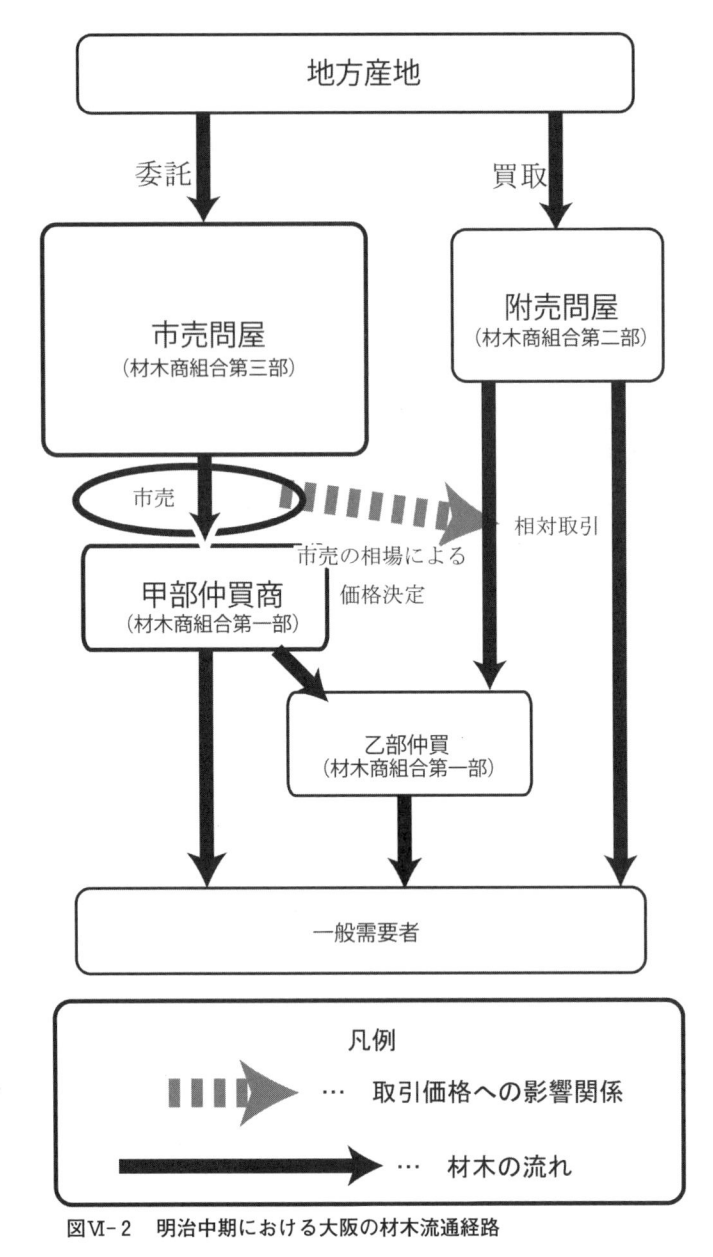

第Ⅵ章　調整の機能不全と集積の複数核化

```
                    ┌─────────────┐
                    │   地方産地   │
                    └──┬───────┬──┘
                  委託 │       │ 買取
                      ▼       ▼
            ┌──────────────┐  ┌──────────────┐
            │   市売問屋   │  │   附売問屋   │
            │(材木商組合第三部)│  │(材木商組合第二部)│
            └──────┬───────┘  └──────┬───────┘
                市売│    ⇢⇢⇢相対取引  │
                   ▼  市売の相場による │
            ┌──────────────┐ 価格決定 │
            │  甲部仲買商  │          │
            │(材木商組合第一部)│        │
            └──────┬───────┘          │
                   │                   │
                   ▼                   │
            ┌──────────────┐          │
            │   乙部仲買   │          │
            │(材木商組合第一部)│        │
            └──────┬───────┘          │
                   │                   │
                   ▼                   ▼
                ┌─────────────────────┐
                │      一般需要者      │
                └─────────────────────┘
```

凡例
⇢⇢⇢ … 取引価格への影響関係
──▶ … 材木の流れ

図Ⅵ-2　明治中期における大阪の材木流通経路

（松村（2006）および、高橋編（1957）、農商務省山林局編（1906）により作成。）

第 1 節　大阪の材木業同業者と市売市場

　以上の業者たちにより構成される明治中期の大阪における材木流通経路を模式的に示したものが、図Ⅵ-2 である。市売以外にも附売が行われていたが、市売の価格は材木相場形成という形で他の取引にも影響力を持つことから、市売が大阪の木材流通の中心とされる（松村隆 2006）。しかし、市売問屋の数は明治・大正期を通じて20軒前後に固定されていたため、明治中期以降は、木材需要の高まりとともに、附売と入札売[3]の重要性も増していくようになった。

2. 市売の制度・慣習

　続いて、主に農商務省山林局編（1924: 105-118）に従って、明治・大正期における市売の制度・慣習について整理する。市売とは市売問屋と甲部仲買との間に限って行われる糶売（せり）である。市売問屋が所有する浜地に地方荷主から委託された木材を陳列し、多数の売方と買方が会合し、商品情報を共有し合い、買方が競争して木材価格を糶上げる方式がとられる。また、後述するように代金支払いの期日に20日〜60日の猶予があった。

　市売は小口の取引となり、買取りが容易で、なおかつ糶上げることから、木材の価格は高価になることが多かったが、同種の木材を一度に大量に受給する能力には欠けていた。それに対して、売買量が随意であった附売では、所用の木材をたちどころに受給できたが、需給や金融の関係から市売で形成される時価相場より高額になる場合が多かった。入札売は、市売と附売の両方の長所をあわせ持ち、価格を維持しつつ、大口需要にも応えることができた。しかし、需要者の希望に沿うことが難しく、価格も低調になりがちであったとされる。

　市売日の日程は、問屋と仲買から各1名が当番として選出される市売委員[4]によって決定されていた。市日の明細を記載した売方届を市場事務所へ差出し、事務所はこの届けを一括して寄合所にある札場に掲示し、写しを問屋と仲買の双方の市場委員に交付した。これに基づき、市売の前日までに、市売問屋は仲仕を雇用し、木材を貯蔵所より各商店の市浜に陳列し、番

第Ⅵ章　調整の機能不全と集積の複数核化

号を付して検査した。その陳列の方法は、「椪木道徳」5)と称して、材質が最悪の部分を表面に出し、実際の品質が表面から読み取れるものより良いことを保証するものであった。

　以上の準備が行われた上で、市売に際しては、会合した仲買が問屋側の指示する木材に対して希望価格を手真似で示すと、そのうちの最高価格を提示した者が落札者となった。市売の売買は「三度売」と称して、1区画につき3回行われ、最後の回の落札者が確定取引者とされていた6)。落札価格は先の回の糶より下がることはあっても、増すことは普通なかったとされる。

　また、市売問屋が一度市売に出した木材は、決して撤回することができず、必ず売了する習慣であったため、予想を超える低価格で落札された場合も拒否できなかった。委託に際して、荷主から委託材の指値（販売指定価格）が希望されることもあるが、問屋は指値を嫌う傾向にあったとされる（松村隆 2006）。市売問屋は一度市売に出してしまえば指値に達しない場合でも売り捌かないわけにいかず、指値との差額が問屋の損失となるためである。また、木材は市場での販売に際して、人件費や保管費用、荷為替の金利等の経費が発生するため、問屋は時価での迅速な売却を荷主に勧告した。このように、荷主にとって市売は、価格暴落のリスク恐れがあり、問屋口銭に加え後述する仲買歩引を負担する必要もある等、リスクの高い取引であった。しかし、仲買の支払い履行に関係なく代金を手にすることができる確実さと、必ず全商品を迅速に販売し終えること、出品手続きの簡便さ、そして販売先を探すための諸経費が節約できるため、多くの地方荷主が参加を続けた。

　市売は毎奇数月の10日から翌月20日までを1期間として開催され7)、仲買から問屋への代金支払いが最長約2箇月となる延取引であった。市売問屋は仲買から代金を受け取る際に、一定の歩合を割引する仲買歩引（以下歩引と略記）という習慣があった。これは落札価格を上昇させる奨励金として仲買に支払われる一種のリベートであり、荷主側の負担となっていた8)。既述したように市売の参加は市売問屋と甲部仲買に限られていたため、参加資格をもたない乙部仲買は一定の口銭を負担して、甲部仲買に代理の取引を依頼す

第1節　大阪の材木業同業者と市売市場

る必要があった。この際、歩引は甲部仲買の所得となっていた（大阪木材仲買協同組合編 1998: 61）。問屋から荷主への代金支払いは、問屋が仲買から支払いを受ける最終期日の3日後であり、手数料立替金、利子その他の諸経費は、荷主側の負担とされ、支払い金額から控除された。

　1908（明治41）年11月27日以降、こうした市売の制度・慣習は、材木商同業組合によって規定されるようになっていった[9]。例えば、「大阪材木商同業組合定款」は第九章に「取引ニ関スル規程」を定めている。また、「大阪材木商同業組合第一部部則」は市場の立会や取締に関する項目を定めている。しかし、この組合は、以前は別個に存在した問屋組合と仲買組合、当時台頭しつつあった附売問屋という3つの団体を合同させたものであり、「自発的に作った組合ではなくあくまで重要物産同業組合法に基づき設立された」組合でしかなかった（大阪木材仲買協同組合編 1998: 61）。そのため、市売りの制度・慣習は、それまでは部外者であった材木商同業組合の構成員の異議や改正要求の対象となっていった。

　一方、江戸期から明治中期の製材業は、こうした材木流通業に対して従属的な立場にあった。当時、大阪に入荷される木材は主として原木丸太類であり、山挽とよばれる産地で製材されたものは少なかった。大阪に入荷された原木類の製材は木挽と呼ばれ、主に木材を引き取った仲買の手によって行われた。各仲買店には6～7人の木挽職人に加え、ハツリ屋と呼ばれる手斧で丸太を荒削りする職人が2～3人雇用されていた[10]（高橋編 1957: 35-36）。また、明治中頃からは、これ以外にも西長堀の四ツ橋南詰には寄挽と称された同業者共有の木挽職人が集まった製材機関が存在し、各仲買が自家の製材職人で間に合わない場合には一定の報酬で製材を請け負う賃挽が行われていた（高橋編 1957: 38）。

　日露戦争後の1907（明治40）年頃以降、丸鋸や竪鋸を使用した機械挽の製材技術が導入され、職人の木挽という手作業で行われていた製材業に大きな変化が起こる。大阪では明治40年頃、北区天満のジエー・ローヤル刷子会社の製材工場や大阪砲兵工廠における竪バンドソーの導入が最初であるとされ

第Ⅵ章　調整の機能不全と集積の複数核化

る。その後、機械挽の製材は、境川町や三軒家、木津川町の地区に進出した製材業者によって取り入れられ、自家の材木ばかりでなく、賃挽も手広く行う大規模な製材業者として、第一次世界大戦前後の期間に発達していった（高橋編 1957: 38-39）。

　以上のように、産業化期大阪の材木業は、江戸期から継承された制度や組織によって規定されていた部分が多かった。そうした制度や組織の中心にあったのは流通業者であり、彼らが行う市売の仕組みであったと考えられる。次節では大阪の材木業者が明治後期～大正期におかれていた経済状況を確認した上で、材木業集積と市売市場の関係を分析していく。

第2節　材木産業同業者町の立地とその分裂

1. 明治後期～大正期大阪の材木産業

　明治後期の大阪は、「東京ト相並ヒタル本邦ノ二大市場」と評される国内有数の材木集散地であった（農商務省山林局 1906: 4）ことは明白である。全国各集散地市場における材木流通の実態を検証できる正確な数値ではないが、『東京外十一市場木材商況調査書』は、1904（明治37）年中に大阪府下へ移入された木材の総価額は600～700万円に達し、東京府下への移入木材の総価額780万円余に迫っていたという材木業者の言を紹介している。松村隆（2009）が「明治期大阪卸売物価資料（5）」に基づいて指摘しているように、日露戦争の準備期から木材価格が高騰し、大阪の木材需要も急進していたのである。その後、大正末期になって海外への国産木材の輸出や外国産材の輸入は漸く本格化することになる[11]。

　水運に限定されるが、材木流通上の大阪の地位を示す統計資料が入手できるのは大正元年以降である。『大日本帝国港湾統計』の各年次版により、1926（大正15・昭和元）年時点での上位5港の国内木材輸入価額を示したものが図Ⅵ-3である。大阪港の木材移入額は、第一次世界大戦が勃発する1915（大正4）年の5,653,010円まで低調な状態が続いた後、1916～1919年

第 2 節　材木産業同業者町の立地とその分裂

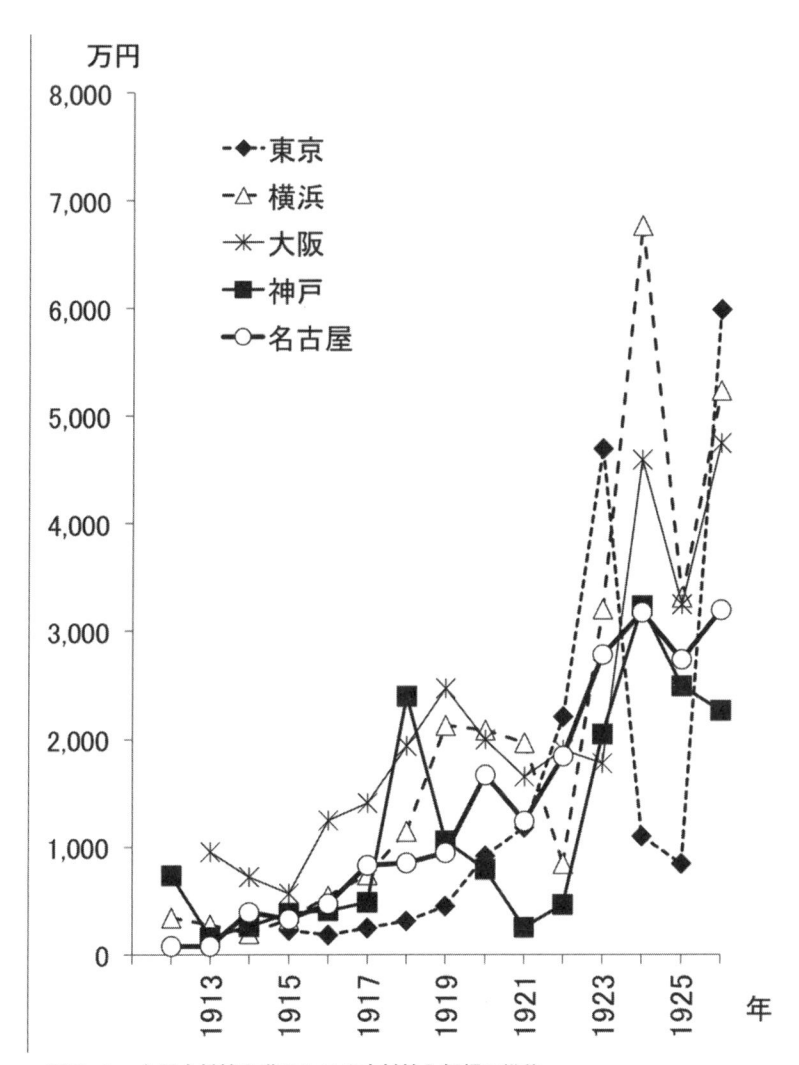

図Ⅵ-3　主要木材輸入港における木材輸入価額の推移

（各年次版『大日本帝国港湾統計』により作成。）

にかけて大幅に増加し、1919年のピーク時には24,721,913円と 4 倍以上になっている。これは第一次大戦中の軍需と造船需要の高まりによる木材の流通高まりを反映していると考えられる。

第Ⅵ章　調整の機能不全と集積の複数核化

　第一次大戦終結後の1920～1923年にかけては反動不況により移入額は低迷しており、東京や横浜の後塵を拝する状況に陥っている。大阪港の移入高は1921年に16,561,077円と1919年から約3分の2にまで下落している。その後、大正12（1923）年に発生した関東大震災は、復興に際して大規模な木材需要を発生させた。1924～1925年には復興中の東京に代わって、横浜港の移入額が首位になっている。この時、大阪も関東に木材を販売するために多くの材木を集荷したと考えられ、移入高が45,933,264円と前年の約2.6倍にまで膨張している。

　ただし、鉄道省運輸局編『鉄道輸送主要貨物数量表』によれば、1920年の発着府県別木材数量は、大阪府が重量ベースで259,260トン、兵庫県が258,645トン、愛知県が201,347トン、神奈川県が116,398トンとなっている。それに対して、東京府の発着木材数量は627,185トンに達し、鉄道貨物に関しては東京府が大阪府の約2.5倍の移入量で圧倒的に勝っていることは明白である。

　いずれにせよ、大正期を通じて、大阪は全国でも1、2を争う材木消費地であり、集散地市場でもあった。しかし、その伸長には、戦時における軍需や造船需要、そして災害時の復興需要の影響が大きく作用したと考えられる。

　次に材木商の数の変動について確認する。『東京外十一市場木材商況調査書』によれば、明治38年の大阪府の材木商は、問屋が52軒、商社4軒、仲買356名となっており、合計412軒となっている。この他数十名の組合外仲買が存在するとされている。一方、東京府ではすべての材木商が組合に加入し、問屋248軒、仲買317軒で、合計565軒の材木商が存在すると記載されている。以上から、やや東京の方が多いものの、大阪の材木商数も東京と遜色ない数字であったことがわかる。ただし、東京府が問屋を247軒擁するのに対して、大阪府は問屋が52軒に止まる点に注意が必要である。東京では問屋も実需家相手に小売を行う場合が多く、問屋と仲買の境界が不明瞭であったのに対して、大阪の場合は市売問屋と仲買の境界が明瞭な流通機構を有していたこと

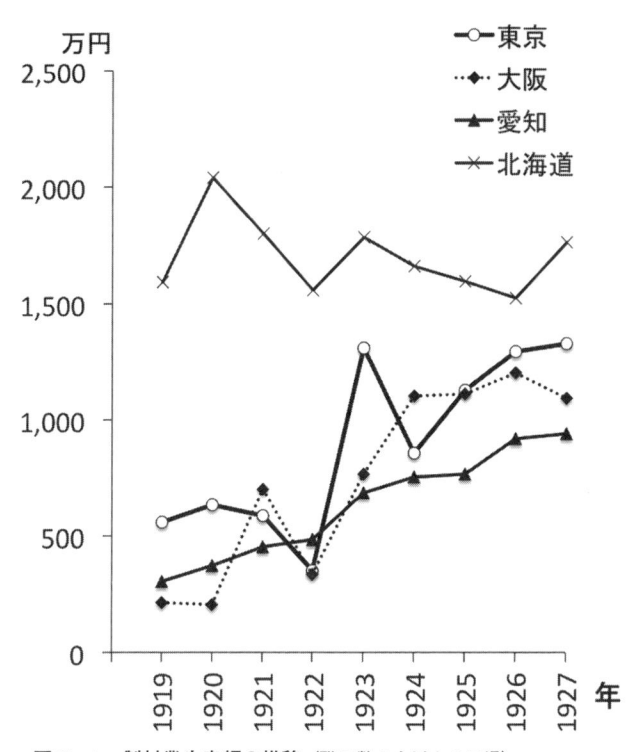

第 2 節　材木産業同業者町の立地とその分裂

図Ⅵ-4　製材業生産額の推移（職工数5人以上の工場）
（各年次版『農商務省工場統計表』により作成。）

によると考えられる（東京木材問屋協同組合100年史編纂委員会 2009）。なお、1924（大正13）年の大阪における材木商は、組合加盟者数で984軒となっており、大正期を通じてほぼ倍増している。

こうした材木商の倍増からもうかがわれる明治後期～大正期にかけての木材需要の増進は、消費地・集散地である大都市の製材業に発達する契機をもたらすことになった。1923（大正12）年の大阪市における製材業者数は約250であるとされ、これは1917（大正6）年の約4倍、1920（大正9）年の約2倍に達している（農商務省山林局編 1924: 157）。

『農商務省工場統計表』の各年次版によって、大都市木材集散地市場を擁

第Ⅵ章　調整の機能不全と集積の複数核化

する東京府、大阪府、愛知県、および当時の代表的生産地として北海道における製材業の生産額を示したものが、図Ⅵ-4である。三都市での製材額は拮抗しているが、1919年に比して1926年には大阪府で約6倍、愛知県、東京府で約2倍に増加している。大正末期における大都市製材業の生産額は、当時の主要生産地である北海道に迫るほど発展していることがわかる。

2. 材木業者の立地動向と材木業集積の変遷

　当該期における大阪の材木業集積の立地パターンの変遷を、市売との関係に注意しながら確認する。まず、市浜の集まりである市売市場の移動・分散の過程を検証し、それが材木業者集積に対してもった影響を分析していく。

　明治中期までの市売は立売堀、西長堀南北両岸で行われてきた。大阪市街電車線路の敷設にともない、西長堀北岸の問屋は、1907（明治40）年に境川町に移転した。1915（大正4）年には立売堀市場が廃止され、1920（大正9）年までは西長堀と境川町で市売が行われていた。1921（大正10）年に境川町市場は廃止され、大正区千島町に市場が新設されることになった。

　以上の市売市場においては市売問屋が運営主体となっていた。材木取引の大部分は西長堀市場で行われ、境川町や千島町の市場は補助的に運用されるにとどまった（髙橋編 1957: 59-65）。しかし、大正15年以降、港区市岡三ツ樋町に一部の甲部仲買を運営主体とする大阪木材相互市場（以下、新市場と略記）が設置された。それ以降、市売問屋が運営主体の旧市場と、甲部仲買が運営主体の新市場に会する材木業者は互いに対立する関係となった。

　次に、具体的な材木業集積の移動と分散の状況を確認するため、3つの時期の材木業者の立地パターンの変遷を分析する。資料には各年次版の『大阪商工名録』を用い、1910（明治43）年、1924（大正13）年の立地パターンを検討し、当該期間中の移動・分散傾向の継続性を確認するため、1935（昭和10）年の立地パターンも加えて比較検討する。

　まず、1910年段階の材木業者の立地パターンを確認する。表Ⅵ-1は、営業税納税額50円以上の業者に限って地区ごとに整理したものである。西区に

第2節　材木産業同業者町の立地とその分裂

は、大阪市全体の卸売、小売を含め流通に携わる材木業者の約46％が集中し、東区、南区にそれぞれ約25％、約22％と相当数の業者が集中している。

具体的な材木業者の集積地を確認するため、特定の地区に10軒以上の材木業者が集積している地区を取り出してみる。西区では、立売堀に29軒、西長堀に20軒、西道頓堀両岸（幸町通および西道頓堀通）に22軒の集積が確認できる。このうち西長堀と西道頓堀は合わせて堀江地区と称される。東区では、西横堀川に沿った横堀に45軒、南区では東区横堀に隣接する横堀7丁目に10軒、西区幸町通に隣接する木津川町1丁目に11軒の集積を確認することができた。

表Ⅵ-1　1910年大阪の主要材木業集積

立地	卸売・小売	製材業
西区	114	3
うち　立売堀南・北通西	29	0
長堀南・北通	20	1
幸町通・西道頓堀通	22	0
東区	62	1
うち　　　　　　横堀	45	1
南区	54	2
うち　　　横堀7丁目	10	0
木津川町	11	0
北区	16	0
大阪市合計	246	6

注：1910（明治43）年度営業税納税額50円以上の業者数を示した。また10軒以上業者が集積している街区を抜き出して示した。ただし、立売堀、西長堀、西道頓堀については堀の南北両岸を合算している。製材業者についてはその他の業態を兼ねるものを含む。
大阪商業会議所編（1911）により作成。

明治後期の段階では、市売市場がある西区の西長堀と立売堀の周辺、そして東区の横堀周辺の2箇所に材木流通業者の集積が見られる。一方、製材業がまだ本格化していない段階では、営業税納税額50円以上の製材業者は市内に6軒しかなく、製材業者の集積は見られない。

ついで1924年段階の材木業者の立地パターンを確認する。資料の制約により営業税納税額75円以上の業者を区別に示したものが、表Ⅵ-2である[12]。大阪市全体で、260軒の卸売・小売などの材木流通業者と53軒の製材業者を確認することができる。

材木流通業者の約40％は西区に集中している。ついで、港区が約21％、東区が約17％となっている。10軒以上の材木流通同業者は、西区では幸町通と西道頓堀通からなる西道頓堀両岸に43軒、西長堀南通りに25軒、立売堀の南

第Ⅵ章　調整の機能不全と集積の複数核化

表Ⅵ-2　1924年大阪の主要材木業集積

立地		卸売・小売	製材業
西区		103	13
うち	立売堀南・北通	20	4
	西長堀南通	25	2
	幸町通・西道頓堀通	43	5
港区		54	27
うち	境川町	26	13
	千島町	11	4
東区		44	4
うち	横堀	28	2
南区		22	2
北区		12	1
浪速区		11	1
その他5区		14	5
大阪市合計		260	53

注：1924（大正13）年度営業税納税額75円以上、または取引所営業税納税額1,000円以上の業者を示した。また10軒以上業者または会社が集積している街区を抜き出して示した。ただし、立売堀、西道頓堀、境川町については堀の両岸の南・北各町を合算している。製材業者についてはその他の業態を兼ねるものを含む。
大阪商業会議所編（1925）により作成。

北通りに20軒と、明治期初期から市売市場のあった地区にし続けている。また、東区の横堀にも28軒の集積を確認できる。一方、新設の港区では、西長堀北岸の市売市場が移転した境川町の運河沿いに26軒、後に大正区に分区する千島町に11軒確認できる。このように市売市場が移転した地区でも、材木業者の進出が進み、同業者集積の形成が進んでいることが確認できる。

　この段階での大阪における製材業者は、明治後期よりかなり増加していたことが確認できる。とりわけ、市売市場が移転した港区の境川町の製材業者の集積は顕著である。新興産業である製材業は、新設された境川町の市売市場の周辺で集中的に開業する傾向にあったことがうかがわれる。

　明治後期から大正期にかけて起こった材木業者の集積地区の移動・分散という変化が、その後も継続したのかを確認するため、1935年の段階の材木業者分布についても検討することにしたい。表Ⅵ-3は、営業収益税50円以上、もしくは取引所営業税1,000円以上を納税した業者、ならびに資本金50万円以上の会社組織の区ごとの分布を整理したものである。1932（昭和7）年に新たに大正区と旭区が設置されたが、大阪市全体では、248軒の材木流通業者と81軒の製材業者を確認できる。

　流通業者の区別の分布について、1924年段階と比較して最も注目されるのが、新設の大正区に流通業者の約30％が集まっている点である。この点は材

第 2 節　材木産業同業者町の立地とその分裂

木業者が空閑地と水運の便を求めて西進していったという先行研究の説明に合致する。一方、西区には約24％の流通業者が集まっているが、大正区と分区したとはいえ、境川町を含む港区は約 8 ％、東区は約10％のレベルにとどまっている。

　10軒以上の流通業者集積が確認できる地区に関しては、市売市場が新たに設置された大正区の千島町に29軒、隣接する小林町に35軒の業者が集まり、顕著な集積を示している。市売市場が新設されたこれらの地域への材木業者の一層の進出が確認できる。同時

表Ⅵ-3　1935年大阪の主要材木業集積

立地		卸売・小売	製材業
西区		60	17
うち	立売堀堀南通	14	3
	西長堀南通	34	5
	幸町通・西道頓堀通	13	4
港区		20	1
うち	境川町	12	1
大正区		74	32
うち	千島町	29	12
	小林町	35	12
東区		24	10
うち	横堀	13	9
南区		18	1
北区		9	2
浪速区		13	6
此花区		8	2
東成区		6	1
その他 6 区		16	10
大阪市合計		248	81

注：1935（昭和10）年度営業収益税、鉱産税納税額50円以上、取引所営業税納税額1,000円以上の業者および資本金50万円以上の会社を示した。また10軒以上業者または会社が集積している街区を抜き出して示した。ただし、西道頓堀、境川町については堀の両岸の南・北各町を合算している。製材業者についてはその他の業態を兼ねるものを含む。
大阪商工会議所編（1935）により作成。

に、立売堀が14軒、西長堀が34軒、西道頓堀両岸が13軒となっており、市売市場が存続する西長堀周辺にも根強く材木業者の集積が見られることがわかる。一方、東区の横堀は13軒、市売市場が廃止された港の境川町は12軒にとどまり、相対的に流通業者の集積が縮小しているように見受けられる。

　製材業者の区別の分布についても、大正区には約40％の業者が集まり、同区の千島町と小林町にはそれぞれ12軒、あわせて24軒という顕著な集積が認められる。一方、大正期の製材業勃興の拠点だった港区境川町に製材業者の集積は確認できない。

　このように明治後期から昭和初期に至るまで、材木業者立地の西進は起こっているが、西長堀における集積も根強く存続していたことが確認でき

第VI章　調整の機能不全と集積の複数核化

る。また、大正期になると、材木業者の進出によって流通業、製材業ともに新たな集積が発達しつつあった港区境川町の材木業集積は、大正区における材木業集積の発達と並行する形で、その規模を縮小していくことになった。

　以上をふまえれば、西長堀周辺における材木業集積の継続を前時代における繁栄の名残としてだけ理解してはならないだろう。境川町では1920（大正9）年に市売市場が廃止されたが、西長堀では市売市場が存続していたことから、市売市場の存在そのものが、流通業と製材業の両方を引きつけ、同業者集積を維持する上で一定の影響力を発揮したと想定される。

　これら複数の材木業者の集積がそれぞれどのように存続あるいは衰退したのかを検証するには、地価や運輸の便に関する条件だけではなく、集積の維持や衰退に影響する制度・組織・慣習を支えた集積内の材木業者相互の関係を分析する必要がある。次節では、構成員である材木業者の業務内容や業者間のつながりに注目し、複数核化していった各集積の特性や相互関係を検証する。

第3節　材木業者の結びつきと流通経路の変化

1. 集積ごとの主要材木業者の特徴と業者間関係

　本節では、従来の市売問屋と異なる主体により運営される新市場の創立総会が行われた1924（大正13）年に焦点を絞って、材木業集積の構成員である主要な材木業者の特徴と相互の関係について分析することにしたい。以下の表VI-4、表VI-5、表VI-6、表VI-7の各表は、1924年時点における各材木業集積で営業する主要材木業者について、流通・製材業の業態の別、材木商組合での活動、所属する組合の部、新市場への関与、営業税額などを整理し、他の同業者との関係や出自などについてもまとめたものである。

（1）西長堀と立売堀

　表VI-4は、江戸期から大正期にかけて市売市場が存在した伝統的な材木業集積といえる西長堀と立売堀に関するものである。『大阪商工名録』にお

第3節　材木業者の結びつきと流通経路の変化

いては、営業税納税額50円以上の業者は、西長堀27軒、立売堀24軒となっている。表Ⅵ-4には、そのうち史資料より所属組合の部が判明する西長堀21軒（A1～A21）と立売堀10軒（B1～B10）に関する名称・業態・組合での役職・所属組合部・新市場との関係・納税額などのデータを示している。西長堀と立売堀では、少数の製材業者も確認できるが、卸・小売の流通業者が多数となっている。

　西長堀は材木商同業組合の活動において評議員や各部長、役員を務める業者が多く、材木商同業組合の意思決定に強い影響力をもったことが推測できる。業者の所属部は、市売に参加可能な市売問屋である三部（10軒）と甲部仲買の業者である一部（9軒）でほとんど占められていたことがわかる。

　しかし、新市場への参画に関しては、幸田伊助（A15）（以下、業者名を繰返す場合は表Ⅵ-4～表Ⅵ-7のIDで代用する。）が100株以上の株主となっているだけである。西長堀の材木業者の多くは、旧来の市売市場から発展した大阪木材市場株式会社の構成員や関係者で占められていたことがわかる。また、営業の開始を幕末や明治初期にまで遡りうる業者が多いことも特徴として認められよう。

　納税額を見ると、北村商店（A9）が1,000円以上で突出しているが、他は第三部市売問屋の場合はほぼ300～700円程、第一部仲買の場合はやや少なく80～180円程の範囲に収まっている。このように西長堀の材木業者は、同業態の業者中では営業規模が平準であったことがわかる。

　立売堀では、材木商同業組合で評議員として活動している業者は5軒確認できる。しかし、部長としては尾野熊蔵（B2）のみとなる。尾野は大正後期に第一部の部長として市売改革に関する既得権を巡り、第三部市売問屋と折衝を重ねたが、「敗北また敗北で、当時の仲買部は諸事圧迫され勝ち」であったと評される（高橋隆編 1957: 45）。1924年の時点の立売堀では、市売問屋はすでに移転してしまって確認できず、すべて第一部仲買で占められている。新市場の100株以上株主は4軒見られ、西長堀とは異なり、新市場に好意的な業者が一定数存在したことがうかがわれる。営業税額の状況は西長堀

第Ⅵ章 調整の機能不全と集積の複数核化

表Ⅵ-4 西長堀、立売堀の主要材木業者（1924年）

ID	名前	業態	組合	部	新市場	税額
A1	泉谷辰之助	卸	評	3		109
A2	久我俊一	卸	部	3		377
A3	長弥　齋藤弥七	卸小		1		125
A4	北村梅七商店	卸		2,3		377
A5	合資会社　熊勘商店	卸小製		1		154
A6	熊善兵衛商店	卸	役	1		178
A7	新弥　榮澤弥七	卸		3		148
A8	福平　山田平兵衛	卸	評	3		266
A9	株式会社北村商店　今村鍵一	卸	◎評部	3		1,239
A10	辰馬圭助	卸	◎部評	3		696
A13	高重　船越重兵衛	卸		1		128
A15	喜多河合名会社　北川助次郎	卸	◎評	3		618
A16	平井勇蔵	卸	評	1		103
A17	幸田伊助	卸	◎	1	株	156
A18	野口房之助	卸小	評	1		105
A21	丸谷弥三郎	卸	評	1		83
A24	福嶋屋　小川三郎兵衛	卸		3		686
A25	亀井亀之助	卸小製		1		167
A26	長伊　藪岡猪三郎	卸	評	1		82
B1	澤田國三郎	卸小	評	1	株	121
B2	尾野熊蔵	卸小	部	1		160
B3	繁田市太郎	卸小		1	株	171
B4	安部仁三郎	卸	◎	1		121
B5	鈴木喜平治	卸製		1		1,079
B6	杉山九兵衛	卸小	評	1		187
B7	堺秀商店　澤田秀吉	卸小製		1	株	181
B8	近宇商店　恩地宇三郎	卸	評	1	株	83
B9	天忠　天野忠三郎	卸小	評	1		119
B10	合資会社　西勘西店	卸		1		285

注：営業税納税額50円以上の業者で所属する部が判明するもののみを示す。ID欄の頭文字Aは営業所の所ることを示す。営業形態欄の卸は卸売、小は小売、製は製造の業態をとることを示す。組合欄の◎は大阪は評議員であることを示す。部欄は3つの組合下部組織中の、仲買の一部、附売問屋の二部、市売問屋の15）7月2日開市の大阪相互木材市場において、株は100株以上の株主を示す。税額欄は営業税納税額を大阪商業会議所編（1925）、高橋隆編（1957）、大阪木材新聞社編（1967）、農商務省山林局編（1924）、五により作成。

第3節　材木業者の結びつきと流通経路の変化

と同様である。

備考
大阪木材市場株式会社参加。
大阪出身。大阪木材市場株式会社参加。
明治30年代創業。
大阪木材市場株式会社参加。
明治初期からの仲買。
明治初期からの仲買。
明治30年代創業。
初代山田平吾はA24に奉公後独立。大阪木材市場株式会社参加。
明治初期からの市売問屋。三重県の山林家、土倉の後援。大阪木材市場株式会社参加。
明治初期からの市売問屋。大阪府会議員。H2は元番頭。大阪木材市場株式会社参加。
明治初期からの仲買。
明治30年代に附売問屋として創業。市売問屋に進出。大阪木材市場株式会社参加。
幕末からの老舗仲買。
A8先代は元番頭。大阪木材市場株式会社参加。
幕末からの老舗仲買。
第1部部長として市売問屋と市場規約改正問題で折衝。
明治初期からの仲買。

東区横堀の西勘商店から独立。

在地が西長堀南通および北通、Bは立売堀北通および南通にあ
材木商同業組合の設立発起人、役は役員、部は各部の部長、評
三部のいずれに属しているのかを示す。新市場欄は1926（大正
示し、単位は円である。
十年の歩み編集委員会編（1974）、大阪材木商同業組合編（1942）

第Ⅵ章　調整の機能不全と集積の複数核化

（2）西道頓堀周辺

　『大阪商工名録』には、営業税納税額50円以上の材木業者としては、西道頓堀周辺の幸町通に34軒、西道頓堀通に14軒、木津川町に4軒記載されている。表Ⅵ-5には、そのうち所属する部が判明する幸町通12軒（C1～C12）、西道頓堀通4軒（D1～D4）、木津川町2軒（E1～E2）の業者を示している。

　幸町通と西道頓堀通では目立った製材業者は確認できず、木津川町に濱恒次郎（E2）が見られるのみである。組合活動については評議員経験者が3町あわせて8軒見られる程度であるが、第二部部長を務めた浅利泰三（C4）、E2や第三部部長を務めた藤本藤兵衛（C9）、清水益次郎（E1）などの影響力ある業者も存在した。各業者の所属する部に関しては、第二部附売問屋に属する業者が非常に多く、部分的には第三部の市売問屋に進出していたことが見て取れる。このように、西道頓堀周辺には附売問屋が多数集積している様子が確認できる。

　新市場への参加状況を見てみると、100株以上の株主は4軒と少なく、多くの業者は新市場に積極的に参加する姿勢を見せていない。市売問屋の権益擁護を熱心に行ったC9などは、新市場と対立的な姿勢を示している。一方で、附売問屋内部の対立関係から新市場の設立に奔走し、役員まで務めたC4のような業者もおり、第二部附売問屋の内情が一枚岩でなかったこともうかがえる。

　これらの附売問屋の営業税納税額は300～800円程のものが多く、西長堀で営業する従来の市売問屋と同等かそれ以上の営業規模に達していたことがうかがわれる。これらの業者には、朝田材木店（C13）や鹿島重蔵（D3）など、大阪内部の材木業者から独立した業者も存在するものの、その多くは和歌山県（紀州）や徳島県、奈良県（大和）など地方の山林家や材木業者を出自としている。彼らの利害は出身母体である各地方の山林家や材木業者の利害と深く結びついていることが想定される。

（3）西横堀川周辺

　『大阪商工名録』に営業税納税額50円以上として記載されている材木業者

第3節　材木業者の結びつきと流通経路の変化

は、西横堀川にそった東区横堀で30軒、隣接する南区横堀7丁目で6軒となっている。表Ⅵ-6には、そのうち所属する部が判明する東区横堀の17軒（F1～F17）、南区横堀7丁目の3軒（G1～G3）を示している。

　この地区でも目立った製材業者はほとんど見られない。組合活動については合わせて7軒の評議員経験者に加え、第一部部長や同業組合の組長経験者等が存在し、組合運営に対して強い影響力をもったことが認められる。所属する部は全て第一部となっており、横堀が材木仲買の集積であったことがわかる。

　新市場への参加は100株以上の株主が10軒あり、4軒が役員を勤めるなど他と比較して突出しており、横堀の仲買が新市場設立の中核的役割を果たしたことが確認できる。また、2軒の仲買が新市場の集荷問屋、すなわち新たな市売問屋の役割を担っている。営業税納税額を見てみると、500円以上納税するやや大きな規模の仲買が少数存在しつつ、多くは100～200円までの平準化した規模の仲買である。業者間の関係や出身についてみると、幕末、明治初期からの仲買が多く、中には創業時に西長堀の市売問屋から後援を受けたものも存在する。また、大政材木店（F16）と小森長三郎（F3）の関係のように、少数の営業規模の突出した業者の下に主従的関係を結ぶ仲買が集まり、派閥を結成して新市場設立の準備を進めていた。こうした仲買の中には、資料に記載がない乙部仲買も多数存在したと考えられる。

(4) 港区周辺

　最後に、大正期に材木業者が進出しつつあった港区（後の大正区を含む）の材木業集積を見ていく。『大阪商工名録』に営業税納税額50円以上として記載されている材木業者は、境川町で39軒、後の大正区にあたる千島町で15軒、その周辺の泉尾町に7軒、三軒家町に4軒記載されている。新たに参入した業者が多いためか所属していた部が判明するものは少ないが、表Ⅵ-7には、所属が判明した材木業者に関して、境川町から8軒（H1～H8）、千島町から4軒（I1～I4）、泉尾町から1軒（J1）、三軒家から3軒（K1～K3）を示している。

143

第Ⅵ章　調整の機能不全と集積の複数核化

表Ⅵ-5　幸町通、西道頓堀通、木津川町の主要材木業者（1924年）

ID	名前	業態	組合	部	新市場	税額
C1	合資会社山口字平商店	卸		1,2		282
C2	松田喜四郎	卸	評	2		261
C3	浅利泰三	卸	評部	1,2	株重	727
C4	合資会社二葉商会	卸		1,3		745
C5	浪速木材商会　藤本藤兵衛	卸	◎評部	2,3		220
C6	高木大阪支店　高木道之助	卸		2		641
C7	朝田材木部　喜田澤蔵	卸		2		156
C8	多田庄吉	卸小		1	株重	227
C9	カネ半商店　中川豊	卸	◎	1,2		235
C10	深美源吉	卸	評	2		138
C11	葉田利木材株式会社　田川政次郎	卸		2,3		558
C12	西安之助商店	卸		1,2		524
D1	谷畑廣次	卸	評	2		250
D2	島治三郎	卸	評	2	株	362
D3	鹿島重蔵	卸小		1,2	株	148
D4	萬熊商店　上田直蔵	卸		2		142
E1	合資会社清水材木部　清水益次郎	卸	◎評部	2,3		862
E2	濱恒商店　濱恒次郎	卸小製	◎評部	1,2		592

注：営業税納税額50円以上の業者で所属する部が判明するもののみを示す。ID欄の頭文字はそれぞれCが
することを示す。営業形態欄の卸は卸売、小は小売、製は製造の業態をとることを示す。組合欄の◎は大
評は評議員であることを示す。部欄は3つの組合下部組織中の、仲買の一部、附売問屋の二部、市売問屋
正15）年7月2日開市の大阪相互木材市場において、株は100株以上の株主を、集は大阪木材相互市場にお
の間に株式会社大阪木材相互市場の役員に就任したことを示す。税額欄は営業税納税額を示し、単位は円
大阪商業会議所編（1925）、高橋隆編（1957）、大阪木材新聞社編（1967）、農商務省山林局編（1924）、五
により作成。

第3節　材木業者の結びつきと流通経路の変化

他の地区の材木業者集積と比較すると、全体として製材業者の数が多いことが目立っている。境川町には京徳材木店（H1）や藤井製材所（H6）など、大阪における草分け的な製材業者も存在し、新興産業であった製材業がこれらの地区で発展しつつあったことが見てとれる。組合活動に関しても、役員や各部長、評議員を歴任する主導的立場の業者が多数おり、これらの業者が率先して港区への進出を行っていたことがわかる。

所属する部を見ていくと、境川町には西長堀北岸の市売市場廃止時に移転してきた市売問屋が存在している。また、全体に第二部附売問屋が多く、転じて市売問屋に進出したと思われる業者も少なからず存在している。新市場への参加は、集荷問屋となった楠正治商店（H4）を除いて見

備考
徳島出身。徳島県松田製材所の大阪出張所。
南紀古座出身。紀州新宮から仕入れ。深美等新興附売問屋を幕下に収め、大正5年、組合運営を巡り、濱恒等の第二部大手と対立。大阪木材市場株式会社発起人から漏れ、対抗して相互市場設立に奔走。
A8出身。I2、E2と共同で立ち上げる。府会議員のA10と一府県一市場の原則確立や仲買歩引減少などの実現のためロビー活動を展開。市売問屋の特権擁護に尽力。大阪木材市場株式会社参加。
幕末以来の老舗荷受問屋。九州、四国、紀州の各産地の委託材を扱う荷受問屋。
初代中川半兵衛は紀州西牟婁郡田原村出身。西長堀材木問屋北村作次郎に奉公後、西長堀に独立、明治26年幸町二丁目に転居。
紀州串本出身。紀州古座の神田商店の大阪支店から独立。紀州材を手がける。後に市会議員。
明治20年頃仲買商を創業。明治40年頃附売問屋へ進出。その後、K1等から西長堀、境川に浜地を譲受、市売問屋に進出。大阪木材市場株式会社参加。
西道頓堀・西勘商店の番頭から独立。兵庫県の材木商と提携し北海道材の取扱いに進出。
大和の山林家出身。秋木清水の義兄弟。新宮から仕入。三井物産と提携し北海道材に進出。
和歌山県東牟婁郡田原村出身。親戚のC9に勤務後、A5の援助を受け明治30年代に独立。C5、I2と提携。大林組と関係し日露戦争時の軍需納材に進出。H8、J1らと交流し、千島小林市場を企図。第3部市売問屋と共同で大阪木材市場株式会社設立、社長となる。

幸町通、Dが西道頓堀通、Eが木津川町1丁目に営業所が所在
阪材木商同業組合の設立発起人、役は役員、部は各部の部長、の三部のいずれに属しているのかを示す。新市場欄は1926（大いて集荷問屋の役割を果たしたことを示す。重は1925〜1930年である。
十年の歩み編集委員会編（1974）、大阪材木商同業組合編（1942）

第Ⅵ章　調整の機能不全と集積の複数核化

表Ⅵ-6　横堀の主要材木業者（1924年）

ID	名前	業態	組合	部	新市場	税額
F1	今菊　林菊治郎	卸		1		108
F2	長尾佐市郎	卸小		1		171
F3	小森長三郎	卸小		1	株重	255
F4	山芳　山本長造	卸小		1		85
F5	霜寅　海堀寅造	卸		1	株	173
F6	紀ノ平　坪井平兵衛	卸小	役	1		182
F7	志方重　志方安之助	卸	評	1	株	188
F8	今九　岡本九兵衛	卸小	◎評	1		96
F9	平宗　横田宗吉	卸小		1	株	125
F10	霜丑　丸岡丑太郎	卸	評	1	株集	154
F11	布卯　坪井卯兵衛	卸	◎評	1	株	296
F12	吹儀　杉村松次郎	卸小		1		78
F13	今善商店　今木ツル	卸小製		1	重	174
F14	合名会社二見商店	卸		1	株	119
F15	坂卯　坂本熊之丞	卸		1	株重集	538
F16	株式会社大政材木店　河野忠次郎	卸小	評	1	株重	645
F17	堺虎　稲原甚信商店	卸		1		140
G1	津田英太郎	卸		1	株	272
G2	花岡平助	卸	◎評部	1		207
G3	多田清合名会社水谷商店　水谷清三郎	卸小	◎部	1		1,176

注：営業税納税額50円以上の業者で所属する部が判明するものと大阪相互木材市場の設立関係者のみを示す。目に営業所所在地があることを示す。営業形態欄の卸は卸売、小は小売、製は製造の業態をとることを示す。部は各部の部長、評は評議員であることを示す。部欄は3つの組合下部組織中の、仲買の一部、附売問屋市場欄は1926（大正15）年7月2日開市の大阪相互木材市場において、株は100株以上の株主を、集は大阪重は1925～1930年の間に株式会社大阪木材相互市場の役員に就任したことを示す。税額欄は営業税納税額大阪商業会議所編（1925）、高橋隆編（1957）、大阪木材新聞社編（1967）、農商務省山林局編（1924）、五により作成。

第3節　材木業者の結びつきと流通経路の変化

備考
明治20年代創業。初代F16と関係深く、共に市売問屋業の研究を行う。初代F16の死後、新市場設立の中核を担う。
明治30年代からの新興仲買商。
明治初期からの仲買商。家作持ちの資産家。横堀の仲買業者達と小林町に大阪木材土地会社を設立、市売問屋の門戸開放を求めるも失敗。
明治初期からの仲買商。
明治初期からの仲買商。
明治初期からの仲買商。
明治初期からの仲買商。
明治初期からの仲買商。
明治20年代創業。A9、A10から金融の後援等を受ける。市売へ北海道産材を出荷。配下の番頭達やF3等の幕下的仲買商や乙部仲買商と市売問屋業の研究を行う。
明治初期からの仲買商。
幕末からの老舗仲買商。
幕末からの老舗仲買商。
明治初期からの仲買商。先代水谷清兵衛は初代仲買部長。

す。ID欄の頭文字はそれぞれFが東区横堀、Gが南区横堀7丁す。組合欄の◎は大阪材木商同業組合の設立発起人、役は役員、の二部、市売問屋の三部のいずれに属しているのかを示す。新木材相互市場において集荷問屋の役割を果たしたことを示す。を示し、単位は円である。
十年の歩み編集委員会編（1974）、大阪材木商同業組合編（1942）

られず、港区の主要業者はほとんど関係を持っていない。

　営業納税額を確認すると、1,000円以上の突出した規模の業者が複数存在し、企業的経営を行う大規模な材木業者が立地していたことがわかる。他の業者との関係を見ると、阪萬商店（H3）や長谷川勝助商店（K1）のように材木業に進出し始めた財閥と提携を結ぶ場合や、H4や俵松商工業（I2）、清水栄次郎（J1）のように地方山林家と共同事業を行うなど、大規模な製材、材木取引に進出していた点が注目される。また、森平蔵（H8）やJ1のように、材木業以外の業種に進出する例も見られる。このように、大正期の木材需要と製材業の高まりとともに、後の大正区に進出した一部の材木業者の中には、経営を大規模化、多角化し始めたものも

147

いたことが確認できる。

 以上のように、大正期の大阪にみられた上記4地区における材木業の同業者集積は、それぞれ業者間の利害関係に特色があった。江戸期からの市売市場が存続した伝統的な材木業集積である西長堀では、市売問屋と部分的な甲部仲買を中心とした業者が集積しており、新市場に対立的な業者が多かった。水運の便が良い西道頓堀周辺には附売問屋を中心とした業者が集積していたが、その利害関係は出身母体と結びついて複雑であり、新市場に対する態度も分かれていた。西横堀川周辺の材木業集積は、伝統的な市売市場の改革を求めて新市場設立の中核的な役割を担う甲部仲買によって占められていた。港区における材木業集積は製材業と密接な関係を持つ、新興の大規模な材木業者で占められていた。次項では、明治後期から大正期にかけての材木流通機構の変化の中で、これらの材木業集積に集う材木業者間の関係がどのように変化しつつあったのか見ていく。

2. 流通経路の変化と材木業者間関係の複雑化

 日露・第一次大戦中の軍需の高まりによって、従来の市売を介した取引だけでは供給が不足するようになり、地方山林家と直接契約を結ぶ大口の取引が盛んになっていった（松村隆 2009）。その結果、新興の附売問屋や乙部仲買の重要性が高まり、業界内での彼らの営業規模や地位もしだいに上昇していった。

 西道頓堀や港区で営業する附売問屋の中には、市売問屋との結びつきを深め、自ら市売問屋に進出するものが現れ出した。しかし、明治後期から参入した地方業者と結びつきの深い新興附売問屋の中には、市売問屋への参加制限を撤廃するよう働きかける業者も存在するなど、附売問屋の利害は一枚岩とはいえなかった。また、市売問屋と甲部仲買の関係も変化していた。従来、両者の関係は、買手である仲買側の方が優位にあり、市売問屋は仲買の意向に沿う行動をとっていた[13]（農商務省山林局編 1924: 100）。しかし、地方荷主が附売問屋等との結びつきを深めるに至って、附売と比較して利潤が不

利になる市売の取引に対して、市売問屋は不満を募らせるようになった。

　とりわけ、第一次世界大戦後の反動不況下において、市売問屋は仲買の既得権に関する規定に限って市売の改革を要求するようになっていく。本来、市売問屋の経営は委託材に対する口銭収入で成り立ち、在庫を抱える販売面の不安がなく、一定の収入があるものだった。そのため、第一次世界大戦後の反動不況下になると、市売問屋は仲買に対して優位に立てるようになっていった。荷主の市売改善の要求に従って、市売問屋側は甲部仲買の既得権の廃止を求めて動き始めだした。甲部仲買の多くは、西長堀周辺で営業する市売問屋と関係の深い一部の甲部仲買を除き、仲買の既得権益を擁護するため、市売問屋との反目を深めていく。この時、甲部仲買側に属していた横堀周辺の仲買は、市売の旧慣に反対する一部の附売問屋や大阪市内各地の乙部仲買と連携して、新市場設置を進めていくことになる。

　このように、市内数箇所に分かれた材木業集積は、それぞれ出自や業態に特色のある同業者の集団によって構成されており、市売を中心とした大阪の材木流通経路の中で各々異なる利害をもっていた。明治後期からの木材流通経路の変化や、外部からの市売改善要求は、市売を巡る業者間の利害対立を先鋭化させていった。そのため、同業者をまとめ、市売の制度・慣習を規定してきた材木商同業組合には内部対立や内紛が絶えなくなり、市売市場の新設・移動・廃止が相次ぎ起きることになった。こうした市売市場の移動・分裂という不安定な状況を受けて、当初は廃止が考えられていた西長堀の材木業集積も温存されていくことになった。

　第1節で見たように、明治後期までの西長堀の市売市場での取引は、江戸期からの伝統を引き継ぐ様々な制度・慣習によって規定されていた。次節では、明治40年代以降、大阪内外の材木業者からわき起こった市売改革要求に、大阪の材木業者がどのように対応したかを検証し、伝統的な制度や組織が、同業者集積の継続・維持に向けた調整の機能を十分に発揮できなかった要因を考察する。

第Ⅵ章　調整の機能不全と集積の複数核化

表Ⅵ-7　港区の主要材木業者（1924年）

ID	名前	業態	組合	部	新市場	税額
H1	合資会社京徳材木店　筒井徳右衛門	卸製	◎評役	1		101
H2	和田卯三郎商店	卸製	評	1,3		176
H3	阪萬　阪上萬助商店	卸	◎評部	2,3		513
H4	楠正治商店	卸	部	2	集	1,002
H5	土橋清一	卸	評部	2,3		237
H6	合資会社藤井製材所	製		2		335
H7	中熊合名会社支店	卸小		1,2		1,211
H8	森平蔵	卸	役	2		1,756
I1	伊藤音次郎	卸		2		395
I2	俵松　商工業株式会社	卸製	◎評	1,2		1,199
I3	津田兼吉商店　津田良太郎	卸	評	2		336
I4	松岡合名会社	卸製		1,2		344
J1	秋田木材株式会社大阪支店　清水栄次郎	卸小製	部評	2		3,147
K1	長谷川勝助商店	卸製	◎部	1,2,3		595
K2	尼弥　市田弥兵衛	卸		1,2		198
K3	株式会社富士九商店	卸	◎評	2,3		1,771

注：営業税納税額50円以上の業者で所属する部が判明するものと大阪相互木材市場の設立関係者のみを示目に営業所所在地があることを示す。営業形態欄の卸は卸売、小は小売、製は製造の業態をとることを示部は各部の部長、評は評議員であることを示す。部欄は3つの組合下部組織中の、仲買の一部、附売問屋市場欄は1926（大正15）年7月2日開市の大阪相互木材市場において、株は100株以上の株主を、集は大阪重は1925～1930年の間に株式会社大阪木材相互市場の役員に就任したことを示す。税額欄は営業税納税額大阪商業会議所編（1925）、高橋隆編（1957）、大阪木材新聞社編（1967）、農商務省山林局編（1924）、五（1942）により作成。

第3節　材木業者の結びつきと流通経路の変化

備考
明治初年からの仲買。店舗は西区九条。土地持ちで府会議員。材木商共同で立ち上げた大阪製材株式会社に参加、整理後、明治40年頃個人として製材業に参入。大阪における製材業の草分的存在。
A10の番頭から独立。
市売問屋としては最古の老舗。神戸鈴木商店木材部と提携。
播州網干出身。兵庫の老舗曽根二之助商店に奉公後、大正3年大阪境川で独立。曽根商店時代の付き合いから、徳島の山林家、原菊太郎の出材を委託販売し、大正8年共同で土佐木管会社を設立。
H1とともに大阪における製材業の草分的存在。
支配人・稲田稔。
明治35年、C13から独立。日露戦争時の軍需で経営拡大。海運業への進出やJ1と大阪鉄道（後の近畿日本鉄道南大阪線）の大株主重役となる等経営を多角化。大正8年に大阪府知事の勧説で大阪材木商同業組合長就任。
同業者とトラストを結成し、薩摩等の産地で共同購買を行う。C5、E2と浪速木材商会を設立。
滋賀県彦根の津田兼吉商店大阪支店。九州宮崎で山林事業を展開。
製材業として初めて千島町へ進出。
堀江の両替商出身の富豪。三井銀行の委嘱でH8と大阪鉄道（後の近畿日本鉄道・現南大阪線）の整理再起を斡旋。木津川町に秋田木材製材所を設立。
明治30年代に台頭。店舗は幸町。三軒家では製材所。三井物産と提携。
幕末からの老舗仲買。
大阪木材市場株式会社参加。

す。ID欄の頭文字はそれぞれFが東区横堀、Gが南区横堀7丁す。組合欄の◎は大阪材木商同業組合の設立発起人、役は役員、の二部、市売問屋の三部のいずれに属しているのかを示す。新木材相互市場において集荷問屋の役割を果たしたことを示す。
を示し、単位は円である。
十年の歩み編集委員会編（1974）、大阪材木商同業組合編

第Ⅵ章　調整の機能不全と集積の複数核化

第4節　業者間の利害対立と調整の機能不全

1. 市売の制度・慣習に対する改革要求

　市売の制度・慣習は元和年間から大正3年に至るまでほとんど変更がなかった。こうした伝統的な制度・慣習の中には、荷主やその他の市売に直接関係しない業者にとって不利なものが多く、明治中期以降、材木業者の数が増加するにしたがって、市売の制度・慣習は改革が求められるようになってきた。しかし、市売が長い歴史を有することと、市売が開催される市浜が市売問屋の私有地で行われることから、監督官庁の大阪府は「私有地上ニ於ケル取引ハ市場取引ト解セス」として、市売に対して自由放任の姿勢をとってきた。そのため、古来の制度・慣習は大正期に至るまで改められることもなく、市売は従来の慣行に従って運営されていた（農商務省山林局 1924: 121）。

　ところが、1911（明治44）年3月29日発布の「大阪府例第十四号市場取引規則」により、市場の要件として会合場所が私有地か否かは関係がないことになった。1912（明治45）年2月、大阪府は大阪材木商同業組合に材木市場の公設出願をなすように諭達した。このため、1912（大正元）年8月15日に北村正治郎ほか18名の市売問屋は、大阪木材共同市場設置の出願を大阪府知事に提出したのである（農商務省山林局 1924: 121）。願書のなかで、北村らは市場設置の理由として、市売が「商品ノ売買価格ヲ迅速ニ確定スルノ便益」を持ち、そこで決定した価格が「同業者一般ノ取引価格標準」となること、また材木の流通を「甚シク停滞スルコトナク売捌」くことができる点を挙げている（農商務省山林局 1924: 121）。しかし、この願書に添付された市場規約は従来の規約とまったく変更のないものであったため、荷主や附売問屋、市売へ参加できない乙部仲買らから、異議が唱えられるようになった。

　1912（大正元）年9月、大阪の材木市場に関係を有する土佐、新宮、吉野などの各地の木材同業組合代表者は、大阪に会合し、全国材木荷主同盟会を結成することになった。全国材木荷主同盟会は、荷主側の希望を無視した市

第 4 節　業者間の利害対立と調整の機能不全

場規約の訂正を求め、以下の 7 箇条を大阪材木商同業組合に要求することになった。すなわち、①仲買歩引の全廃、②三度売を一回に省略、③委託材木に対する指値の認知、④善悪平均の個所を表面にするように市売材木の排列法を改めること、⑤市売への参加資格制限の撤廃、⑥荷主側負担となる諸経費を荷主代表者と協定し定めること、⑦支払期間を 2 箇月から 1 箇月に短縮し、取引期間を毎月20日から毎月末まで延長すること（以下、各要求について繰返す際は番号で示す）の 7 箇条である。

しかし、これらの要求に対して、大阪材木商同業組合側は、⑥以外についてはすべて拒否した。それに反発した全国荷主同盟会は、同年10月に、「関西木材市場」という名称の新たな材木市売市場を泉尾町に設置したいという出願書を大阪府へ提出した。この出願は認可されなかったが、大阪内部の材木業者による市売改革要求を刺激し、活発化させることになった。

第二部附売問屋の内部においては、材木商同業組合全体の共同歩調を重視し市売の慣行を維持しようとする保守的な業者と、市売の慣行を改革しようとする革新的な業者とが対立し、紛争を引き起こすことになった。革新的な業者は、地方出身で荷主との関係が深い附売問屋であり、荷主の要求に対しては同情的であった[14]。同年11月、革新的な附売問屋の主導によって、前述の①、⑤の要求について、条件付き撤廃を要求する共同市場規約訂正意見書が府当局に提出された。また、大阪府の諮問に対して、大阪市商工課は、①、⑤、②、⑦の改善要求を妥当なものであると認定した。これら各方面の意見に基づき、大阪府は、ほぼ荷主と附売問屋の要求に沿った内容で、大阪材木共同市場の出願者である市売問屋に対して市場規約の訂正を指示した。

①、②、④、⑤、⑦の要求は、甲部仲買の不利益となるものであった。そのため、市売問屋と甲部仲買との間の協議はまとまることはなかった。府当局は訂正規約差出しの厳達を重ねて行ったため、市売問屋は、甲部仲買の承認がないまま、1914（大正 3 ）年 5 月上旬に訂正規約を提出することにになった。大阪府によって大阪木材共同市場の設置が許可されたものの、これにより甲部仲買は市売をボイコットし、市売市場は休業という状態に追い込

第Ⅵ章　調整の機能不全と集積の複数核化

まれた。

　両者の対立による材木流通の停滞を憂慮した大阪市商工課は調停に乗り出し、7箇条のうち①、②、⑦、⑤に関する協定を結ぶまでこぎつけた。①、②、⑦については改善が約束されたものの、具体的な実施までに3ヶ年の猶予が設けられ、⑤の市売参加資格制限の撤廃に関しては、市売問屋と甲部仲買で協議を継続することで一応は妥結した。しかし、甲部仲買は期限が来るごとに延期を主張し、大阪木材共同市場の認可期限の更新申請のたびに、大阪府も現状を追認するしかなく、当初の期限はなし崩し的に延期を重ねることとなった。

　この後、第一次大戦中の好況期を迎え、地方荷主からの市売改革要求は一時的に沈静化していったが、第一次大戦後の反動不況により、市売改革要求は再び活発になった。1921（大正10）年に至り、附売問屋の濱恒次郎（E2）が市売問屋に働きかけ、境川町市場が狭隘であるとして、千島町に市売市場を新設すべく大阪木材市場株式会社を設立することになった。

　この際、市場区域変更と市場許可継続が大阪府に提出されたが、大阪府は1922（大正11）年1月、指令産商第七二〇号により、①について全廃しないが引き下げること、⑦について荷主への支払い期限を1箇月に短縮することなどを求めてきた。この大阪府側の要求に断固反対する第一部甲部仲買は、8月9日、第三部市売問屋に向けて交渉断絶を通告し、市売は無期限停止となってしまった。この事態に対して、8月10日付けで大阪府当局は、⑦についてのみ2年後の規約通りの変更を求め、その他については現状のままで、出願された市場区域変更と市場許可の継続を認めた。さらに、①については規定の歩引に市売問屋の収得手数料から一歩を割戻し、従来通りの金額とすることで妥結が見られ、9月10日から市売の取引が復旧した（農商務省山林局 1924: 120-128）。

　一方、千島町での市場拡張時に、大阪市は都市計画の観点から西長堀市場を廃止し、千島町市場への全面移転を要望した。当初、大阪府もこれに追随し、西長堀市場を廃止し、⑤に関して市売問屋への参入障壁を撤廃するよう

第4節　業者間の利害対立と調整の機能不全

要求した。しかし、藤本藤兵衛（C9）を中心とする市売問屋は西長堀市場への愛着と市浜を所有する利権から「一府県一市場」の原則を掲げて大阪府に対するロビー活動を展開した[15]。その結果、大阪府は西長堀市場廃止の方針を撤回し、千島町市場を補助的市場として使用することを承認する。このように市売問屋は新規参入をあくまで拒む体制を維持した（高橋編 1957: 59-65）。

　主に横堀で営業する明治期以降に規模を拡大した甲部仲買は、市売問屋の新規参入拒否という頑なな対応に危機感を強め、市売市場への参加を求める乙部仲買と結託して、新市場を設立することになった。彼らは、①を拒否するとともに、⑤を承諾する姿勢を明確に打ち出していた。たとえば、甲部仲買の筒井徳右衛門（H1）は自らの雇人が独立する際に非常に厳格な保証を要求されたことを引合いに出し、特権的な業者が甲部仲買の数を限定するのは、自家の雇人に将来の独立を保証する「雇人奨励策」に他ならないと喝破している[16]。

　新市場の設立に際しては、大正時代に創業した新興附売問屋を従える浅利泰三（C4）も協力していた。その背景には、保守的な第二部附売問屋の主流派と浅利派の材木商組合の運営を巡る対立があった（大阪木材新聞社編 1967: 142-143）。また、西長堀周辺で営業し、市売問屋と深い関係を結ぶ甲部仲買は、①の拒否には同意していたが、既得権擁護のため、⑤を拒み、旧市場側に立って、新市場と対立した。

　このように、明治後期から大正期にかけての市売の制度・慣習に対する改革要求に対して、大阪の材木業者は内部の利害対立が深刻化し、市売市場の運営主体は分裂状況に陥ってしまった。次節では、市売改革要求に対する各材木業者の市売の制度・慣習に対する錯綜した利害関係をふまえ、同業者を統合する調整機能が不全に陥ったメカニズムについて考察する。

2. 調整の機能不全とその要因

　明治41年以降、大阪における市売の制度・慣習を規定し、利害対立を調整

第Ⅵ章　調整の機能不全と集積の複数核化

する仕組みは、大阪材木商同業組合に集中していくことになった。ただし、この組合は、市売の取引に参加する伝統的な材木業者だけでなく、出身が諸国物産荷受問屋や地方山林家、材木業者など、様々に異なる業態の材木業者を含むものであった。そのため、材木商同業組合は、業態が類似している同業者を3部に分け、各部から部長および評議員を出し、組合全体の利害調整を行う仕組みを作り上げようとした。しかし、実際にはこの仕組みがうまく働かず、市売市場とその周辺の材木業集積は移動・分散し、分裂を繰り返すことになった。

各業者の市売に対する利害対立の構図をまとめたものが、図Ⅵ-5である。第一部と第二部とはいずれも一枚岩の団体ではなく、背景や出自が異なり営業上の利害も異なる複数の集団を抱え込んでいる。

特に第二部附売問屋は、明治後期から大正期に最も発展し、材木商組合内部での発言力も増していたが、その内部に複雑な利害対立を抱えていた。第二部附売問屋には、江戸期の材木小問屋の系譜に連なる伝統的な附売問屋、明治初期の諸国物産荷受問屋組合、そして地方荷主や材木業者の系譜に連なり明治後期から大正期に台頭し主流派となった附売問屋という3つの異なるタイプが混在していた。伝統的附売問屋は市売問屋、仲買とも密接に結びついていたが、主流派の附売問屋は地方の業者と関係が深く、全国材木荷主同盟会の要求に対しても同情的であった[17]。前者は後者のこうした姿勢を「彼の同盟会なるものと気脈を通ぜる」ものと批判し、内部で紛争を引き起こしている[18]。

利害対立の調整が十分働かない原因の一つとして、主な附売問屋の集積が西道頓堀周辺と港区、大正区に分散していたことが考えられる。当時の附売問屋の言葉を借りれば、「事務所とか倶楽部とか折々集合会談して意思の疎通を計る」場所をもたず、「其思ふ所其行ふ処は個々別々で何うも歩調が一様にならん」という問題を抱えていたのである[19]。

第一部の仲買は大阪材木商同業組合事務所をも兼ねる集会所を西長堀に所有しており、比較的意見や利害の離齬は少なく、特に①の仲買歩引の撤廃要

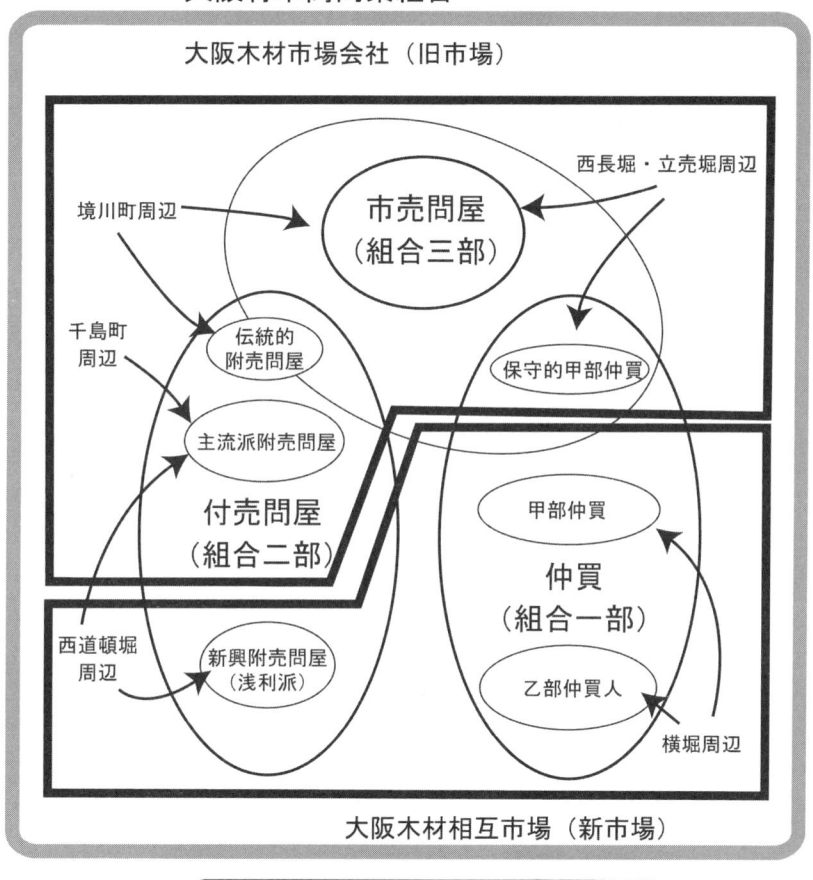

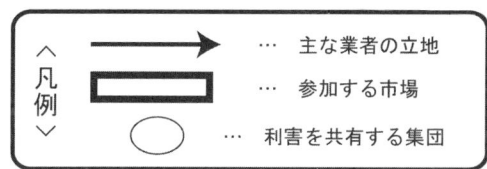

第4節　業者間の利害対立と調整の機能不全

図Ⅵ-5　市売に対する材木業者間対立と同業組合の制度

（図中の要素）
- 大阪材木商同業組合
- 大阪木材市場会社（旧市場）
- 市売問屋（組合三部）…西長堀・立売堀周辺
- 境川町周辺
- 千島町周辺 → 伝統的附売問屋
- 主流派附売問屋
- 付売問屋（組合二部）
- 保守的甲部仲買
- 甲部仲買
- 仲買（組合一部）
- 乙部仲買人
- 横堀周辺
- 西道頓堀周辺 → 新興附売問屋（浅利派）
- 大阪木材相互市場（新市場）

凡例
- →　…　主な業者の立地
- ▭　…　参加する市場
- ◯　…　利害を共有する集団

求に対しては、一致団結した拒絶の対応を行っていた。しかし、甲部と乙部だけではなく、甲部仲買の内部にも一定の利害対立はあった。横堀や境川町で明治以降台頭した新興の甲部仲買は経済力、発言力を備え、台頭する附売

157

第Ⅵ章　調整の機能不全と集積の複数核化

問屋への対抗意識もあって、明治後期より②、⑤、⑦等の市売改革に関しては積極的であった。その背景には、明治後期の流通経路の変化により附売問屋が隆昌し、「今日の市場は比年ならずして後進者たる附売問屋に圧倒し去られんか」という危機感と対抗心があった[20]。

　一方、立売堀や西長堀で営業し、市売問屋との関係が深い甲部仲買は比較的保守的で、これらの条件についても現状維持を求めた。例えば、立売堀で営業する仲買の喜多井利兵衛は、市売の旧慣を「道傍の口約でキチンと取引の行はるる様な宜い習慣」であると擁護し、⑦については「金持は取引を幾ら延ばしても又早めても差支はない、が併し売掛を集めて市の払ひに充てて居る様な人には（中略）忽ち資金運転に差支へを生ずる」と述べ、市売改革は「有力なる人々の主唱通りに行はるるものでもない」と、経営基盤の弱い業者の立場から旧慣の維持を求めている[21]。これらの保守的な仲買は市売問屋が仲買より優位な関係に立つにしたがって、市売問屋と関係を深めて、西長堀市場を中心とした市売の制度・慣習を墨守する立場を取ったと考えられる。

　一方、第三部市売問屋は、主要業者が株仲間である材木大問屋の系譜に連なり、業者数も固定され、一体感は非常に高かった。当初、地方荷主や農商務省山林局は材木商組合を市売改革の交渉相手としていたが、市売市場の許認可権をもつ大阪府内務部や大阪市商工課は、市浜の所有権を持つ市売問屋を交渉相手とした。市売への改革要求が大阪内外から巻き起こっていた際、第一部や第二部との調整を十分行わないまま、第三部は一致団結して排他的・保守的な対応をとった。さらに、甲部仲買に対して市売問屋が優位に立つと、新興の甲部仲買とは、①等の仲買の特権を巡って対立した。その一方で、西長堀の市売市場とその制度・慣習を維持するため、西長堀や立売堀で営業する保守的な甲部仲買や主流派の附売問屋とは連携を進めたが、千島町市場の取扱いや①の問題に関しては利害が一致したわけではなかった。

　市売という仕組み自体は、西長堀（あるいは立売堀）の材木業集積と密接に結びついた制度・慣習であり、他の地区の業者の市売に対する思い入れや

第4節　業者間の利害対立と調整の機能不全

利益は比較的少なかったものと考えられる。西長堀にあった第一部事務所は組合事務所も兼ねていたが、市売問屋と甲部仲買全体の調整を進める場所とはなりえていなかった。調整機能が不全であったことは、1925（大正14）年に複数の仲買が経営破綻した際に、横堀の甲部仲買を中心とした新市場は、売掛金回収のため、西長堀にあった第一部事務所の建物土地を差し押さえる挙に出ている（高橋編 1957: 82-83）ことからもうかがわれる。

　大阪の材木業者間で市売に関して利害対立の調整ができなかった原因としては、次の2点を指摘することができるだろう。

　まず、国家側の意向に従って導入された材木商同業組合における3部制というフォーマルな制度に基づく調整の仕組みが、同業者間の利害対立の実態に即しておらず、業者全体の意見を集約しきれなかった点が挙げられる。第一部、二部は各々の中にさらに利害の異なる集団を含んでおり、各部での意見集約を困難にしていた。そのため、材木商同業組合で多数派を形成し、同業組合としての全体方針を決定することは極めて難しい状況となっていた。主要な7箇条からなる市売改革要求に対しては、利害の異なる業者間で個別の条件について一致を見ることがあっても、他に対立する条件が必ず出てくるため、その調整は成り行きまかせの状態であった。こうした状態を嘆き、同時期の業界紙『材木新報』の紙上では、同業者に「公徳心」や「団結心」を要求する主張がなされているほどである[22]。

　第2点として、材木業者間の調整を行うインフォーマルな制度・慣習が閉鎖的な性格をもっており、高い参入障壁を持っていたことが挙げられる。会合や日々の取引を通じた意思疎通の機会は、市売で中核を担う西長堀の集積と密接に結びついたものであった。市売への参加は市売問屋と甲部仲買の特権と結びついていたため、江戸期の株仲間の系譜を引き継ぐ厳しい参入障壁が設置されていた。したがって、市売に参加できない多くの業者はこれらの制度・慣習にアクセスすることができなかった。

第Ⅵ章　調整の機能不全と集積の複数核化

第5節　小　　結

　本章では、明治後期～大正期の大阪における材木業同業者町を事例に、伝統的な制度や組織を有する同業者町が、同業者間の利害対立を調整することにより集積を統合・維持する効果を不十分にしか発揮できなかった要因を分析してきた。

　第1節では、江戸期以来培われてきた材木流通に関する制度・慣習として、市売の制度が、同業者間の関係を決定づける上で重要であったことを述べた。市売りの制度・慣習は明治以降も同業組合の下で保証され、同業者間の関係を細かく規定していくが、株仲間から同業組合への改変は、市売の制度と微妙なずれを内包することとなった。

　第2節では、こうした制度の変化に対して、明治後期から昭和初期に至る時期に、材木業者の空間的な集積が複数核化する過程について検証した。その結果、流通業、製材業ともに、市売が行われる同業者町では、同業者の集積が維持される一方で、市売が行われなくなった同業者町では同業者の集積が衰退を始めており、空間的な集積と市売市場の立地に関係があることが推測される結果となった。

　第3節では、空間的集積の維持と市売の制度・慣習の関係を考察するため、それらを実際に担っている分散した材木業集積ごとの主要材木業者の特徴と相互関係を検証した。それぞれの集積が出自や業態に特色のある同業者集団によって構成されており、流通経路の中で特徴的な役割を果たしていたことが明らかになった。また、明治後期からの流通経路の変化と、大阪外部からの市売の制度改善要求により、大阪内部の同業者間では利害対立が先鋭化し、その結果、本来は一箇所に統合されるはずだった材木業集積が分散したままとなり、市売市場を核とする西長堀の材木業集積も温存されたのであった。

　第4節では、市売の制度・慣習への改善要求を巡る、同業者達の対応を通

第5節 小　結

じて、業者間の対立を決定的なものにし、調整機能をうまく作用させなかった要因について考察し、調整を機能不全に陥れた原因として以下の2点を指摘した。

　第1に、同業組合におけるフォーマルな調整の仕組みが、同業者間の実際の利害対立に即しておらず、同業者全体の意見を集約しきれなかったことが挙げられる。道修町では取扱商品の主力が和漢薬から化学薬品へと劇的に移行したこともあり、新制度への適応がスムーズに進んでいた。これに対して、西長堀の市売の仕組みは江戸期の株仲間以来ほとんど変化なく受け継がれており、明治以降の新たな流通経路や法規の出現に即して機械的に割り当てられた同業組合の制度はしばしば齟齬を来した。新旧の制度をすりあわせるための行政の働きかけが非常に曖昧であったことも、こうした事態に拍車をかけたといえる。

　第2に、市売の制度・慣習が非常に閉鎖的な性格をもっていたことが指摘できる。道修町では新規業者の参入に比較的寛容で、同業者の新陳代謝が活発であったが、西長堀の場合は高い参入障壁を備えていた。したがって、材木業を営みながら、同業者町の中心的存在である市売とは無縁な業者が数多く存在することになってしまったのである。

　以上2点の指摘は、大阪の材木業同業者組合の事例においては、伝統的な共同体の制度としての市売と明治以降の国家体制の中でのフォーマルな制度として設立された同業組合の齟齬が、各経済主体間相互の調整機能の不全によって、鮮明な形で顕在化したものといえる[23]。大阪府や大阪市当局などフォーマルな制度側からの干渉は、道修町の事例と比較して、材木業同業者町の場合は明らかに弱かったことが指摘できる。材木業同業者町の事例の検討から、同業者間の利害対立を協調へと導くという調整の機能を有効に働かせるうえで、共同体的でインフォーマルな制度・慣習だけでなく、行政や法規といったフォーマルな制度も重要な役割を果たしていたことを明らかにすることができた。本章の議論は、伝統的な制度・慣習とフォーマルな制度・組織が、緊張関係をもちつつ相互に作用していることが、同業者間の調整を

第Ⅵ章　調整の機能不全と集積の複数核化

有効に作用させる上で重要であることを指摘するものである。

注
1) 七組仲買の詳細については岡本（1998）を参照。
2) 担保金額は初期には300円であったが、大正末期には1,000円にまで高騰した。
3) 入札売とは市場において委託者が予定価格を指定してくる場合に行う取引方法であり、取引場所、商品の陳列方法は市売と同様であった。
4) 市売委員は、市売開催日や延期の決定のほか、市売の開始・続行の指揮、各代表者の利益保護などの事務を担当していた。仲買側委員は、材木の並べ方が不適当と認める時には、問屋側に注意し、買方を停止するなどの措置をとった（農商務省山林局編 1924: 108）。
5) 市売は朝未だ暗いうちから行われ、品質、大きさについては、一番上に並べられた材木を見て取引された。売方・買方の双方に損がないように材木の陳列である桟木には一定のモラルがあった。末口3寸の丸太が上部に桟木されておれば、下積みには2寸5分とか2寸8分といった格下げものは絶無で、暗い中でも取引は安心し行われた。これが「桟木道徳」で、材木界の美風でもあった（五十年の歩み編集委員会 1974: 71）。
6) これは見誤りのため不当に高額に買ってしまうことを回避しつつ、年少者の使用人等に市売の訓練の場を提供する措置とされた。
7) ただし、年明けの1月は13日から開始、偶数月だが12月は19日に終了していた。天候不順の時は開市されず、開市中であっても中止された。
8) 歩引は木材の産地により差異があった。例えば、土佐、阿波国諸木品については売買金高の5歩、紀伊国新宮諸木品は角材に限り同9歩、大和国吉野杉檜丸太は5歩、その他諸木品は同1割等と定められていた。また、市売問屋や附売問屋が自ら所有する木材を市売りした場合も、同様に歩引が割り戻された。さらに、仲買は問屋に対して支払いの際に、2ヶ月間の信用供与と長期間の木材保管義務への対価として、売買代金の1歩5厘を割戻した（農商務省山林局編 1924: 116）。また、問屋が荷主から受け取る市売の問屋口銭についても産地により差異があった。例えば、紀伊国新宮諸木品は売買金額から歩引を控除した額の9歩、大和国吉野諸木品は同9歩5厘、その他の諸国木品は同1割等と定められていた（農商務省山林局編 1924: 114）。問屋口銭は、売買金額より仲買歩引を控除した後の正味金額に対して1割前後となって居り、ここから浜地の地代、水揚げ仲仕賃等の市売に要する諸経費を控除したものが市売問屋の収入となった。
9) 大阪材木商同業組合は、他にも木挽賃や浜仲仕賃をはじめ水面による運送賃（上荷賃・艀賃）を組合員の立場から決定し、業者間の紛争の調停や河川使用の自主規制、模範使用人の表彰等を行った。

第 5 節 小　　結

10）　大正初期、第一次世界大戦前までの製材職人の月収は、一人前の優秀なものが25円前後となり、これに加えて鋸屑は木挽職人、ハツリで出た木っ端はハツリ屋の収得物となった（高橋編 1957: 35-36）。
11）　市売りという伝統的な材木集積の制度・慣習に注目するという議論の便宜上、本節で検証するのは国内の木材産業に限定する。
12）　この時期、第 2 次大阪市域の拡張にともない 7 区が新設されている。
13）　「大阪材木市場ニ於テ勢力ヲ振ヒ殆ント材木問屋ヲ圧倒スルノ概アル」と評される（農商務省山林局編 1924: 100）。こうした関係の背後には、明治中期の市売における「売らしてもらう」、「買ってやる」という思想があると考えられている。これは、江戸期において、有力仲買が各地からの委託材を引き受け、木分した上で、仲間販売していたが、数量と取扱者が増加するに及び、手数がかかって不便であることから問屋を作って市売させたという恩恵的ないきさつから出たものとされる（高橋編 1957: 34-35）。
14）　「組合録事　旧臘の評議員会」材木新報297号、1913（大正 2 ）年 1 月 1 日。「大阪材木商同業組合第二部定時総会」材木新報298号、1913（大正 2 ）年 1 月16日。材木新報は室次郎が運営した木材新聞が大阪材木商同業組合に吸収され、室次郎編集による大阪材木商同業組合の機関紙として1910（明治43）年 4 月 5 日に改めて創刊された材木業界紙である。大阪材木商同業組合内部の業者間関係を分析する上で最適な資料といえる。ただし、創刊当時の掲載内容には大阪材木商同業組合の結成を主導した甲部仲買の影響が強い点に注意が必要である。なお、号数は木材新聞からの通号を採用している（「材木新報の発刊を祝して　大阪材木商同業組合組長　藤井平治郎」材木新報198号、1910（明治43）年 4 月 5 日）。
15）　当時府会議員でもあった市売問屋の辰馬圭介（A10）を通じて大阪府内務部に対する政治的な働きかけを行ったとされる（高橋編 1957: 45）。
16）　「訪問録　筒井徳右衛門氏」（材木新報222号、1910（明治43）年12月 5 日）、独立を保証することは使用人の仕事に対する動機付けになるとともに、主人に対する忠誠心を維持するためにも必要であったため、新興の甲部仲買は甲部仲買の増加を望んだと考えられる。
17）　「訪問録　金星久兵衛氏」材木新報211号、1910（明治43）年 8 月15日。
18）　「組合録事　旧臘の評議員会」材木新報297号、1913（大正 2 ）年 1 月 1 日。「大阪材木商同業組合定時総会」材木新報298号、1913（大正 2 ）年 1 月16日。
19）　「訪問録　稲田稔氏」材木新報225号、1911（明治44）年 1 月 1 日。
20）　「訪問録　筒井徳右衛門氏」材木新報222号、1910（明治43）年12月 5 日。
21）　「訪問録　喜多井利兵衛氏」材木新報207号、1910（明治43）年 7 月 5 日。
22）　「訪問録　大阪材木商組合評議員　柏岡武兵衛氏」材木新報206号、1910（明治43）年 6 月25日、「団結力の必要　鳥城生」材木新報214号、1910（明治43）年 9 月15日、「組合団体に対する希望」材木新報230号、1911（明治44）年 2 月25日。

第Ⅵ章 調整の機能不全と集積の複数核化

23) この点は、ローカルな制度として共同体的な制度・慣習を評価するだけではなく、行政や法制度などよりフォーマルな制度とのバランスや相互作用を検討する必要性を主張している近年の経済地理学における制度論的議論とも通じるものがある（Rodriguez-Pose and Storper 2006; Farole et al. 2010）。

第Ⅶ章　産業化期における同業者町の
　　　　役割と産業地域論

第Ⅶ章　産業化期における同業者町の役割と産業地域論

　本書は、第Ⅱ章で提示した産業集積の制度や組織に注目する視点・方法に依拠し、第Ⅲ～Ⅵ章を通じて産業化期の大阪における同業者町の具体的事例について検討を進めてきた。これまでの検証により、①大阪では在来産業から継続して発展した同業者町の制度や組織が産業化を促進する上で重要な役割を担っており、②そうした同業者町の制度や組織は主体間の利害対立を調整するメカニズムによって産業集積を存続、発展させていたという２つの点について明らかにしてきた。本章では以上の点をまとめた上で、大阪の産業化を推進する上で、同業者町が在来的産業基盤として果たした役割を考察していく。

第１節　産業化期の同業者町にみられる諸類型

　第Ⅱ章第２節で確認したように、従来、ほとんどの同業者町は伝統を墨守することで、近世以前から現在まで大きな変化を経験すること無く存続してきたとみなされてきた。あるいは、大きく変化した同業者町は研究者の視野から抜け落ち、もっぱら「伝統的」な同業者町に関心が注がれてきた。しかし、本書は第Ⅲ章において、明治期から昭和初期に至る大阪の同業者町がたどった興廃のパターンには多様性があることを確認し、大きく以下の４類型を析出した。

　すなわち、第１に、産業化に対応できず明治期の産業・流通構造の変化の中で縮小・衰退を余儀なくされ、前時代の繁栄の名残としてかろうじて姿をとどめる縮小・衰退型の同業者町があげられる。第２に、前時代に繁栄した業種が衰退すると共に別の業種の同業者町へと転換した業種転換型の同業者町があげられる。第３に、問屋卸売商を中心に集積を維持し、全国、あるいは周辺地域を商圏とする集客力を発揮し続けた在来産業継続発展型の同業者町があげられる。これは明治期から大正期にかけて、各種同業組合の拠点になりつつ、大阪商法会議所および商業会議所の中心的なアクターとなることで大阪の産業化に強い影響力を持ち、明治・大正・昭和期を通じて存続、発

第1節　産業化期の同業者町にみられる諸類型

展した同業者町であった。なお、業種転換型の同業者町は、前時代の業種は衰退したものの、別の業種に入れ替わることで、在来産業継続発展型と同様のメカニズムに依拠して維持・発展したものといえる。第4に、大正期以降、鉄鋼、造船や機械工業などの重工業分野で形成された重工業型の同業者町があげられる。

　これらは今日の感覚からすれば、同業者町というよりも産業集積と呼ぶ方が妥当なものも含まれるが、同時代の資料では同業者町と呼称されており、両者には類似性や影響関係が存在したことが考えられる。また、先行研究により、これらの同業者町（産業集積）でも、同業組合の結成や商業と工業の相互依存関係など、明治期から存続する在来産業継続発展型の同業者町と同様の制度・組織を採用することで発展していったことが指摘されている点に留意が必要である（沢井 2013）。

　以上のように、先行研究において明治以前からの歴史と伝統を持っていると見なされていた同業者町の中には、実際には大正・昭和初期以降に形成されたものである例が少なからず存在していたことが明らかになった。また、実際に明治以前から産業化期を通じて存続、発展した同業者町は在来産業継続発展型に含まれるものであり、明治期から継続して存続してきたと誤解されてきた同業者町も、在来産業継続発展型のメカニズムをもつ業種転換型の同業者町であったことも判明した。したがって、産業化期大阪の経済発展に対して同業者町が果たした役割を具体的に検討するためには、在来産業継続発展型のうち産業化期を通じて維持、発展し、各種同業組合の拠点となって流通と製造の両面でイニシアチブを発揮した同業者町に注目することが重要になる。

　また、これらの同業者町は明治期の産業化に対応した上で、大正中期以降の重化学工業化という産業構造の大転換や不況にも耐えて存続した同業者町であった。在来産業継続発展型の同業者町が保持したものと同様の制度や組織は、重工業型の同業者町にも採用されることで、大正期以降の大阪の経済発展を支えたと考えられる。

第Ⅶ章　産業化期における同業者町の役割と産業地域論

第2節　同業者町の調整機能と空間的集積形態の維持

　第Ⅲ章での検討を通じて、問屋卸売業の集積であるとともに製造業の拠点も併設し、明治・大正・昭和期を通じて産業化のイニシアチブを発揮し続けた在来的産業化型同業者町の注目すべき事例として、産業化期の大阪における医薬品産業の道修町と材木業の西長堀が提示された。医薬品と材木業はともに江戸期以来の伝統的な業態を受け継ぎつつ、日本の産業化に重要な役割を果たした産業であるが、大阪では産業化期を通じて前者が1箇所に集積をとどめたのに対して、後者は複数核化を経験しており、好対照をなす事例になる。これらの同業者町を事例に、第Ⅳ、Ⅴ、Ⅵ章では同業者間の対立する意見や利害を調整する作用が産業化期の同業者町の空間的集積形態を維持したメカニズムを明らかにした。以下ではその要点をまとめていく。

1. 構成員の新陳代謝と多様性の包摂
　明治期以降の大阪の同業者町では、江戸期にみられた封建的な同業者の居住地制限が撤廃され、新規参入者の流入や既存の営業者の退出が自由に行われるようになったため、構成員の新陳代謝が活発になっていた。そうした中で、同業者町は相互に利害が対立する多様な同業者を包摂することになったが、その利害対立を調整することで分裂を避け、同業者の集積を維持していた。すなわち、同業者町は単純な構成員の同質性や異質なものの排除によって一致団結していたのではなく、むしろ主体間の社会的関係に立脚した制度や慣習の助けを得て、内部の多様な利害や意見をまとめあげることにより、集団での統一的な意思決定や協調的な行動を可能にしていた。同業者の協調的行動により生み出される集積の利益により、産業化期の同業者町は維持・発展していったといえる。

　同業者町でこうした調整を可能にしていた要素として、同業組合などのフォーマルな制度や組織に加え、インフォーマルな業者間関係にも注意が必

第2節　同業者町の調整機能と空間的集積形態の維持

要である。例えば、明治後期における道修町は内部に様々な利害対立を抱えていたが、行政の規制や法規、そして他地域との取引条件に関する変更要求に対して、しばしば同業組合を通じて迅速に統一的な意思決定をする必要に迫られた。こうした場合に、歴史的な同業者町内部のヒエラルキーや日常的な対面接触といったインフォーマルな人間関係による利害対立の調整が同業組合におけるフォーマルな意思決定の支えとなり、道修町全体としての協調的な対応を可能にしていたのである。これは同業組合が規制の変更や全国各地との取引条件の変化に際して素早く対処できることを意味しており、同業者町に集積する各業者にとっては取引上の優位を保障するものといえるだろう。

2. 市場環境・産業構造の変化への対応

上述のように、同業者町では多様な同業者の利害対立を調整する作用が有効に働いて、同業者の集積を維持していた。しかしながら、一度確立した調整のメカニズムが常に有効に働くとは限らない。市場環境や産業構造の激しい変化により、業者間の関係が根本的に変化する場合が存在するからである。長期にわたって調整を有効に作用させ続けるためには、制度や組織をこうした変化にも柔軟に対応させていくことが求められた。

道修町では、両大戦間期に本格化した産業構造の転換により、従来の取引関係も変化を余儀なくされた。明治期において、同業者町の調整を行う際に主導的な役割を果たした主体は問屋卸売業者であった。明治期の大阪において、同業者町は問屋卸売業集積としての性格が色濃く、全国市場と結びついた集散地市場としての地位を有していた。同業者町の継続的な発展はこの地位と密接に結びついており、その維持のためには全国各地と結びついた流通を円滑に進めることが求められた。したがって、道修町の問屋卸売業者も相互に利害対立を抱えながら、最終的には同業者町の集散地市場としての地位を維持・発展させることを優先して調整を行ったと考えられる。

しかし、両大戦間期に医薬品産業の構造は劇的に変化し、製造業者優位の

169

第Ⅶ章　産業化期における同業者町の役割と産業地域論

業者間関係へと変化していった。その結果、同業者の関係は製造業者主導の系列下に再編され、価格形成や取引に関する調整は系列内部に取り込まれて垂直的に統合された。これにより、多くの同業者間で水平的な調整の必要性が失われ、系列トップを占める製造業者の間で伝統的な同業者関係に依拠した調整が行われるようになったのである。

　以上のように、産業化期を通じて存続した同業者町では、企業化、生産の大規模化が進んで硬直化した制度の中でも柔軟な判断を下せるように業者間関係を編成し直していた。そのため、産業化期の同業者町では見かけの集積は維持されていても、その内実が大きく変化していた場合もあることが明らかになった。

3. フォーマルな制度・組織の適切な介入

　道修町の事例は、同業者間の利害対立を調整することによって集積を一箇所に維持し得た事例であるが、こうした仕組みが調整を支える上で必ずしも有効に働くとは限らない。第Ⅵ章での議論を通じて、同業者町の調整を持続的に機能させるためには、伝統的でインフォーマルな制度・慣習とフォーマルな制度・組織にバランスよく依拠することが重要であることがわかった。

　材木業同業者町の事例では、伝統的な同業者町が移動・分裂していた。西長堀の材木業同業者町では、医薬品の道修町と同様に、問屋・卸売業者の集団が江戸期から同業者間で継承される制度や組織を一部保持していた。しかし、日露戦争以降の材木需要の高まりの中で業態の異なる業者間で利害対立が高まり、同業者全体の意見を集約しきれなくなり、やがて同業者集積の核も分裂を余儀なくされていった。また、その結果として、西長堀の材木業同業者町は材木需要の増大という市場環境・産業構造の変化に対応することができなかったといえよう。このように、制度や組織といった要素が常に集積の維持を支えるとばかりはいえないことが判明した。そこで、同業者町で調整を機能不全に陥らせる要因に注目して、道修町と西長堀の事例を比較すると、後者では伝統的な同業者間の制度・慣習と、明治以降に整備された同業

組合などのフォーマルな制度・組織の間に齟齬があることも明らかになった。

　西長堀の場合のように、伝統的でインフォーマルな制度・慣習が強すぎると、既得権を擁護しようとする業者によって、同業者町では新規参入者が厳しく制限されてしまった。上述したように、調整を継続的に働かせ続けるためには、構成員の活発な新陳代謝が不可欠であった。したがって、同業者町の調整を持続的に機能させるためには、行政や法規といったフォーマルな制度の適切な干渉により、低い参入障壁を保証する寛容な組織や制度を保持することが必要であるといえる。

第3節　考　察

　以上の知見をもとに、大阪の産業化において同業者町が果たした役割を考察し、産業化期における同業者町の特徴を明らかにしていく。

1．産業化期の大阪における同業者町の役割

　産業化期における大阪の同業者町は、①縮小・衰退型、②業種転換型、③在来産業継続発展型、そして④重工業型の四つに大きく分けられた。その内、実際に明治以前から産業化期を通じて存続、発展した同業者町は③在来産業継続発展型に属し、各種同業組合の拠点となってそこに属する業者が流通と製造の両面でイニシアチブを発揮した同業者町であった。

　この類型の同業者町では、問屋卸売業者が重要な経済主体となった。大阪においては、彼らは産業地域である同業者町やその周辺地域の産業化、経済発展に対して制度設計や政策提言、共同事業の経営方針を決める中心的存在であった。産業化期の大阪では、彼らを中心に商業と工業の相互関係が非常に密接であった。したがって、産業化期の同業者町を分析する際には、製造業だけを主体とするのではなく、商業による経営や制度設計の機能にも注目する必要がある。

第Ⅶ章　産業化期における同業者町の役割と産業地域論

　これらの問屋卸売業者は江戸期に歴史的起源を有する制度・慣習を前提としつつ、明治以降に制定された同業組合や商業会議所といったフォーマルな制度・組織に組み込まれることで、同業者町内部の多様な意見や利害の対立を調整し、市場環境や産業構造の変化にも迅速に対応して同業者の集積を維持していた。明治期においては、未だ十分発達しない製造業に対して、こうした問屋卸売業者が製造・流通の両面でイニシアチブを発揮し、大阪の産業化を支えた。

　大正期になると重化学工業化が本格化し、多くの産業分野では企業化や生産の大規模化が要請されるようになり、製造・流通面でのイニシアチブも製造業へと移動したが、一部の同業者町は内部の業者間関係を変化させることで調整を働かせ続けて存続・発展に成功した。ただし、その際には、伝統的でインフォーマルな制度・慣習とフォーマルな制度・組織にバランスよく依拠することが重要になり、行政当局の適切な関与も必要であった。

　産業化期を通じて維持・発展した③在来産業継続発展型の同業者町が明治期以来培ってきた制度や組織のモデルは、②業種転換型の同業者町に加え、大正期以降発達した④重工業型の同業者町にも採用されるところとなり、大阪における重化学工業化推進の一翼を担うことになった。特に、産業地域社会論などが指摘する大正期以降に形成された大都市内部の中小工業集積は④重工業型の同業者町に含まれるものと考えられ、大都市内中小工業集積が持つ市場環境の変化に対する柔軟性は③在来産業継続発展型の同業者町から受け継いだ制度や組織に由来するものである可能性が高い。したがって、③在来産業継続発展型の中から産業化に成功した同業者町の制度や組織は、産業化期の大阪において都市経済を発展させた重要な原動力の一つと位置づけることができるだろう。

　本書が明らかにした以上の点は、都市の産業化を評価する上でも商業を中心とした在来産業の重要性を考慮に入れることが重要なことを示唆しており、従来の産業化の歴史に対する理解をより進展させるものである。また、その際に同業者町という空間的な集積形態に注目することを要求する本書の

第 3 節 考 察

視点は、従来の理解を塗り替えるものといえるだろう。

2. 産業化期の大阪からみた産業地域論

本書における産業化期大阪の同業者町に即した検討結果は、以上のように位置づけられるばかりではなく、本書が第Ⅱ章で整理し、方法として依拠した産業地域論に対しても意義を有し、課題を提示するものとなる。本書は主体間の協調的行動を可能にする条件を分析する上で、産業地域内部の社会的関係や地域アイデンティティなどの社会・文化的特徴を特に重視するネオマーシャルモデルの立場ではなく、また、より産業化期英国の事例に即して産業地域の社会・文化的特徴に関する分析を極力排除する立場でもなく、同業者の対立や不一致を調整する制度・組織・慣習に注目する立場を取った。これにより、産業化期の大阪における同業者町と結びついた同業組合などの制度・組織・慣習を分析してきた。既往の産業地域論における主体間の協調的行動に関する議論に対し、改めて本書が明らかにした産業化期大阪の同業者町を後発産業化国である日本における産業地域の一例と見なして考察していってみよう。

ネオマーシャルモデルと産業化期英国の事例に依拠した研究群の対立点は、主体である同業者間の協調的行動が産業地域の社会・文化的特徴によって成立するのか、経済合理的な論理によって成立するのかという点にあった。こうした観点から、産業化期の大阪と英国の事例を比較すると、まず両者では産業地域の主体である業者の性質に相違があった点が指摘できる。英国の産業地域では、産業地域の主体は中小製造業者であり、その水平的な結びつきが産業地域を支える業者間ネットワークの根幹をなしていた。これに対して、産業化期の大阪では補助産業である商業、問屋卸売業者が産業地域である同業者町の経済主体として非常に重要であった。

そこでは、彼らは同業者町やその周辺地域の産業化、経済発展に対して制度設計や政策提言、共同事業の経営方針を決める中心的存在であり、彼らを中心に商業と工業の相互関係が非常に密接であった。マーシャルは『産業と

第Ⅶ章　産業化期における同業者町の役割と産業地域論

商業』で商人や商社の経営に関する役割の重要性を指摘するが（マーシャル 1986: 171-175）、産業地域に関する議論ではもっぱら製造業を検討対象としており、こうした視点は近年の産業化期英国の産業地域研究にも受け継がれている。

　中小商業資本の拠点であった同業組合に基づき（藤田 1995）、大阪では同業者町の空間的な集積形態が維持されていたという点を考え合わせると、主体とその関係性の中心に問屋卸売業者が存在した点は、後発産業化国日本における同業者町の重要な特徴といえるだろう。なお、この知見は産業地域の水平的な関係か垂直的な関係か、いずれを重視するのかという問題についても、英国の産業地域にはない論点を付け加えてくれる。マーシャルや近年の産業化期英国の産業地域研究は、英国産業の文脈に沿って製造部門での技術的更新に注目し、流通部門の垂直的な結びつきよりも製造部門の水平的な結びつきを重視している。これに対して、本論文の第Ⅴ章では、問屋卸売業者の垂直的な統合による系列化が、製造技術更新後の大阪における同業者町維持にとって重要であったことを指摘した。20世紀初頭の英国では時代遅れとなった産業技術の更新が重要であったのに対して、後発産業化国の日本では新技術の導入とそれに適合的な流通経路の再編が、問屋卸売業者という単一の経済主体によって同時に行うことが可能であったからである。

　次に、業者間での協調的な行動を可能にする関係性についても日・英に相違があった点が指摘できる。産業化期英国の産業地域では、基本的に経済主体は各々独立しており、相互の営業上の自由が強く重視されていた。したがって、産業地域における主体間の協調的行動を支える制度や組織の介在はあまり見られない。これに対して、道修町の例からは、問屋卸売業者による協調的行動において、競争や利害対立が協同意識と相反するばかりでなく、前者が調整されることで後者へと導かれる点が示唆された。

　ただし、第Ⅵ章で検討した材木業同業者町の例のように、必ずしも同業者の競争が協同へと昇華されるわけではなく、時には両者をつなぐ調整が機能不全に陥ることも示されたことに注意が必要である。道修町と西長堀の事例

第3節 考　察

を比較することで、調整を継続的に働かせ続けるには、行政や法規といった、よりフォーマルな制度による適切な干渉も必要となることが明らかになった。つまり、産業地域における共同体の制度や組織ばかりでなく、国家や行政、そして司法による適切な干渉も、集積を維持する調整を作用させる上で必要な要素であった。

　この点は自生的な主体間の関係に注目する産業化期英国の産業地域論と異なる論点であり、はからずもマーシャルのオリジナルな議論とそれを受け継ぐ産業化期英国の産業地域研究が抱える問題を浮かび上がらせる。すなわち、マーシャルの産業地域論は、マーシャルの同時代に独占形態の進展によって急成長するドイツ・アメリカに対して、衰退しつつある英国産業がいかに対抗するべきかという問題意識に基づいており、非常に時代、地域に特殊な事情を抱えたものであったという点である（岩下 2008; Sunley 1992）。マーシャルの議論に依拠した英語圏の産業地域研究も同じ問題を継承しており、ドイツをはじめとした国や地域における、独占形態に基づいた産業地域の可能性はこれまで十分に検討されていない。マーシャルは『産業と商業』において、ドイツの国家や行政による産業への介入を議論しているが（マーシャル 1986: 544-576）、その対象は大規模産業のカルテルのみに注目しており、中小企業やその産業集積については十分明らかにしていない。英国の産業地域に関する議論が営業者の「個人的自由」を最大限強調するものになっているため、逆説的に英国とは異なる産業化の途をたどった国や地域においては、国家、行政、司法などの論理と自生的な共同体の論理との緊張感を重視した考察が必要になることを示唆するのである[1]。

　以上のように、産業化期の英国と大阪の事例を比較することによって、既往の産業化期における産業地域研究には、中小製造業者とその水平的ネットワークを過大に評価していること、そして主体間の協調的行動を可能にする制度・組織の問題を不十分にしか扱えていないことの2つの問題があることが明らかになった。本書はこの2点を既往の産業地域論における課題として提示しておきたい。

第Ⅶ章　産業化期における同業者町の役割と産業地域論

　なお、本書が提示する理解は、産業化期の大阪では産業化を支えた制度・組織と伝統的な地縁や産業集積における同業者の近接性との間に深い関係が存在したことを示すものである。したがって、産業化期の日本における同業組合や商業会議所といった制度・組織の研究に対しても、地縁や近接性といった空間的な視点を導入する重要性を示すものといえるだろう。

　本書の指摘は、産業化期日本の大阪における同業者町の検討を通じてなされたものであり、他国や日本の他都市について、さらなる産業地域の歴史地理的な検証の必要性を示すものとも考える。産業地域論のように、経済的な事象を分析する際に用いられる理論的視角が、過去における特殊な事例から導出されている場合には、敷衍して議論を進める前に慎重な取扱いが必要となる。演繹的な理論の構築とともに、帰納的な分析とそれによる理論的研究へのさらなるフィードバックを目指す上で、歴史地理学的手法が有効であることも主張しておきたい。

　　注
　1)　産業化期のドイツに中小企業の産業地域が存在したのか、またそれは本書が検証した産業化期日本の同業者町と類似するものであったのかについては論証する材料をもっていない。今後の課題としたい。

第Ⅷ章 結　語

本書では第Ⅱ章から第Ⅶ章にかけて、6つの章にわたって、都市における在来的な産業集積である同業者町が、日本の都市における産業化を進める上ではたした役割を明らかにするべく検討を重ねてきた。改めて各章の検討結果を振り返っておこう。

　第Ⅱ章では産業化の歴史が見直される中で、日本の都市を構成する在来の産業要素として同業者町に着目すべきことを示した上で、歴史地理学における既往の同業者町研究の成果と課題を整理し、本書で採用する視点・方法を提示した。かつての同業者町研究は都市生態学研究の影響下に進められており、主体間の社会的関係に注目して空間的な集積形態の維持・存続要因を議論する視点をもっていたが、具体的な集積維持の要因を主体間の関係に踏み込んで解明しておらず、こうしたメカニズムの動態的変化に対する意識も希薄であった。そこで、こうした課題の克服のため、英語圏の歴史地理学におけるマーシャルの産業地域論に依拠した研究成果を展望し、その方法を産業化期日本の研究に導入しうる可能性を模索した。その結果、本書が用いる方法として、主体間の関係に立脚した商業会議所や同業組合などの組織・制度に注目し、それが支える主体間の調整のプロセスを動態的な視点から分析すべきことを提示した。

　第Ⅲ章では、明治期から昭和初期にかけての大阪における同業者町分布の変遷を包括的に検討した上で、大阪の産業化を促進した同業者町の意義を確認すると共に、以下の章で扱う事例の選定について説明した。近世から昭和初期に至る大阪の同業者町の変遷過程には多様性が存在し、特に大正期以降は、旧来からの同業者町も業態や立地上の転換を求められる例が目立ちはじめ、新たな業種、業態の同業者町も形成されていた。そうした中で、なお経済的地位を維持し、伝統的な集積を存続させた同業者町も存在しており、産業化期の同業者町の存続が単なる静止状態ではなく、積極的に経済的効果を発揮するものであったことが分かった。

　以上の分析から、産業化期大阪における同業者町に4つの類型を見出し、そのうち在来産業を基盤にしつつ経済発展した類型、すなわち在来産業継続

第Ⅷ章　結　語

発展型に注目すべきことを示した。これに加えて、同業組合の拠点と同業者町の立地の関係を分析し、明治・大正・昭和期を通じて産業化のイニシアチブを発揮し続けた同業者町の例を析出した。その結果、医薬品の道修町と材木業の西長堀という2つの同業者町が注目に値する事例であると判明した。

両同業者町は、近世以来の伝統的な業態を受け継ぎつつ、日本の産業化に重要な役割を果たした事例といえる。ただし、この両者には相違点も存在する。医薬品の同業者町が変わらず1箇所に集積をとどめるのに対して、明治・大正期において材木業集積は移動し、複数核化していた。そこで、以下の具体例に則した検証では、医薬品と材木業の同業者町を産業化期大阪における代表事例として取り上げ、両者の違いに注意しつつ、集積内部の主体間の関係性やその動態的変化を具体的に検証した。

第Ⅳ、Ⅴ、Ⅵ章では、以上の問題整理をふまえた上で、具体的に産業化期大阪の同業者町を分析した。

第Ⅳ章では、医薬品産業の同業者町である道修町の事例に即して、アクター間の対立する利害を調整する機能が、同業者町の存立と空間的集積の維持にとって重要であったことを検証した。大阪の医薬品産業は、明治後期から持続的に発展していた。また、道修町への同業者集積は、居住地制限がなくなった明治以降も維持されており、集積する業者の経営規模も拡大傾向にあった。

明治・大正期の道修町では、製薬業者より、むしろ問屋・卸売業者の集積が顕著であり、製薬業は道修町の卸売業に付随する形で発展していた。有力問屋は、本業である卸売業を維持・発展させていくために製薬業への拡張を図っていったのであった。それでは、こうした医薬品の問屋・卸売業者はいかにして集積を維持していたのだろうか。問屋・卸売業者間には、業態の違いから医薬品の品質や流通を巡る利害対立が存在したが、集積内部でこうした対立は調整されていた。この調整により、道修町の問屋・卸売業者は、合意の上で協調的な意思決定や行動を行うことができ、様々な条件の変化に柔軟に対応して、流通の要として道修町の空間的集積を維持することができて

179

いたのである。このように、近世に歴史的系譜をもつ業者間関係や調整が、近代の産業集積の重要な前提として働き、空間的な集積を不断に再構成し続けていたことが明らかになった。

　第V章では、引き続き道修町を取り上げ、前章で検討した後の時代となる両大戦間期について分析した。同業者町の動態的変化を強く意識するならば、いかなる調整も集積の維持・存立に寄与するメカニズムとして永続するものではなく、その変化が集積の性質にどのような影響を与えたのかを検証する必要がある。両大戦間期において日本の医薬品産業は大きな構造的変化に見舞われた。新薬の登場と本格的な製薬事業の勃興、そしてそれに伴う流通経路の再編である。これにより、道修町の問屋・卸売業者間の取引関係と調整は変化を余儀なくされ、問屋・卸売業者間で第一次大戦期以前に見られた協調的関係は失われた。代わって現れたのは、系列ごとに垂直的な関係を踏まえた調整である。一部の大規模問屋は製薬業に進出し、他の卸売業者を系列に収めていくことで、同業者町の調整を維持したのである。このように、両大戦間期において道修町の見かけの集積は維持されたが、調整の根本的変化を受けて、その内実は問屋・卸売業者の集積から製薬業の営業拠点集積へと大きく変質していたことが明らかになった。

　以上の道修町の事例に対して、他の同業者町の場合も同様に必ず調整が働き、空間的な集積形態を1箇所にとどめることができたのかは疑問である。そこで第VI章では、道修町同様に、明治期以前からの制度・組織を継承する西長堀の材木業同業者町を取り上げた。

　明治後期から大正期にかけての大阪において、多くの同業者が集い、製材・流通の中心となるのは市売が行われる市場を中心とした西長堀の集積であった。この市売の制度・慣習が大阪における同業者間の関係性を細かく規定していた。しかしながら、明治末期から大正初期にかけて起こった材木業の構造的変化によって材木業者間の関係が変化し、材木業同業者町は移動し、複数核化していく。複数に分かれた材木業集積ごとの主要材木業者の特徴と相互関係を検証したところ、それぞれの集積が出自や業態に特色のある

第Ⅷ章 結　語

同業者集団によって構成されており、流通経路の中で特徴的な役割を果たしていた。明治後期からの流通経路の変化と、大阪外部からの市売の制度改善要求により、こうした大阪内部の同業者間では利害対立が先鋭化し、その結果、本来は１箇所に統合されるはずだった材木業集積が分散したままとなった。

　医薬品の道修町と異なり、業者間の対立を決定的なものにし、調整を作用させなかった要因として２つの点が指摘できる。第１に、同業組合におけるフォーマルな調整の仕組みが、同業者間の実際の利害対立に即しておらず、同業者全体の意見を集約しきれなかったことが挙げられる。西長堀の市売の仕組みと、明治以降の同業組合の制度はしばしば齟齬を来した。こうした新旧の制度をすりあわせるための行政の働きかけも十分ではなかった。このように、対立を協調へと導く調整を有効に作用させるためには、共同体による伝統的な制度・慣習ばかりでなく、行政や法規といったフォーマルな制度にも注意する必要が指摘できるだろう。第２に、市売の制度・慣習が非常に閉鎖的な性格をもっていたことが挙げられる。西長堀の市売は新規参入者に対して非常に高い参入障壁を備えていた。したがって、大阪には材木業を営みながら、同業者町の中心的存在である市売とは無縁な業者が数多く存在することになってしまったのである。調整を有効に作用させるためには、新規参入者に対する一定の開放性が必要であるといえる。

　以上の第Ⅲ〜Ⅵ章における産業化期大阪の事例に即した検証結果をまとめ、日本の産業化を進める上で同業者町が在来の産業要素としてどのような意義を持ったのかを考察したのが第Ⅶ章である。まず、産業化期大阪の同業者町を類型化する第Ⅲ章の議論は、産業化に対して同業者町が果たした役割を具体的に検討するためには、在来産業継続発展型の同業者町に注目すべきことを示すのみならず、これらの同業者町が備えた制度や組織は、大正期以降に台頭した重工業等の新規産業の同業者町、あるいは産業集積においても採用されるところとなったことを確認した。

　それを受けて、具体的に在来産業継続発展型の同業者町を検証した第Ⅳ〜

Ⅵ章から、これらの同業者町が産業化に対応していくためには、構成員の活発な新陳代謝を促すため各々の利害を調整することで多様な同業者を包摂すること、変化する市場環境や産業構造に対して柔軟に対応していく仕組みを維持すること、そして調整を作用させるためにフォーマルな制度・組織と伝統的な制度・慣習にバランスよく依拠することが重要であったと指摘できることも確認した。

　以上の検討結果をふまえ、大阪の産業化において同業者町が果たした役割を考察した。産業化期を通じて維持・発展した在来産業継続発展型の同業者町が明治期以来培ってきた制度や組織は、大正期以降発達した重工業型の同業者町にも採用されるところとなった。産業地域社会論などが指摘する大正期以降に形成された大都市内部の中小工業集積は重工業型の同業者町に含まれるものと考えられるため、在来産業継続発展型の中から産業化に成功した同業者町は、産業化期の大阪において都市経済を発展させた重要な原動力の一つと位置づけることができることを主張した。また、産業化期の英国と大阪の事例を比較することにより、本書が方法上依拠した英語圏の産業地域研究は、中小製造業者とその水平的ネットワークを過大に評価していること、そして主体間の協調的行動を可能にする制度・組織の問題を不十分にしか扱えていないことの2点の問題があることを明らかにした。

　以上のように、本書では同業者町における経済主体間の協調的行動に注目して、産業化が行われる様子を考察してきた。それをふまえて、本書による既往研究に対する貢献は以下の3点にまとめられる。

　第一に、本書の成果は、都市の産業化を評価する上でも商業を中心とした在来産業の重要性を考慮に入れることが必須であることを示しており、従来の産業化の歴史に対する認識をより深化させるものである。また、その際に同業者町という空間的な集積形態に注目することを要求する本書の視点は、従来の産業化の理解を塗り替えるものといえるだろう。

　第二に、産業化期の産業地域に関する歴史地理学的分析において、経済主体の行動に焦点を当てるとともに、彼らを取り巻く制度や組織が彼らの行動

第VIII章　結　語

を制限していることにも注意を払う方法の有効性を示したことがあげられる。本書はこの方法を用いることで、同業者町の空間的な集積形態を維持する上で、同業者間の制度・慣習に依拠した調整が重要な働きをしていたことを明らかにした。この点は、歴史地理学と経済地理学の方法論的な相乗効果にも途を開くものであり、既存の産業化期の地域を対象とする歴史地理学研究の方法論的な議論を大きく進展させるものであると考える。なお、本書の方法は個別の主体について明らかにしうる多様な史資料の評価と使用を前提としており、従来十分評価されてこなかった史資料の発掘、評価という側面も持っている。

　第三に、長らく停滞していた歴史地理学における同業者町研究に新たな視点をもたらし、研究課題の整理と再設定を行ったことがあげられる。かつての同業者町研究は都市形態論の偏重から、主体の相互作用や相互依存関係に対する関心を失っていた。しかし、本書はかつての同業者町研究の根本に存在した都市生態学的関心を再評価することで、主体の相互作用や相互依存関係に対する関心を呼び覚まし、同業者町という問題設定が、産業化期の地域発展を具体的に検証する上で重要な課題になることを示すことができたと考える。

　しかしながら、本書には残された課題も多い。個別の課題については各章で言及したが、ここでは論文全体にわたる課題として以下の三点を示しておきたい。

　第一に、専ら大阪の事例を検討対象としたことが挙げられる。大阪を事例とする意義については、第Ⅰ章や第Ⅲ章で述べたが、他の大都市、特に東京や名古屋に同業者町が存在しなかったわけではない。大阪が関西や西日本を後背地とすることから、本書が明らかにした同業者町の特徴も地域性を持っていたことが十分に考えられる。あるいは、他の大都市の事例を検証することで、産業化期日本における大阪の特殊性が浮かび上がるかもしれず、その点で本書の議論には限界がある。

　第二に、本書は産業地域の主体として補助産業である商業に注目したた

め、製造業に関する議論が手薄になったことがあげられる。そのため、既往の産業地域研究で注目されている生産に関わる知識や技術の問題などを十分議論することができなかった。マーシャルの産業地域論も「産業上の雰囲気」を重視する観点から、生産に関わる産業地域の形式知や暗黙知を議論している（小田 2004: 30-31）。今後、補助産業としての商業が生産に関わる知識や技術にどう関わっていたのかについても検証する必要があるだろう。

　第三に、本書で得られた知見を一般化し、近代の大都市における伝統的な産業集積が担った経済的役割をナショナルあるいはグローバルな経済事象の中に位置づける必要がある。業者間の取引関係は都市内部のミクロな空間スケールのみで完結しないことから、国内外の他地域と結びついたネットワークに注目することが重要になるであろう。日本の同業者町と日本各地や植民地、そして西洋先進産業化国とを結びつけるネットワークの解明は、産業化期を対象とする歴史地理学研究にとって重要な課題ともなりうる。

　より包括的な近代都市の歴史地理を解明するためには、今後この3点の課題を乗り越える作業が必要になると考えられる。他日を期したい。

補　章　近代都市における商工名鑑的資料の価値

補　章　近代都市における商工名鑑的資料の価値

第1節　はじめに

　本書は、同業者町における主体間の関係性を把握することを目指し、都市における個別の業者を抽出しうる史資料を必要とした。こうした史資料として、団体名簿、商工名鑑、業界紙などがあげられるが、産業化期におけるこれらの史資料の発掘、評価が、これまでに十分に行われてきたとは言いがたい。そんな中で、近年の近代都市史研究の深まりに伴って、都市の空間構造や構成員を明らかにする多くの新史料が利用されるようになり[1]、民間の手による地図や名簿にも関心が集まってきたことは注目に値する[2]。本章はこうした動向に呼応して、1897（明治30）年頃を中心に全国各地で見られた「繁昌記」と題する刊行物を商工名鑑的出版物として位置づけ、その近代都市史研究における意義を考察するものである。

　「繁昌記」と題する書物は1836（天保7）年に出版された寺門静軒著『江戸繁昌記』を端緒とし、1874（明治7）年出版の服部誠一（撫松）著『東京新繁昌記』によって全国にその流行が広まったとされる（前田 1992: 119-144）。日本文学の分野においては、遊里を描写する竹枝類や中国艶史の影響のもとに、都市のさまざまな局面をそこに登場する市井の人物とあわせてスケッチする、幕末から明治にかけて流行した漢文戯作の一ジャンルに位置づけられる、正統な地誌に描かれていない各土地の卑近な世態風俗を記した案内記・紀行文・地誌に類する書物とされる（新稲 1999）。

　これに加えて、風俗史の立場から「繁昌記」を検討した熊倉（1990）は、函館の事例に即して、明治30年頃の「繁昌記」の内容が、戯作的読み物としての「繁昌記」とは明らかに異なり、商工業者の名鑑的なリストを含む「町そのもの、あるいは商工会の自己証明」としての形態をとるようになったとし、明治30年頃に戯作的「繁昌記」から「案内記」への変化が見られると指摘した。

　以上のように、既往研究では「繁昌記」の系譜が概説されてきたが、文学

第1節　はじめに

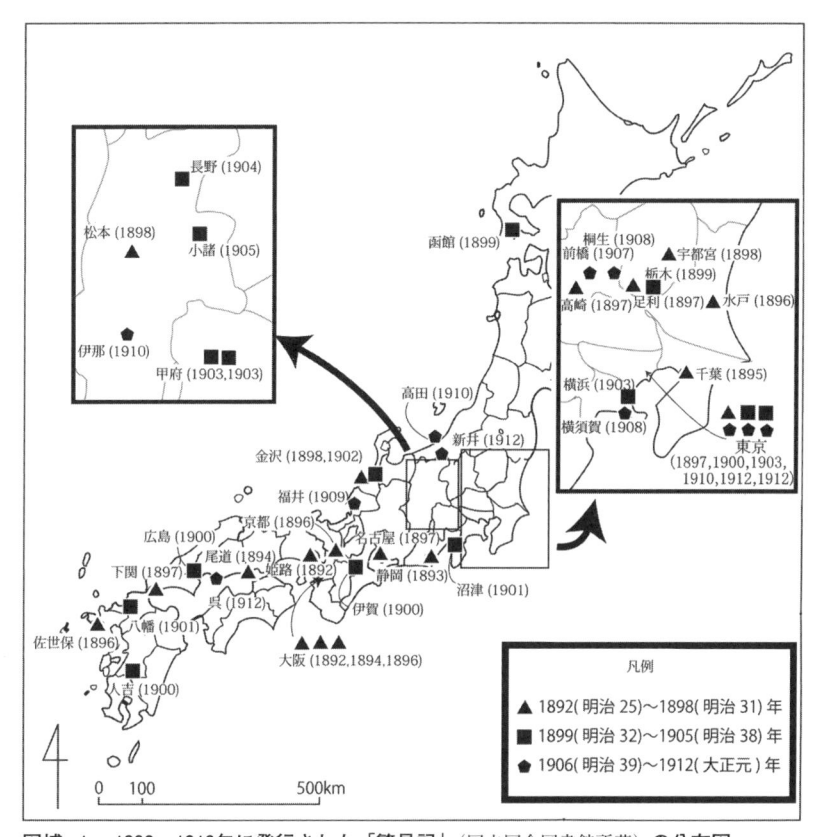

図補-1　1892～1912年に発行された「繁昌記」（国立国会図書館所蔵）の分布図

史的、風俗史的な価値の評価に重点があり、都市史研究の立場から検討したものは見あたらない。そのため、商工名鑑的「繁昌記」には積極的な地位が与えられず、その内容も具体的に明らかにされないため、その都市史的な資料価値は必ずしも知られていない。

そこで、明治30年前後の明治後期20年間に出版された「繁昌記」を取り上げてみると、全国各地で少なくとも44点出版されている。とりわけ東京と大阪でそれぞれ3点以上集中して出版されているが、他の多くの地方都市でも当該期間中に1～2点の出版がみられる[3]（図補-1）。

補　章　近代都市における商工名鑑的資料の価値

　このうち、松本町については、いずれの大都市圏からも一定の距離がある上、山内實太郎編『松本繁昌記』（山内編 1898）の出版が地域の出版界を刺激し、周辺地域における類書出版のさきがけとなったことが既に指摘されている（長野県編 1988: 838-839）。したがって、山内編（1898）は、全国的な明治30年前後における地方都市「繁昌記」出版の動向を考察する上でふさわしい事例といえるだろう。

　本章は、明治30年頃の日本各地において、民間により編集・出版された商工名鑑的「繁昌記」の一事例として山内編（1898）を取り上げ、その内容や出版の文脈が持つ都市史的意義を考察することを目的とする。その際、当時の2つの社会的背景に注目する。1つは松本町への鉄道敷設であり、いま1つは欧米からの「ダイレクトリー」（Directory）[4]というジャンルの出版物の移入である。

　「ダイレクトリー」は広く欧米で出版された歴史を有し、特に英国においては近代地方史の貴重な史料と目されている。若干のバリエーションがあるものの、地方都市において出版された Trade Directory や General Directory は、商工業者や都市居住者の一覧に加え、地域の地誌や歴史に関する記述をまとめたものとされる（Shaw 1982, 1984; Shaw and Coles 1995; Corfield and Kelly 1984）。これは本章が紹介しようとする商工名鑑的「繁昌記」に通じる内容といえるだろう。「ダイレクトリー」というジャンルが日本に移入されたのは、『日本全国商工人名録』（白崎編 1892）が初めであるとされ（松本康正 1986）、熊倉が示唆する商工名鑑的な「繁昌記」が出現しはじめた時期とほぼ重なる[5]。白崎編（1892）との比較によって、商工名鑑的「繁昌記」の性質をより明らかにすることが期待できるだろう。

第2節　松本における「繁昌記」出版の目的と系譜

1. 山内實太郎編『松本繁昌記』の内容構成と出版の目的

　山内編（1898）は全264頁で、前、中、後の三編からなる（表補-1）。編著

第2節 松本における「繁昌記」出版の目的と系譜

表補-1 松本町における「繁昌記」とその類書の内容構成

題名	編著者	出版年	出版者	目次構成
松本繁昌記	浅井洌・関口友愛	1883(明治16)年	高美屋書店	緒言(4)、総論(19)、裁判所(29)、町人会(25)、人力車(15)、密売淫(30)、初市(上20-34)
松本繁昌記	山内實太郎	1898(明治31)年	郁文堂	前編:緒言(1)、松本の昔日(1)、松本の沿革(6)、松本の古社(3)、松本の古寺(4)、松本の名勝(3)、松本の古跡(3)、松本の四季(2)、松本の祭り(1)、松本の人情(1)、松本の風俗(1)、松本の繁昌(2)、松本の将来(3)、中編:松本に於ける有名の商家(151)横田遊郭浅間温泉(15)、後編:松本地方に於ける有名の秋蚕種家(53)、
松本案内	中澤幸太郎	1908(明治41)年	深志時報社	緒言(2)、松本の地勢と沿革(4)、松本に関する古説(5)、鉄道各駅と重なる町村(3)、松本を起点とせる里程表(4)、松本の重要物産(8)、松本平の蚕業(6)、松本の官衙公署学校(2)、松本の銀行会社其他(1)、松本の旅館遊楽場其他(1)、松本平著名の商工業家及び蚕家(27)、松本の社寺(6)、松本の古跡と名勝(5)、松本の初市と神道祭(2)、松本付近著名の社寺(24)、松本付近の古跡名勝(10)、古跡名勝に関する詩歌(5)、松本付近の温泉(19)
松本案内	松本案内編集部	1921(大正10)年	明倫堂書店	序(1)、松本地方の俗謡(5)、地理(1)、歴史(9)、松本市の市街(3)、松本市と交通(24)、松本市の財政(4)、松本市の産業(5)、松本市の教育(4)、官公衙と所在地(1)、新聞雑誌社と所在地(1)、銀行及び会社(2)、旅館と料理店(2)、演芸と興行(1)、神社と仏閣(10)、名所旧跡(9)、温泉案内(11)、日本アルプス(6)、高原の歌(16)

注:( )内の数字は頁数を表す。

補　章　近代都市における商工名鑑的資料の価値

者の山内實太郎は旧松本藩士族であり、印刷業を営む、新聞「信陽日報」の営業部員であった（松本市 1995: 464-465）。出版元の郁文堂は山内が営んでいた印刷所である。また、凡例中には、執筆の資料として「慶林堂等」の手録を参考にしたと述べられている[6]。

　前編は緒言に加え、松本町の歴史や寺社仏閣、風俗の案内から、将来的な地域振興への展望にわたる網羅的な地誌記述、41頁からなる。中編は松本町中心市街地の商工業者の紹介文、167頁からなり、後編は松本町に隣接する東筑摩郡および南安曇郡の秋蚕種業者[7]の紹介文、54頁からなる。また、巻頭には松本町市街地の概略地図に加え、ランドマークや有名商店などの写真が43頁、76点、広告が50頁、75点掲載されている。

　続いて、出版の目的について緒言の内容を検討していく。

【史料1】　山内實太郎編『松本繁昌記』 1頁
　　松本繁昌記は如何なる必要ありて著されしや、（中略）此く江湖の歓迎を受け日本全国に行渡らんとする今日にありては何分の必要ありたること明白なれば彼此れ弁疏を試むるは却て野暮の沙汰なる可し（中略）繁昌記には江戸繁昌記以来殆んど一定したる体裁あるに拘らず著者は何故此る破格をなしたるや、（中略）極無造作に書きしなり、併し夫れでも悪いとならば案内記として読むも可なり（中略）昔李文叔と云ふ先生あり洛陽名園記に題して曰く園囿之興廃洛陽盛衰之候也且天下之治乱候於洛陽之盛衰而知洛陽之盛衰候於園囿之興廃而得則名園記之作余豈徒哉と、繁昌記は猶名園記の如し

　繁昌記が広く流行していることを挙げ、全国各地方の「繁昌記」ブームにあやかった出版であったと述べられる。したがって、ありのままの網羅的な記述を目指して、結果的に「案内記」に類似した内容となったとする。戯作的な「繁昌記」から商工名鑑的な「繁昌記」への移行は、少なくとも山内編（1898）の場合には、明確に意識されていたことがうかがえる。なお、その

第2節　松本における「繁昌記」出版の目的と系譜

背景として国家繁栄の基礎として地方の振興を重視し、「繁昌記」の出版が地域の振興に資するという目論みが仄めかされている。

2.　松本町における「繁昌記」出版の系譜

第1節で触れたように、既往研究においては、明治30年頃を画期として、戯作的「繁昌記」から「案内記」、すなわち商工名鑑的「繁昌記」への移行が生じたと指摘されている。松本町においても同様の変化があったのか、類書の出版を通時的に整理して確認しておこう。

松本町で出版された「繁昌記」と題する書物には、山内編（1898）以前に、1883（明治16）年出版、浅井洌・関口友愛共著『松本繁昌記初編』（初編のみ刊行）が存在する（表補-1）。著者二人は旧松本藩士族の教員であり、そして自由民権派知識人でもあった（上條 2000）。

浅井・関口共著『松本繁昌記』においては、士族出身の自由民権派知識人であった著者たちの関心を反映して、「裁判所」「町村会」「密売淫」といった政治や社会問題と密接に関係した記述が多い。その一方で、商工名鑑的な内容は全く含まれていない（表補-1）。

著述の目的については緒言に以下のように示されている。

【史料2】　浅井洌・関口友愛共著『松本繁昌記』緒言1頁
　　世ノ変遷推移時ノ人情風俗ヲ記載スル者之ヲ称シテ開化史繁昌記ト云（中略）遇々慶林堂主人視テ以テ印行ニ上センコトヲ促シ曰ク向者長尾無墨先生善光寺繁昌記ヲ著シテ長野ノ名益々四方ニ顕ル我カ松本ノ繁華世人称シテ信中第一トナス而シテ未タ之ヲ記スル者アラス

このように、文明開化の風俗を記録することを著述の目的としており、明治初期である文明開化期の戯作的「繁昌記」出版の傾向に従っていることがわかる。また、県下ライバル都市長野では長尾無墨著『善光寺繁昌記』[8]が出版されたという競争関係も背後に示されている。

191

補　章　近代都市における商工名鑑的資料の価値

　次に、山内編（1898）以後に出版され、「案内」の文字をタイトルに含む類書をみていく。まず、明治41（1908）年出版の中澤幸太郎著『松本案内』がある（表補-1）。発行した深志時報社は松本の新聞社で、著者の中澤は後に松本の市会議員となった人物である（松本市 1995: 506）。

　その内容は「松本附近の古蹟名勝」を含むようになり、市街地から周辺部へ収録の範囲が拡大している。商工名鑑的な記述としては、「松本平著名の商工業家および蚕業家」と題する詳細な紹介文があるが、取り上げられる数は養蚕家6軒、製糸業者5軒、松本の商工業者が12軒で合計23軒に過ぎず、山内編（1898）に比べると非常に少ない。一方で、山内編（1898）には見られなかった官庁や学校等の公共施設の紹介文が加えられる。

　次に、出版の目的について以下に緒言を見てみる。

【史料3】　中澤幸太郎著『松本案内』緒言一頁
　　時運は遂に一転して先には篠の井線及び中央東線の全通するあり、久しく山間の一都して埋れたる松本は、俄然、帝都と北陸を連絡する中間枢要の街衢となり、（中略）其天下に誇り得べきものは独り商工農蚕の業に止まらず、天与の仙境、山高く水清き信中の一都会として、所在古跡名称探るべきものも決して少なきにあらず、之れ本書の著ある所以にして、一は以て松本の地を汎く天下に紹介し、他は将来益々増加せんとする旅客の為に案内たらんを期する

　「南信七郡の首都」として松本の地位を示した後、鉄道敷設を契機として、松本町の魅力を広く紹介することが出版の目的と述べられる。その際、「商工農蚕の産業」と並んで、他地域には無い観光資源の案内が、旅客を対象として意識されている。

　最後に、1921（大正10）年出版、松本案内編輯部編『松本案内』（松本案内編輯部編 1921）が挙げられる（表補-1）。松本案内編輯部は発行した明倫堂書店関係者によって構成されたと考えられる。

第2節　松本における「繁昌記」出版の目的と系譜

　その内容は、松本市街ではなく、隣接する日本アルプスや高原に関する記述が中心になる。商工名鑑的な商店や地域の名士を紹介する記述は存在せず、新聞社、銀行、大規模な会社に加え、旅館と料理店の名称と連絡先のみが列挙されている。
　出版の目的については序文に以下のように示される。

【史料4】　松本案内編輯部編『松本案内』序1頁
　松本市に関する書物にして（中略）徒に膨大粗雑にして統一なく、真に旅客の指針となり便宜と満足を与ふるもの少なし（中略）電鉄敷設に拠り、高原の都市として一大飛躍を為さんとする松本市の現状を紹介し、（中略）彼雄大なる日本アルプスを紹介するものに至つては、全く絶無なり、著者茲に鑑むる處あり、松本市を中心に周囲の自然を概説して、敢へて旅客の参考たらしめんとす。

　従来の松本町における案内書が網羅的な内容であることを批判し、新たな鉄道敷設を背景に、松本を訪れる観光案内に目的をしぼった統一的内容を目指していることがわかる。
　以上のように、松本町においても、明治30年頃を画期として、戯作的「繁昌記」から商工名鑑的「繁昌記」の出版へ、さらに観光案内へと移行した様子が確認できた。そして、山内編（1898）は出版の目的や商工業者紹介の記述内容の点で、それ以前の浅井・関口（1883）や後年の松本案内編輯部編（1921）とは異なる、特徴ある出版物となっていた。すなわち、当該期の「繁昌記」は、単に戯作的な「繁昌記」が衰退する過渡期の産物ではなく、地域経済の振興に主眼がある商工名鑑的出版物として、独自の目的と内容を備えた出版物ととらえることができるだろう。次節では、こうした商工名鑑的「繁昌記」に特有の内容について、山内編（1898）に即して検討する。

補　章　近代都市における商工名鑑的資料の価値

第3節　山内編（1898）における商工名鑑的内容の分析

1. 商工業者紹介文の検討

　山内編（1898）は中編で松本町の商工業者246軒を、後編で隣接する東筑摩郡および南北安曇郡の秋蚕種家67軒を紹介している。『長野県統計書』によれば、同年次の統計値は入手できないが、松本町の商業者については、1893（明治25）年度に卸売298軒、仲買189軒、小売1672軒で合計2159軒あり、全業者の10％強が紹介されていると類推される。また、秋蚕種家については、明治30年度の東筑摩郡と南安曇郡を合わせると21950軒となっており[9]、ごく限られた業者のみが記載されていることが分かる。

　本文中では、掲載された商工業者について様々な情報が紹介されている[10]。中編から本町一丁目「大徳商店」を例にとって具体的に見てみよう。「大徳商店」についての記述分量は18文字×26行になる。

【史料5】　山内實太郎編『松本繁昌記』中編47頁
　　大徳商店は<u>本町一丁目東側にあり千歳橋橋詰より南へ四軒目</u>なり（中略）<u>砂糖及米穀類の問屋</u>にして大徳の名は夙に遠近に聞へ此近傍著名の老舗なり（中略）砂糖類は皆其産地より直輸入するものなれば<u>遠州駿州名産の和砂糖は勿論横浜東京を経て輸送し來る洋砂糖</u>の類迄売買取引非常に頻繁にして<u>當町に於ける菓子製造者</u>の大半は其原料を此店に仰がざる無く其他<u>南北安曇郡の内豊科池田大町の如き西筑摩郡福島地方の如き上下伊那方面</u>の如き何れも唯一の好取引先なる

　まず、位置については、通りに面してどちら側にあるのか、目印となる場所を起点とした場所の指定などがなされている。次に特徴的な業務の内容と問屋や卸小売といった業態の別、そして取扱商品について説明している。さらに、取扱商品の有名産地を中心とした仕入先と商品の販売先に関する情報

第3節　山内編（1898）における商工名鑑的内容の分析

が示されている。

こうした記述内容の全体の傾向を検討してみる。まず、中編で製造、卸、小売の別といった業態の違いを記載しているものが62軒あり、そのうち製造とあるものが14軒、卸、小売を兼ねるものが34軒、卸売専業あるいは問屋専業とあるものが3軒、小売専業が2軒となっている。このように、卸、小売を兼ねる業者が多いが、六九町「浅井太物商店」紹介文には、「市中卸売業者又甚だ少からざれども多くは小売を兼業とするを以て懸念多し」（161頁）と編著者の側では卸売専業の業者を高く評価する向きがあったこともうかがえる。

次に、商品の販売先についての記述は大きく4つに分けることができる。販売先に関する情報が示されているのは中編で48軒あり、①販売先を市中近在とするもの、②南北安曇郡、諏訪郡、上下伊那郡、東西筑摩郡、の旧筑摩県に属する南信州七郡、③近隣他府県および北信州、④遠方の他地域に分けられる。このうち複数のカテゴリーにまたがるものも相当量あるので重複を含むが、①を含むものがのべ16軒、②がのべ27軒、③がのべ12軒、④がのべ9軒となる。

遠方を示す④が比較的少ない一方で、南信七郡を示す②が多く、販売先として重視されていたことが分かる。これらの地域を主要な販売先と目していたのは、遠隔地商業を営む卸売業者ではなく、地域経済に根ざした卸売業者や小売業者であろう。これに対して、秋蚕種業家を扱う後編で販売先に関する情報が記述されているのは36軒であるが、そのほぼ全てが群馬、埼玉、茨城、千葉といった関東地方を中心とした他府県であり、販路の開拓に関する逸話なども記述されている。県下や近隣の地域については5軒のみが下高井郡を中心とする北信州への販売を併記しているにとどまる。後編で紹介される秋蚕種業家が中編の商工業者と異なり、より遠隔地との取引を志向していたことがわかる。

こうした紹介文は業者によって分量に多寡がある。中編で紹介される業者ごとの行数を、立地に分けて比較したものが表補-2であり、これに対応し

補　章　近代都市における商工名鑑的資料の価値

て松本町中心市街地を示したものが図補-2である。江戸時代の松本城下町は侍屋敷と町家に大きく区分されていた。女鳥羽川以北が武家地で、川南から城東に町人地がおかれた。特に善光寺道に沿った、問屋街の本町、中町と宿場町でもあった東町をあわせて親町と称し、城下町の中心部を形成していた（松本城下町歴史研究会編 2004: 16-25）。

　掲載された業者の数は、旧町人地が76％を占め、武家地が16％、その他が8％と続く。町人地の紹介数が多いことが目立つが、記述量に注目すると分量の多い例は特定の町のみに限定されていたわけではない。全体を通じて5～7、11～13、23～25行の業者が目立って多く、これらの分量を目安とする範疇ごとに紹介文が作成されたのではないかと考えられる（表補-2）。

　この点についての手がかりとして、凡例に、「紹介文及写真版の掲載は総ていろは順を以てし其同一なるものは受附の順序に依れり」とあり、紹介を希望する業者を出版者側から募集し、順次受け付けたものと考えられる。さらに、凡例には「紹介文は心付のまにまに信用ある所の人々のみを掲げたり」とあることから、「心付」による資金提供と紹介文の多寡に関係があったと推測される。

　以上のように、山内編（1898）の商工名鑑的内容は、各業者の名称や立地に加え、業態の別や販路までを紹介するものであった。ただし、それは業者からの資金提供と自己申告による情報に基づいていたと考えられ、全体として特定の偏りがある。次は、その偏りについて検討していく。

2. 商工名鑑的情報とその性質

　山内編（1898）と同年に出版された代表的な商工名鑑的出版物に、鈴木喜八・関伊太郎編『第二版　日本全国商工人名録』（鈴木・関編 1898）がある。ここでは、山内編（1898）の掲載情報がどのような特徴を持っていたのか明らかにしていく上で、この資料を比較参照していく。

　鈴木・関編（1898）は、経済史研究の立場から近代日本における商人の具体像を知る上で好個の資料とされるが、その収録データの問題点も明らかに

第3節 山内編(1898)における商工名鑑的内容の分析

表補-2 山内編『松本繁昌記』における商工業者紹介文の記述量と立地の関係

紹介文の行数	1-4	5-7	8-10	11-13	14-16	17-19	20-22	23-25	26-28	29-31	32-(行)	紹介業者の合計
A.本町		8	1	7	4	4	5	19	7		6	61
B.博労町	1	4	3	2			1	4				15
C.逢初町					1							1
D.中町	5	4	1	1			3	3	2		2	21
E.裏小路		1	1	1				1				4
F.伊勢町	3	3	3	8		2	1	5			1	26
G.巾上	1	1		1								3
H.渚		1		1								2
I.高砂町		1		3	1							5
J.飯田町		1		1	1			1				4
K.宮村町				3			1					4
L.清水					1		1				15*	17
M.大名町	2	3		1			1	1			1	9
N.土井尻									1			1
O.六九町		1	1	3	2			3	1			11
P.今町	2	2		1			3					8
Q.白板							2				1	3
R.辰巳町			3				1					4
S.緑町	2			1								3
T.大柳町				1								1
U.上ヶ土				1	3	1						5
V.下御馬出し		2		1								3
W.東町	1			1		3	1	3				9
X.鍛冶町											1	1
Y.和泉町							1				1	2
Z.裏町			1					1				2
α.餌差町		1		1								2
β.安原町		1					1					2
γ.岡の宮				1								1
松本遊郭				2	2		1				2	7
浅間温泉		2	4	1		1					1	9
合計	17	36	18	42	14	13	18	45	12	0	16	246

注:清水は14軒の蚕卵原紙製造業者を連名(41行)で紹介するものを含んでいるので、これを1軒とすれば、30行を超える紹介業者は2軒にとどまる。アルファベットは山内編『松本繁昌記』中編の掲載順に準じる。

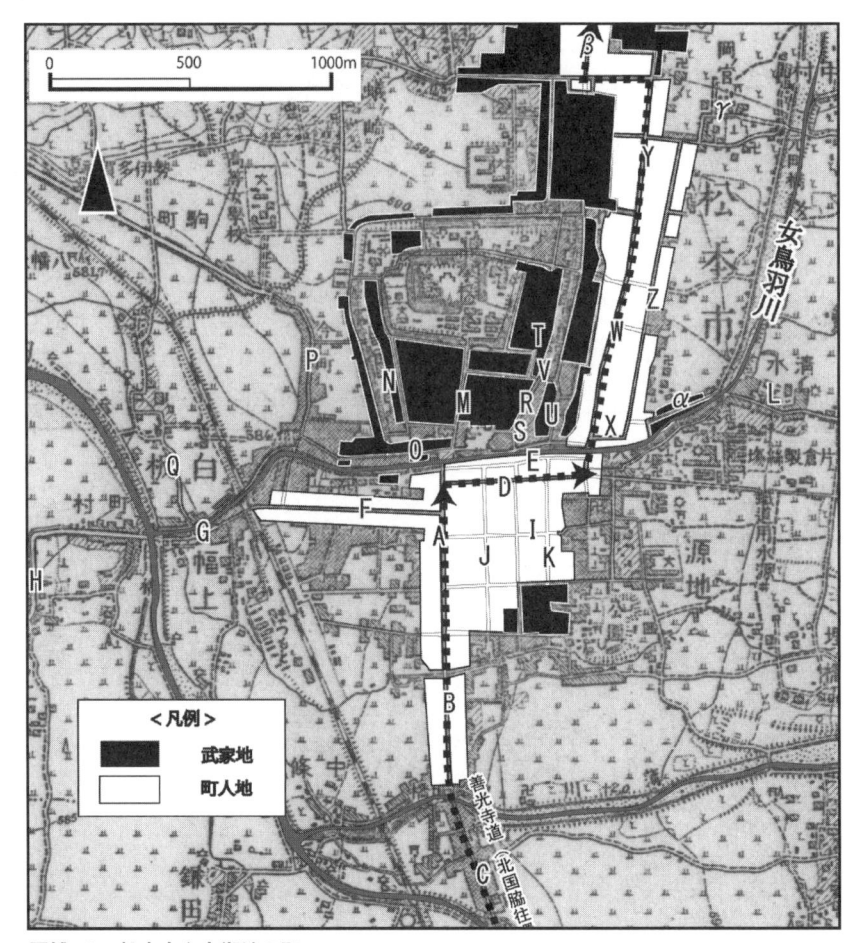

補　章　近代都市における商工名鑑的資料の価値

図補-2　松本中心市街地の町

注：明治四三年測図二万五千分一図松本に、松本城下町歴史研究会編（2004）を参照し加筆。図中の記号は表補-4で示した各町に相当する。

第3節　山内編（1898）における商工名鑑的内容の分析

されている（松本 2003a; 渋谷 1984）。まず、1898（明治31）年時点で営業税を課されている商業者について約十分の一程度、卸売商についても約半数をカバーするに過ぎないなど、採録されている業者がかなり上層に属するものとされている。また、商業と工業の区別を含めて、採録された業者が最適なカテゴリーに分類されていない場合や、重要な業務が書き漏らされている場合、掲載された業者の重複も認められている[11]（松本 2003b）。

　鈴木・関編（1898）が松本町について示す商工業者数は112軒であり、それに銀行、会社（新聞社を含む）13軒を加えた125軒が記載されている。各商工業者は、町ごとに立地で区分される山内編（1898）とは異なり、業種別に分けられている。なお、山内編（1898）と鈴木・関編（1898）とでは、商号や通称で表記する前者と、事業者名で表記する後者の間で基準が一致しないことや、上述した鈴木・関編（1898）がもつ問題点から、今回特定できなかったが、両書で一致して記載されている業者がさらに存在する可能性もある。

　このような点を考慮しつつ、両書の採録業者を比較したところ、125軒のうち49軒が一致して記載が確認され、加えて11軒が一致の可能性を残すものの確証を得るに至らない業者となった。さらに、山内編（1898）中編は230軒の商工業者を記載しているが、鈴木・関編（1898）中に山内編（1898）には記載されていない58軒の業者が認められ、両書とも採録に関する特有の偏りが認められる。

　この58軒中、会社に分類されるものを除いた52軒についてみて見ると、繊維商23軒、食料商11軒、雑貨商9軒、製材木商4軒、窯業、薬商、金属商が各1軒、その他各種営業が2軒となっている。このうち、繊維商は松本町の鈴木・関編（1898）記載業者数の約3分の1、総数40軒を占めることから、『松本繁昌記』に掲載されていない23軒を整理した（表補-3）。掲載総数の多い呉服太物商はともかくとして、糸類商および生糸買継商などの卸、仲買業者が、山内編（1898）中編ではほとんど採録されていないことが目につく。また、立地については中町、および隣接する横町の業者の非掲載業者が

補　章　近代都市における商工名鑑的資料の価値

表補-3　『第二版　日本全国商工人名録』採録の『松本繁昌記』非記載繊維業者

名称	業種	兼業種	立地
井上與作	呉服太物商及古着		O．六九町
松田屋　井上吉平	呉服太物商及古着		D．中町
伊藤善次郎	呉服太物商及古着	太物商	K．宮村町
武井　落合源一郎	呉服太物商及古着	太物足袋商	B．博労町
油嘉　分部要衛	呉服太物商及古着	太物足袋綿肥料海産物商	A．本町
片瀬今朝太郎	呉服太物商及古着		D．中町（横町）
三原屋　髙田善十	呉服太物商及古着		F．伊勢町
竹内源治	呉服太物商及古着		A．本町
加賀屋　中川佐四郎	呉服太物商及古着		D．中町
樽屋　増田武壽計	呉服太物商及古着		D．中町
穀屋　三原文七	呉服太物商及古着		D．中町
三沢　三沢重平	呉服太物商及古着		D．中町（横町）
生阪屋　三輪金六	呉服太物商及古着	兼古着食塩商	D．中町
奥州屋　土屋茂平	呉服太物商及古着	古着商	O．六九町
油屋　内川十次郎	呉服太物商及古着	兼海産物商	東川平町
原平兵衛	糸類商	綿糸太物足袋底商	A．本町
笹野屋　真崎勝太郎	糸類商	綿糸金巾太物商	A．本町
萬屋　浅田藤一郎	糸類商	洋糸砂糖綿蚕種商	D．中町
須田屋　三沢清七	糸類商	足袋底洋糸洋物綿商	A．本町
田中財治	生糸製造及買次商		I．高砂町（正安寺小路）
多田助一郎	生糸製造及買次商		β．安原町
丸山常太郎	生糸製造及買次商		L．清水
赤羽勝太郎	生糸製造及買次商		β．安原町

注：『第二版日本全国商工人名録』および山内編『松本繁昌記』より作成

多いことがわかる。これらの業者は山内編（1898）のような出版事業に非協力的、あるいは無関心であったと考えるべきであろう。

　以上のような前提をふまえ、記載情報の偏りをより詳細に検討するため、鈴木・関編（1898）と山内編（1898）中編が掲載する松本町の商工業者について、立地と業種別の分布の偏りを示したものが表補-4である。業種の分類は鈴木・関編（1898）の既往研究に依拠して（松本2003a）、繊維商、食料品商、雑貨商、製材木製品商、窯業商、薬商、金属商、その他に分類した。

　まず立地別の掲載業者数に関して両書の差異を見ていくと（図補-2）、本町、中町に関する業者が多数を占めている点は変わらない。異なる点として注目されるのは、山内編（1898）で鈴木・関編（1898）の4倍以上の業者数

第3節 山内編（1898）における商工名鑑的内容の分析

表補-4 山内編『松本繁昌記』と『第二版 日本全国商工人名録』中の採録業者にみる立地の比較

	繊維商	食料品商	雑貨商	製材木製品商	窯業商	薬	金属商	その他	合計
A.本町	16(16)	13(12)	12(11)	(1)	1(1)	3	(1)	16(5)	61(47)
B.博労町	4(6)	1	3(2)			4(2)		3(1)	15(11)
C.逢初町		1							1
D.中町	7(9)	2(4)	2(2)	(1)	1	2(2)	1	6(3)	21(21)
E.裏小路								4	4
F.伊勢町	7(2)	4	6		1(2)			8(2)	26(6)
G.巾上	1			1			1		3
H.渚								2	2
I.高砂町	1(1)	1	1					2	5(1)
J.飯田町		(1)	1	(2)			3(2)		4(5)
K.宮村町	1(1)	1(1)		2					4(2)
L.清水	1(2)			1				15	17(2)
M.大名町			2(1)					7(1)	9(2)
N.土井尻								1	1(0)
O.六九町	3(2)	3	1			1		3	11(2)
一ツ橋								(1)	(1)
P.今町	2(1)	5						1	8(1)
Q.白板								3(1)	3(1)
R.辰巳町			1					3(1)	4(1)
S.緑町		2	1						3
T.大柳町				1(1)					1(1)
U.上ヶ土		1				1		2	5
V.下御馬出し		2						1	3
W.東町	2	1(1)	1			1		4(1)	9(2)
X.鍛冶町				1					1
Y.和泉町	1	1(1)	(1)						2(2)
Z.裏町				1				1	2
α.餌差町				1				1	2
β.安原町	(2)	1(1)		1					2(3)
γ.岡の宮		1							1
横町	(2)	(1)							(3)
宮淵						(1)			(1)
芳川町								(1)	(1)
詳細不明	(1)	(2)	(1)					(5)	(9)
横田遊郭								7	7(0)
浅間温泉						1		8	9(0)
合計	46(45)	40(24)	32(18)	9(5)	3(3)	12(5)	6(3)	98(22)	246(125)

注：数字は山内編『松本繁昌記』の、括弧内のものが『第二版日本全国商工人名録』の採録業者数を示す。山内編『松本繁昌記』で複数の業種をかねるとされるものは最も強調されているもの、または単に最初に紹介されている業種で代表させた。なお、その他には銀行、会社に分類されるものを含む。

補　章　近代都市における商工名鑑的資料の価値

が記載されている伊勢町、大名町、六九町、東町、清水である。このうち、大名町、六九町は旧武家地である。六九町について、鈴木・関編（1898）は繊維商しか紹介していないが、山内編（1898）は食料品商、雑貨商、薬商なども紹介している。大名町に関しては山内編（1898）記載業者の大半がその他に分類される理髪店や時計商、書店などである。ともに規模の点で突出せず、地域産業の特色も反映していない業種が集まっており、鈴木・関編（1898）の掲載から漏れたものと考えられる[12]。既往研究が示すように、松本においても鈴木・関編（1898）は繊維商、食料品商を中心とした業種を多数擁する地区が重点的に記載される傾向にあったことがわかる。

　一方、伊勢町、東町は旧町人地である。伊勢町は、本町、中町同様、繊維商、食料品商が卓越しているが、そのほとんどが鈴木・関編（1898）では紹介されない。伊勢町が親町に比べて商業地として新興地区であり、その業者は旧来からの有名商店が少なかったのか、あまり重視されていないことがわかる。これに対して、親町である東町は、山内編（1898）掲載業者のほとんどが旅館である。東町の旧宿場町としての性質を示すこうした業者も、鈴木・関編（1898）からは漏れていることが分かる。なお、近郊に位置する清水では、明治以降発達した湧水を利用した蚕卵原紙製作業者が一括して掲載されている。

　次に、業種別の掲載業者数を見ていく。山内編（1898）は繊維商、食料品商、雑貨商、その他に関して記載業者が多いが、鈴木・関編（1898）はより繊維商が強調される結果となっている。食料品商、雑貨商では、山内編（1898）が親町以外にも、伊勢町や旧武家地に立地するものを数多く取り上げていることがわかる。また、その他に該当する業者の内訳を見ていくと、運送業、書籍商、旅館が鈴木・関編（1898）ではほとんど掲載されていないが、山内編（1898）ではまとまった数が紹介されている。

　以上のように、鈴木・関編（1898）の掲載業者に比べて、山内編（1898）が、親町以外に立地する多様な業種について詳細なデータを用意していることがわかった。これらは規模や取扱商品などの点で特殊なものではなく、卸

売業者であっても小売を兼業するなど、南信州といった旧来からの地域経済圏における販売先を重視して地域に密着した業者といえる。これに対して、当時の遠隔地取引を主な業務とした生糸商について、鈴木・関編（1898）に採録された経営規模で上層に位置する業者が、山内編（1898）には採録されていないことも判明した。この点は、緒言には明示されていない山内編（1898）出版の文脈と関わっていたことが推測されよう。次節では、この点にも留意しつつ、繁昌記の出版をとりまく背景を探っていきたい。

第4節　地方都市における商工名鑑的「繁昌記」出版の文脈

1. 鉄道の敷設と在来産業の再興

　この章では、ここまでの山内編（1898）の具体的検討を踏まえ、明治30年代の地方都市で商工名鑑的「繁昌記」が出版された文脈について改めて考察していく。その際、まず検討しておきたいのは、鉄道の敷設という契機である。

　第3節での出版の意図に関する整理を振り返ると、山内編（1898）以降では地域経済の振興へ資する目的を主張する点では一致していた。しかし、より詳細にみると、中澤（1908）以降では地域経済に関連して鉄道敷設への言及が際立っていたのに対し、山内編（1898）緒言では言及がなかった。そして、中澤（1908）以降では、内容において鉄道による外来客の増加に伴って、しだいに商工名鑑的の性質を離れ、旅客にアピールする旅行案内としての性質を深めたこともうかがえた。

　しかし、山内編（1898）が鉄道に無関心であったわけではない。実は、前編「松本の将来」の一節に鉄道に関する記述を見ることができる。まず、地理的に流通上の重要地を占めつつも、太物類などの流通による過去の活況に比較して、現状の松本町の商業は、鉄道が敷設されていないので伸び悩んでいると主張する。

補　章　近代都市における商工名鑑的資料の価値

【史料6】　山内實太郎編『松本繁昌記』前篇38-39頁
　　其枢要の地を占めながら尚商界に重きを為ざる所以のものまた偶然ならざるなり曾て昔の書物を読むに松本の商業を叙して朝に千駄の貨物を出し夕に千駄の貨物を収むと云ひ故老も亦絞手拭等太物の盛大なりし所以を説き転商業退縮の感あらしむ然とも是等は必竟其僂麻質斯的発達の致す所にして只其鉄道の便を欠くより兎角手足外部に伸ぶる能ざるのみ

　そこで、地域経済にとってのカンフル剤として待ち望まれたものの1つが鉄道の敷設であったと考えられ、鉄道交通と商業の発展に密接な関係があることを示唆し、鉄道による遠隔地との商取引の拡大によって将来の発展を期待する内容になっている。

【史料7】　山内實太郎編『松本繁昌記』前篇38-39頁
　　今や中央連絡の鉄道は三四年にして貫通せんとし北信鉄道又来て連接せんとす然るに此貫通連接の暁は即ち我松本一転機を与ふるものにして是迄の窮屈不自由とは引変り局促したる所の手足は以て東京に伸す可く以て関西に伸す可く以て東北に伸す可く以て關西に伸す可く以て北陸に伸す可く以て東北に伸す可く更に太平洋に出で更に支那海日本海に出で以て世界の大陸に馳駆す可く

　同様の鉄道の敷設と地域経済の振興を結びつける論調は、同時期に他地域で出版された「繁昌記」にも認められる。例えば、1903（明治36）年出版の『甲府繁昌記』（古川彦次郎 1903）では、鉄道敷設を地域産業拡大の機会ととらえる視点がうかがえる。

【史料8】　古川彦次郎著『甲府繁昌記』1-2頁
　　鐵道貫通の結果として内外の人士續々踵を接して、此名区に來遊す（中略）坐ながら全縣の名物を周知しむるは、（中略）営業者の裨益亦大な

第 4 節　地方都市における商工名鑑的「繁昌記」出版の文脈

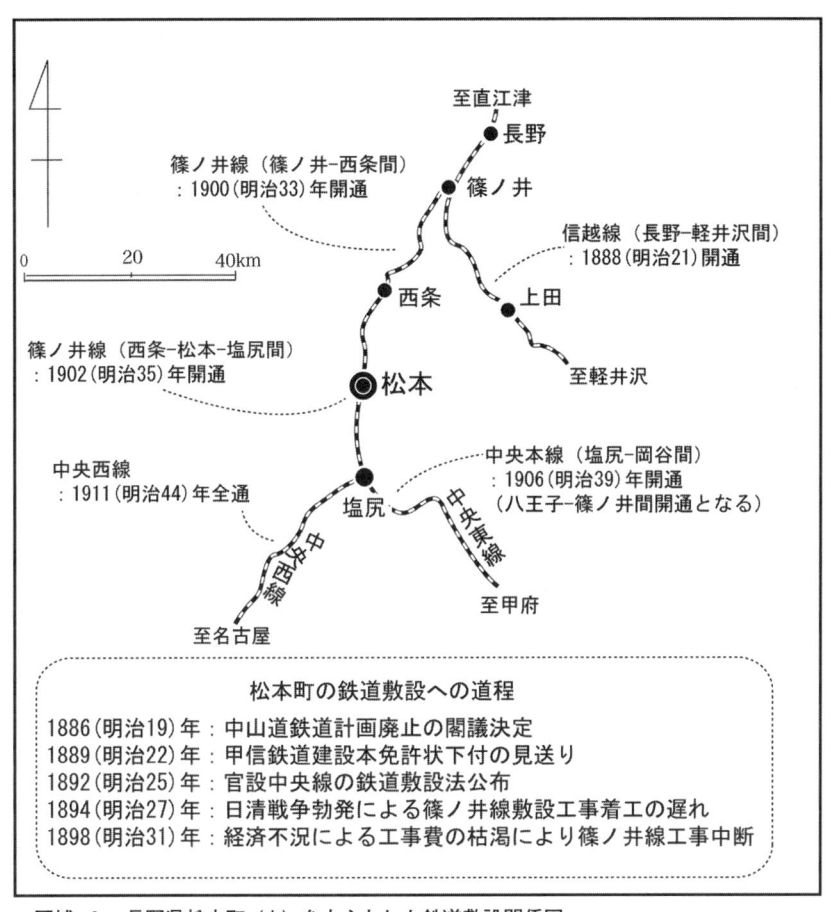

図補-3　長野県松本町（市）を中心とした鉄道敷設関係図

注：各路線名は1912（大正元）年時点での呼称に依拠した。

るものあらん

　また、1902（明治35）年出版の『金沢新繁昌記』（林琢磐 1902）では、明治初期において経済的な打撃を受けた地域が、鉄道を中心とする運輸交通の発達によって立ち直ったという認識を示し、将来の鉄道延伸に伴ったさらなる発展も予想している。

補　章　近代都市における商工名鑑的資料の価値

【史料9】　林琢磐『金沢新繁昌記』自序1-2頁
　　<u>北陸鐵道の貫通第九師団の建設等は著しく地方に潤澤を與へ</u>（中略）異日北陸鐵道延長して（中略）我金澤をして現當の名古屋に代らしめ、<u>商業の發暢工藝の振興は今日に幾倍</u>

　このように、経済的な閉塞感を感じていた地方都市にとって（松村 2004）、交通の発達を地域の産業振興の機会ととらえ、それを活かすための宣伝広告として商工名鑑的「繁昌記」の出版が考えられよう。地方都市における商工名鑑的「繁昌記」出版の有力な契機の1つに、鉄道の敷設があり、山内編（1898）もこうした期待を共有していた可能性がある。
　しかし、山内編（1898）は鉄道が敷設される直前に出版されたため、その効果についての言及はみられない。また、松本町への鉄道敷設は紆余曲折をたどった（図補-3）。1886（明治19）年の中山道鉄道計画の廃止に加え、1896（明治29）年から翌年にかけて、日清戦争による経済不況や工事費の不足により着工の遅れや工事の一時中断を余儀なくされた。山内編（1898）が出版されたのは、この鉄道敷設を前に焦燥感が募った時期にあたる。それは、在来の商業を中心とした遠隔地取引の発達による地域経済の発展への期待が素直に表出された例とみなすことができるだろう。

2．地方都市ダイレクトリーとしての「繁昌記」

　続いて、商工名鑑的「繁昌記」という出版事業が導かれた文脈について考察する。その際、「ダイレクトリー」という出版物の日本への移入を手がかりとする。
　日本における最初の「ダイレクトリー」であり、当時の全国的「ダイレクトリー」の代表例である白崎編（1982）の編集著述の方針を巻頭言から見てみる。緒言では、想定される読者として実業家を挙げ、商工名鑑的な内容から地誌に至るまでをまとめて社会の実勢を知らしめる書物として、欧米のダイレクトリーを出版内容のモデルとして提示し、それを日本に導入する意義

第4節　地方都市における商工名鑑的「繁昌記」出版の文脈

を以下のように主張している。

【史料10】　白崎五郎七編『初版　日本全国商工人名録』緒言1頁
　欧米諸国に於ては夙に「アルマナックダイレクトリー」若くは「ハンドブック」の類盛に行はれ、各国各地の主なる商工業者の氏名、所在、営業の種目、商標、所得額、税額、並に諸会社、商会、銀行等の種類、状況、収支取引の形勢より、各地産物商品の種類、集散、統計は勿論、運輸交通の形況、戸口、里程、商工業地誌に至る迄、苟も実業諸家の参考資料たる可き者は、細大網羅遺す所なく、以て実業家をして一目の下に社会の実勢を知らしめ、能く其間に処して機を制し、利を占むるの資たらしむ

　また序文では、鉄道を含めた交通の発達によって地形的条件に制約された地域ごとの経済圏が解放されつつあることから、「ダイレクトリー」のような書物の必要を以下のように説いている。

【史料11】　白崎五郎七編『初版　日本全国商工人名録』序2-3頁
　我れや國を開てより、星霜を経過すること茲に三十有餘、今や山河の固を區割して互に自から守るの弊風を蝉脱し、山の峻、河の難、道路日に開け、鐵路歳に延び、（中略）我れ豈に亦た彼れが如き利便の著述なかるべけんや

　前項でみた鉄道敷設という交通発達の契機が「ダイレクトリー」の出版と親和的であったことを示す内容である。
　さらに、鈴木・関編（1898）緒言によれば少なくとも明治20年代後半から30年頃にかけて、類似の内容が地域や業種を限定して出版されていたことがうかがえる。

補　章　近代都市における商工名鑑的資料の価値

【史料12】　鈴木喜八・関伊太郎編『第二版　日本全国商工人名録』緒言2頁
　　　方今世上類似の書を発刊するもの漸く多きに至りたるは、頗る喜ぶ可きの現象なるも、或は一地方に限り、或は一種目に局し、

　山内編（1898）もこうした傾向に対応して、自地域を対象に類似する内容を含む書物として意図されたと考えられる。第3節でみたように、鈴木・関編（1898）以前に出版された浅井・関口（1893）には商工名鑑的内容が全く含まれていなかったことも、この点に関する傍証となるだろう（表補-1）。
　実際に「ダイレクトリー」の影響をより直接に表現している他地域の「繁昌記」の例として、1897（明治30）年出版『中京繁昌記』（小林儀三郎 1897）がある。その緒言では、白崎編（1892）緒言【史料10】とそっくりな文面・内容で「ダイレクトリー」に言及したり、白崎編（1892）の内容が不十分であると暗に示し、地域のより詳細な情報に絞って紹介する書物が目指された旨が主張されるなど、その影響下にあったことがうかがえる。

【史料13】　小林儀三郎著『中京繁昌記』緒言1頁
　　　泰西各國に於ては實業社會の發達を圖らん爲め<u>ハンドブツクアルマナツク、ダイレクトリー</u>など稱して全國各地の重なる實業家の氏名其他營業に關する萬般の事を記し（中略）<u>我國に於て二三年前東京市に於て斯る書籍の發兌を見るに至りしも未だその完全たるを見ず</u>

　このように、地方都市における商工名鑑的「繁昌記」の出版に、白崎編（1893）や、その続刊である鈴木・関編（1898）をはじめとする「ダイレクトリー」の影響があったことは間違いないだろう。
　ただし、その内容には地方都市における出版であることによる、特有の性質も反映されている。山内編（1898）の場合では、前章でみたように、質・量共に中心を占める中編で地元地域に密着した卸、小売業が数多く紹介されていた。これは、前節で見た、鉄道敷設を契機として遠隔地取引を通じて商

第4節　地方都市における商工名鑑的「繁昌記」出版の文脈

業の発展を期待するという出版の目的とは齟齬をきたす内容である。さらに、中編の業者紹介文を見ても、鉄道への言及はわずか2件にしか確認できない。その内容も、兵営設置や内地雑居と同一視した新たな商機の1つに過ぎないと捉えるものと（【史料14】）、停車場の設置による町内の人通りの変化に期待するもの（【史料15】）にとどまっている。

【史料14】　山内實太郎編『松本繁昌記』中篇63頁
　　高美屋書店（中略）將た來らんとする兵營設置鐵道開通内地雜居等に関しては大に見る所あり

【史料15】　山内實太郎編『松本繁昌記』（1898）中篇96頁
　　常磐屋漆器店（中略）現下の博勞町たる較々當地の南端を爲して多少遺憾の事あるべけれども近く鐵道開通の日に至り其の西方近距離の地に一大停車場を見たる暁には南北交通の便利を得ると同時に町内の殷賑を來し

　このように、中編の業者紹介文中にみる鉄道への意識は、鉄道による遠隔地との取引の拡大ではなく、むしろ鉄道関連施設の設置などによる周辺地域からの集客力の増加に期待する内容になっており、比較的狭い周辺地域の商圏を対象としたものといえる。
　対照的に遠隔地取引の拡大に主眼があるのは、後編に採録される秋蚕種業家の紹介文である。前節でみたように、販路については遠隔地が重点的に取り上げられていた。また、以下に見るように、遠隔地との取引の拡大による地域産業振興の意識が明確に現れており、鉄道による遠隔地との取引の可能性が語られる。

【史料16】　山内實太郎編『松本繁昌記』（1898）後篇222-223頁
　　東筑摩郡「野々山義成氏」（中略）明治廿八年秋蠶種需給者大会を松本

町に開き（中略）其結果鉄道にて蚕種を運搬する上に付大に改良を為すことを得たる実に地方の為め尽力せし人というべし

ただし、紹介される秋蚕種業家の大部分は松本町外に居住しており、その流通も松本町の在来商業者が直接関われるものではなかった[13]。本文中で紹介される業者と松本町中心市街地との距離も認識されており、鉄道の開通によってようやくこの距離が埋められることを示唆する内容になっている。

【史料17】　山内實太郎編『松本繁昌記』後篇263-264頁
　南安曇郡「有信館」（中略）同館は松本を距る二里十八丁篠ノ井線開通の暁には田沢停車場より三十五丁糸魚川街道より入ること六七丁の所に在り

編著者が期待した地域の発展とは、あくまで流通上「枢要の地」を占める、松本町の商業的発展であった（【史料1】）。このことは中編に割かれている分量が最も厚いことからもうかがえよう。

さらに、第4節で見たように、山内編（1898）中・後編における記述内容が、掲載される業者からの「心付」としての出資金や自己申告による情報に基づいていた可能性があった。商工業者にとって、山内編（1898）採録の意味は新規顧客の開拓や宣伝広告にあったはずである。しかし、それが「心付」の拠出という負担を要請されるものであったならば、遠隔地取引を主とする卸売業者にとって、地方出版元による商工名鑑的「繁昌記」は頒布される地域や対象が限られるので、周辺の狭い範囲にしか影響力を持ち得ない宣伝広告であり、魅力は少なかったであろう。

その結果、山内編（1898）は、より多くの掲載される業者を必要とする出版企画上の要請と、近隣地域において幅広い新規客層の発掘を目指す小売業者の思惑が一致して、その中核をなす中編が、流通の末端である消費者に主眼がある小売業者便覧のようなものになったと考えられる。こうした問題点

を編著者も理解していたと考えられ、中編冒頭では「有名なる商店の紹介」が小売店の紹介に他ならないことを暗に示している[14]。

「ダイレクトリー」導入の本来の狙いが、交通の発達に伴って遠隔地取引に参入したい商工業者の情報を発信することであったとしても、松本町のような地方都市においては、都市中心部をになう在来の商業は遠隔地取引に関わるものが少なかった。このように、地方都市における商工名鑑的「繁昌記」は出版企画の経済的問題から、出版の目的と掲載内容にズレが見られる、独特の「ダイレクトリー」受容の形態といえるだろう。

第5節　おわりに

　本章は、長野県松本町で1898（明治31）年に出版された山内實太郎編『松本繁昌記』を事例に、商工名鑑的「繁昌記」の都市史研究における有効性について検討した。

　まず、松本町（市）で明治・大正期に出版された「繁昌記」とその類書を整理し、これまで都市史研究では積極的に意義付けられることのなかった「繁昌記」を考察し、明治30年頃の「繁昌記」を単なる戯作的「繁昌記」の衰退とみるのではなく、商工名鑑的「繁昌記」として積極的に位置づけた。

　次に、焦点となる商工業者紹介の内容を整理したうえで、内容に偏りがあることを見出し、採録者側の申告の記述内容への反映や、それによる多数の小売業者の採録、販売先としての南信州をはじめとした近隣地域の重視などを指摘した。さらにこうした内容を、同年出版の代表的「ダイレクトリー」である鈴木・関編（1898）に収録された松本町に関する内容と比較検討した。松本町の商工業者分布について、山内編（1898）がより雑多な小売業に関して詳細な内容であることを示した。

　最後に、なぜ明治30年前後に商工名鑑的な「繁昌記」が出版されるようになったのかを考察した。まず、地方都市における商工名鑑的「繁昌記」の出版をもたらした機運の背景に、地域経済の振興と鉄道敷設などの交通発達の

補　章　近代都市における商工名鑑的資料の価値

関係があったことを示した。続いて、そうした機運が地方都市での「ダイレクトリー」受容という文脈に沿い、商工名鑑的「繁昌記」の出版へとつながった点を指摘した。また、全国版「ダイレクトリー」とは異なる地方都市特有の問題が存在することも明らかになった。

以上のように、本章では、商工名鑑的「繁昌記」が「ダイレクトリー」の地方都市における受容を背景とした独特の出版物であり、またそれゆえに時代と地域の文脈を色濃く反映していることを指摘した。このことから、商工名鑑的「繁昌記」は明治30年頃の、商業が地方都市における中核産業であった時代について、より深い理解を助ける史資料といえるだろう。

とはいえ、本章は基本的に山内編（1898）という一事例に即して議論を進めており、限界を有している。得られた知見が、当該期の地方一般に敷衍する事ができるかについてはさらなる検討が必要となる。課題としたい。

注

1) 例えば、大石嘉一郎・金澤史男編（2003）収録の各論考や、松村敏（2004: 35-71）、田中（2007）などの成果がある。
2) 例えば、牛垣（2005）、岡島（2001）、中西・関戸編（2008）などの成果がある。
3) 国立国会図書館所蔵の明治25年から大正元年の出版物のなかで、題名中に地名に加えて「繁昌記」ないしは「繁盛記」の文言を含む書物で、出版地と題名に含む地名が隔たっていないものを示した。
4) なお、本章では白崎編（1892）緒言の表現を鑑みて、Directoryの日本語での表記を「ダイレクトリー」に統一した。
5) なお、横浜、神戸、長崎、香港等の開港場で発行された英文の*Japan Directory*が1861年刊行分からその存在が確認されている（乙部2002）。しかし、出版地や言語の特性から日本国内で一般に流布したものとは考えられず、今回の検討からは除外した。
6) 慶林堂はいまなお松本市本町に存続する、高美屋書店のことであり、山内編（1898）においても、本町二丁目に紹介されている。高美屋書店は近世後期以来、周辺地域に冠たる書肆であり、明治以降も後述する浅井・関口共著『松本繁昌記』を出版するなど、松本町において「繁昌記」類書の出版ノウハウを持っていたと考えられる（鈴木俊幸 2006: 73-144）。

第5節 おわりに

7) 明治中後期にかけての東筑摩郡における養蚕業の推移を見ると、1887（明治20）年頃を画期として秋蚕の養蚕家、生産量がともに増加しており、秋蚕種が地域の重要産業と目されていたことがわかる。
8) 『善光寺繁昌記』（長尾 1878）に記載がある。詳細については、上條（2000: 69）参照。
9) 長野県編『長野県統計書』明治25および30年度版による。
10) 本文以外の情報として、冒頭に掲載される広告と写真がある。広告については蚕種業が40軒と最も多く、ほかに広く周辺地域や東京の商工業者、銀行、旅館なども含まれているため、松本町の商工業者は12軒にとどまり、その内10軒が中編本文中で紹介されている業者と重複している。写真については市内の点景14点と芸妓16点を除く、のべ46点が商工業者に関する写真であり、中編に採録される業者については35点、後編に採録される秋蚕種業家は東筑摩郡のものだけがのべ11点紹介されている。ただし、数が限られていることもあり、現段階では分析上有意義な手がかりとすることができなかった。
11) 明治31年時点で営業税を課されている商業者について約10分の1程度、卸売商についても約半数をカバーするに過ぎないなど、採録されている商工業者がかなり上層に属するものと考えられている。また、商業と工業の区別を含めて、採録された人物が最適なカテゴリーに分類されていない場合や、重要な業務が書き漏らされている場合などもあるとされ、採録者自体の遺漏や重複も認められている。
12) 鈴木・関編（1898）の「凡例」1-2頁。「営業科目ノ分類ニ就テハ其地特有物産ノ売買製造ヲ第一ニ」とあり、各地の特色ある産業について注目して調査・編集を行っている旨が読み取れる。
13) 明治30年前後の松本町周辺地域は「全国秋蚕の本場」として知られるようになったとされるが、その流通は販売上の悪弊を排除するため、松本町周辺地域の蚕種業者からなる東筑摩蚕糸業組合や東筑摩郡蚕種同業組合の管轄下にあったとみられ、在来の松本町商人が参入する余地はあまりなかったと考えられる（松本市 1995: 388-390）。
14) 以下のように記している。「新聞の廣告潮の如く告状の散布落葉に似て往々撰擇に苦しむ（中略）茲に紹介の欄を置き松本六千戸の市中に在り親切勉強の評判ある各種の商店を掲載せり」（山内編（1898: 43）参照）。

参考文献

〈日本語文献〉

青木隆浩
2000 明治期における酒造組合の形成と組織的変容―埼玉県を中心として。人文地理52-5: 425-446。

阿部武司
2000 産業化（産業社会）。猪口孝・大澤真幸・岡沢憲英・山本吉宣・リード, S. R. 編『政治学事典』410。弘文堂。
2006 『近代大阪経済史』大阪大学出版会、294頁。

板倉勝高・井出策夫・竹内淳彦編
1970 『東京の地場産業』大明堂、297頁。
1973 『大都市零細工業の構造』新評論、181頁。

伊藤理
2010 学界展望 総説。人文地理62-3: 251-252。

井戸田史子
1997 宝暦〜天明期における大坂の町と職業集団の構造―北久宝寺町三丁目を中心にして。ヒストリア155: 45-73。

猪木武徳
2001 『自由と秩序 競争社会の二つの顔』中央公論新社、252頁。

今井修平
1976 江戸中期における唐薬種の流通構造―幕藩制的流通構造の一典型として。日本史研究169: 1-29。
1986 近世大坂における株仲間と「町」―道修町薬種中買仲間を例として。朝尾直弘編『町共同体と商人資本に関する総合的研究』（昭和60年度科学研究費補助金（総合研究 A）研究成果報告書）京都大学文学部。7-18頁。

岩下伸朗

2008 『マーシャル経済学研究』ナカニシヤ出版、315頁。

上川芳美

1991 明治期京都商業会議所と同業組合の形成。京都学園大学経営学部論集1-1: 75-101。

牛垣雄矢

2005 昭和期における大縮尺地図としての火災保険特殊地図の特色とその利用。歴史地理学47-5: 1-16。

内田九州男

1993 薬種仲買仲間と道修町—解題にかえて—、道修町文書保存会編『道修町文書目録—近世編—』道修町文書保存会、iii-ix 頁。

大石嘉一郎・金澤史男編著

2003 『近代日本都市史研究—地方都市からの再構成—』日本経済評論社、720頁。

大澤勝文

2005 東大阪市R社の企業史からみた「ユーザーニーズ」注目の背景。社会科学研究（釧路公立大学紀要）17: 29-45。

岡崎哲二

1993 日本の政府・企業間関係—業界団体-審議会システムの形成に関する覚え書き—。組織科学26-4: 115-123。

岡崎哲二編

2001 『取引制度の経済史』東京大学出版会、384頁。

2005 『生産組織の経済史』東京大学出版会、363頁。

岡島建

2001 近代の商工地図とその利用—神奈川県の例を中心に—。人文学会紀要34: 99-115。

岡本浩

1998 近世中期大坂の材木仲買仲間—七組仲買長手組を通して—。大阪大

学文学部日本史研究室『近世近代の地域と権力〈大阪大学文学部日本史研究室創立50周年記念論文集 下巻〉』清文堂出版、35-54頁。

奥田修三・岡本幸雄

1957　室町織物問屋の成立と発展。立命館大学人文科学研究所紀要5: 7-64。

小田宏信

2004　産業地域論―マーシャルから現代へ―。杉浦芳夫編『シリーズ〈人文地理学〉6　空間の経済地理』朝倉書店、24-52頁。

乙部純子

2002　19世紀末の横浜外国人居留地の景観：「横浜真景一覧図絵」からみた土地利用状況。歴史地理学44-5: 22-37。

遠城明雄

2006　「低開発国」の都市論。加藤政洋・大城直樹編著『都市空間の地理学』ミネルヴァ出版、263-268頁。

上條宏之

2000　開化史としての松本学の成立―関口友愛・浅井洌交著『松本繁昌記』の検討を通して―。松本市史研究　松本市文書館紀要10: 69-70。

橘川武郎

1991　日本における企業集団、業界団体および政府―石油化学工業の場合―。経営史学26-3: 1-29。

金田章裕

2006　「条里制」研究から何が見えるか―景観史構築への道程―。水内俊雄編『シリーズ〈人文地理学〉8　歴史と空間』朝倉書店、13-39頁。

熊倉功夫

1990　解説。小木新造・上野千鶴子・熊倉功夫編『日本近代思想大系　風俗性』岩波書店、486-492頁。

小林博
1956　都市地理学と人間生態学。立命館文学138: 844-862。
1961　都市と都市化。野間三郎編『生態地理学』朝倉書店、131-177頁。

小原博
2005　『日本流通マーケティング史―現代流通の史的諸相―』中央経済社、269頁。

斎藤修
1985　『プロト工業化の時代―西欧と日本の比較史―』日本評論社、322頁。
2008　『比較経済発展論―歴史的アプローチ―［一橋大学経済研究叢書56］』岩波書店、334頁。
2010　数量経済史と近代日本経済史：方法的多様性を求めて。石井寛治・原朗・武田晴人編『日本経済史6　日本経済史研究入門』東京大学出版会、69-118頁。

沢井実
2013　『近代大阪の産業発展―集積と多様性が育んだもの―』有斐閣、416頁。

塩沢由典・清水耕一
2006　経路依存性。進化経済学会編『進化経済学ハンドブック』共立出版、460-461頁。

渋谷隆一
1984　解題。渋谷隆一編『明治期日本全国資産家地主資料集成Ⅰ』柏書房、10頁。

清水孝治
2011　明治期の三重県四日市市における地域商工団体の展開。歴史地理学53-1: 19-36。
2013　『近代美濃の地域形成』古今書院、212頁。

白戸伸一

2000 戦間期における地域商工団体の構成と機能に関する若干の検討：埼玉県の事例について。明治商大論叢82-3: 41-60。

神保充弘
2008 わが国医薬品業界における先駆的販売組織：星製薬の事例を中心として。経営史学43-2: 3-29。

鈴木俊幸
2006 『江戸の読書熱：自学する読者と書籍流通』平凡社、249頁。

須山聡
2005 産業地域社会論の展開に向けて。竹内淳彦編『経済のグローバル化と産業地域』原書房、179-190頁。

竹内淳彦
1978 『工業地域構造論』大明堂、232頁。
1983 『技術集団と産業地域社会』大明堂、214頁。

武谷嘉之
1999 近世大坂における家作「手伝」職の仲間形成。社会経済史学65-1: 45-65。

田中和子
2007 近現代期京都の富裕層と都市空間構造。金田章裕編『平安京―京都―都市図と都市構造』京都大学学術出版会、211-231頁。

谷岡武雄
1957 室町織物問屋街の地理的研究：とくに分布論的に見た家業。立命館大学人文科学研究所紀要5: 195-225。

谷本雅之
1995 近代日本における"在来的"経済発展と"工業化"：商人・中小経営・名望家。歴史評論539: 92-109。
2005 分散型生産組織の"新展開"―戦間期日本の玩具工業―岡崎哲二編『生産組織の経済史』東京大学出版会、231-290頁。

塚本僚平

2013 「産業地域社会」論の再検討。岡山大学大学院社会文化科学研究科紀要36: 271-289。

辻田右左男
1952 同業者町の地理的考察。内田寛一先生還暦祝賀会編『内田寛一先生還暦記念地理学論文集 下巻』37-50。帝国書院。

中西僚太郎・関戸明子編
2008 『近代日本の視覚的経験――絵地図と古写真の世界――』ナカニシヤ出版、195頁。

中野卓
1948 同業者街における同族組織。社会学研究1-3: 23-36。

永野征男
1971 都市化における歴史的慣性の地理学的考察―愛知県刈谷市の事例研究―。日本大学文理学部自然科学研究所研究紀要 6: 13-28。

中村隆英
1997 在来産業の分析視角、中村隆英編『日本の経済発展と在来産業』3-7。山川出版社。

新稲法子
1999 繁昌記物の研究序説。兵庫大学短期大学部研究集録32: 130-140。

野高宏之
1995 解説：近代道修町薬種商組合研究序説。道修町文書保存会編『道修町文書目録：近代編（下巻）』道修町文書保存会、3頁。
2002 和薬改会所：幕府の薬種政策と薬種商の対応。大阪の歴史60: 53-92。

橋本寿朗
1994 高度経済成長期における日本政府・業界団体・企業：機械工業振興臨時措置法を事例として。社会科学研究45-4: 235-256。

バージェス, E. W.
1962 都市の発展―調査計画序論―（奥田道大訳）。鈴木広編『都市化の

社会学』誠信書房、117頁。

パットナム R.
2001 『哲学する民主主義』河田潤一訳 NTT 出版、318頁。
(Putnam, R. D. 1993. *Making Democracy Work.* Princeton: Princeton University Press)

ピオリ, J. M.・セーブル, C. F.
1993 『第二の産業分水嶺』山之内靖・永易浩一・石田あつみ訳、筑摩書房、476頁。
(Piore, M. J. and Sabel C. F. 1984. *The Second Industrial Divide: Possibilities for Prosperity.* New York: Basic Books, 372p.)

樋口節夫
1963 『商業地域論』地人書房、174頁。

藤岡謙二郎
1955 『先史地域及び都市域の研究』柳原書店、461頁。

藤川昇悟
1999 現代資本主義における空間集積に関する一考察。経済地理学年報 45-1: 21-37。

藤田貞一郎
1995 『近代日本同業組合史論』清文堂出版、341頁。

藤本利治
1957 室町織物問屋同業者町の立地および店舗構造。立命館大学人文科学研究所紀要 5: 226-253。
1963 『同業者町』雄渾社 235頁。

古川武志
2001 解題。大阪市史編纂所編『大阪市史史料第五十七輯大阪——商法会議所日誌（第一号〜第十号）——』147-154。大阪市史料調査会。

ポランニー, K.
2009 『「新訳」大転換——市場社会の形成と崩壊——』野口建彦・栖原学

訳、東洋経済新報社、632頁。）

（Polanyi, K. 1944. *The Great Transformation*. Boston: Beacon Press, 315p.）

前田愛
1992 『都市空間の中の文学』ちくま学芸文庫、663頁。

マーシャル, A.
1985 『経済学原理――序説（第1～第4分冊）――』永澤越郎訳、岩波ブックセンター信山社、820頁。

（Marshall, A. 1920. *Principles of Economics: An Introductory Volume* (8th ed.), London: MacMillan）

1986 『産業と商業―産業技術と企業組織、およびそれらが諸階級、諸国民に与える影響の研究―（第1～第3分冊)』永澤越郎訳、岩波ブックセンター信山社、875頁。

（Marshall, A. 1923. *Industry and Trade: A Study of Industrial Technique and Business Organization, and of their Influences on the Conditions of Various Classes and Nations* (4th ed.), London: MacMillan）

松井清
1980 同業者町の社会的構成日本橋：堀留の研究（一）。明治学院論叢 285/286: 179-205。

松村敏
2004 近代日本における地方商人層の動態―明治中期、金沢市の事例から―。商経論叢40-1: 35-71。

松村隆
1996 工業化と都市木材業の経営。経営史学31-2: 1-30。
2006 明治期大阪木材市場における市売。大阪学院大学国際学論集17-2: 1-14。
2009 日露戦争と大阪木材市場。大阪学院大学国際学論集20-2: 175-189。

松本城下町歴史研究会編
2004 『よみがえる城下町・松本―息づく町人たちのくらし』郷土出版社、143頁。

松本貴典
1989a 大正期における織物同業組合の機能：反動恐慌期の泉北綿業における泉北郡織物同業組合の機能を事例として。大阪大学経済学38-1・2合併号: 194-212。

1989b 反動恐慌期から昭和期の泉州綿毛布工業における同業者組織の機能：泉北郡織物同業組合の限界・改組と日本毛布敷布工業組合の機能。大阪大学経済学38-3・4合併号: 208-239。

1993 両大戦間期日本の製造業における同業組合の機能。社会経済史学58-5: 609-639。

1996 『戦前期日本の貿易と組織間関係：情報・調整・協調』新評論、357頁。

2002 工業化過程における中間組織の役割。社会経済史学会編『社会経済史学の課題と展望』有斐閣、262-277頁。

2003a. 『日本全国商工人名録』から見た近代日本の商人分布。成蹊大学経済論集33-2: 71-83。

2003b. 近代日本における上層商人の実像―『日本全国商工人名録』と『明治人名事典Ⅰ～Ⅲ』による分析―。成蹊大学経済論集33-2: 85-144。

松本貴典・奥田都子
1997 戦前期日本における在来産業の全国展開：営業税データによる数量的分析、中村隆英編『日本の経済発展と在来産業』山川出版社、11-68頁。

松本康正
1986 都市職種分析資料としての商工人名録。史観114: 27-38。

三木理史

2006　社会経済史研究と地理学。水内俊雄編『シリーズ〈人文地理学〉8 歴史と空間』朝倉書店、93-116頁。

三島祐一
2006　『船場道修町——薬・商い・学の町——』和泉書院、249頁。

水谷政市
1943　上下肢血管の反応比較 第一報 上下肢正常血管に及ぼすネオヒポトニンの影響差異に就て。日本循環器病学9-2: 66-71。

水野真彦
1999　制度・慣習・進化と産業地理学。経済地理学年報45-2: 42-61。

宮川泰夫
1974　地域的産業集団と産業地域社会：大都市零細工業の構造。経済地理学年報20-2: 3-17。

宮町良広
2000　アフター・フォーディズムとレギュラシオンの経済地理学・序説。大分大学経済論集52-3: 146-168。

宮本又郎
1993　戦前日本における財界団体の展開。猪木武徳・高木保與編『アジアの経済発展—ASEAN・NIEs・日本—』同文館、149-171頁。

宮本又次
1938　『株仲間の研究』有斐閣、436頁。
1975　「大阪繁昌誌」の復刊をよろこぶ。宇田川文海・長谷川金次郎編『大阪繁昌誌—上・下巻—』新和出版社、v-vi頁。

森川洋
1975　都市社会地理研究の進展—社会地区分析から因子生態研究へ—。人文地理27-6: 60-88。

山口明日香
2011　戦前期日本の鉄道業における木材利用：国有鉄道の枕木調達を中心に。社会経済史学76-4: 49-72。

山倉健嗣
1994 『組織間関係―企業間ネットワークの変革に向けて―』有斐閣、288頁。

山田盛太郎
1934 『日本資本主義分析：日本資本主義における再生産過程把握』岩波書店、228頁。

矢守一彦
1970 『都市プランの研究――変容系列と空間構成――』大明堂、438頁。
1974 『都市図の歴史――日本編――』講談社、478頁。

吉岡信
1989 『近世日本薬業史研究』薬事日報社、564頁。

吉田甚吉
1975 『医薬品業界』教育社、277頁。

若林幸男
2001 日清戦後「東京商業会議所月報」の分析―商業会議所のコミュニケーション管理―。明大商学論叢83-3: 269-287。

脇田修
1994 『近世大坂の経済と文化』人文書院、236頁。

ワース, L.
1965 生活様式としてのアーバニズム（高橋勇悦訳）。鈴木広編『都市化の社会学』127-147。誠信書房。

渡辺祥子
2006 『近世大坂薬種の取引構造と社会集団』清文堂出版、412頁。

〈欧文文献〉

Agnew, J., M. Shin, and P. Richardson
2005 The Saga of the 'Second industrial divide' and the history of the

Third Italy': Evidence from export data. *Scottish Geographical Journal* 121-1: 83-101.

Becattini, G.

1990 The Marshallian industrial district as socio-economic notion. in Pyke, F., Becattini, G. and W. Sengenberger, eds. *Industrial Districts and Inter-firm Co-operation in Italy*, Geneva: International Institute for Labour Studies. pp. 37-51.

Berg, M.

1993 Small producer capitalism in eighteenth-century England. *Business History* 35-1: 17-39.

1996 New consumer industries in eighteenth-century England: products, markets, and metal goods. in Leboutte, R., ed. *Proto-industrialization: Recent Research and New Perspectives*, Geneva: Librairie Droz. pp. 211-236.

Brusco, S.

1990 The idea of industrial district: its genesis. in Pyke, F., Becattini, G. and Sengenberger, W. eds. *Industrial Districts and Inter-firm Co-operation in Italy*, Geneva: International Institute for Labour Studies. pp. 10-19.

Carnevali, F.

2003 Maledactors and honourable men: the making of commercial industry in nineteenth-century industrial Birmingham. in Popp, A. and Wilson, J. F. eds. *Industrial Clusters and Regional Business Networks in England, 1750-1970*, Aldershot, Hampshire: Ashgate. pp. 192-207.

2004 'Crooks, thieves, and receivers': transaction costs in nineteenth-century industrial Birmingham. Economic History Review57-3: 533-550.

Cooke, P. and Morgan, K.
1998 *The Associational Economy: Firms, Regions, and Innovation.* Oxford: Oxford University Press, 247p.

Coopey, R.
2003 The British glove industry, 1750-1970: the advantage and vulnerability of a regional industry. in Popp, A. and Wilson, J. F. eds. *Industrial Clusters and Regional Business Networks in England, 1750-1970,* Aldershot, Hampshire: Ashgate. pp. 174-191.

Corfield, P. J. and Kelly, S.
1984 Giving directions to the town. *Urban History* 11: 22-35.

Crafts, N. F. R. and Harley, C. K.
1992 Output growth and the British industrial revolution: a reassessment of the Crafts-Harley view. *Economic History Review, 2nd ser.* 45-4: 703-730.

Dickinson, R.
1951 *The West European City: A Study of Urban Geography* London: Routledge & Kegan Paul, 580p.

Eyles, J. D.
1974 Social theory and social geography. *Progress in Geography* 6: 29-87.

Farnie, D. A., Nakaoka, T., Jeremy, D. J., Wilson, J. F. and Abe, T. eds.
2000 *Region and Strategy in Britain and Japan: Business in Lancashire and Kansai, 1890-1990.* London and New York: Routledge, 352p.

Farole, T., Rodriguez-Pose, A. and Stoper, M.
2010 Human geography and institutions that underlie economic growth. *Progress in Human Geography* 35-1: 58-80.

Granovetter, M. S.
1985 Economics action and social structure: the problem of embeddedness. *American Journal of Sociology* 91-3: 481-510.

Harrison, B.
1992 Industrial districts: old wine in new bottles? *Regional Studies* 26-5: 469-483.
Hassink, R. and Shin, D-H.
2005 The restructuring of old industrial areas in Europe and Asia. *Environment and Planning A* 37: 571-580.
Hoyt, H.
1939 *The Structure and Growth of Residential Neighborhoods in American Cities*. Washington, D. C.: Federal Highway Administration, 185p.
Hudson, P.
1989 Regions and Industries: A Perspective on the Industrial Revolution in Britain. Cambridge.
1999 Regional and local history: globalisation, postmodernism and the future. Journal of Regional and Local Studies 20: 5-24.
Langlois, R. N. and Robertson, P. L.
1995 Firms, markets and economic change: a dynamic theory of business institutions. London and New York: Routledge, 200p.
Langton, J.
1975 Residential patterns in pre-industrial cities: some case studies from seventeenth-century Britain. *Transactions of the Institute of British Geographers* 65: 1-28.
Lewis, R.
2009 Industrial districts and manufacturing linkages: Chicago's printing industry, 1880-1950. Economic History Review 62-2: 366-387.
Lichtenberger, E.
1970 The nature of European urbanism. *Geoforum* 4: 45-62.
Lipietz, A.

1993 The local and the global: regional individuality or interregionalism? *Transactions of the Institute of British Geographers* 18-1: 8-18.

Lloyd-Jones, R. and Lewis, M.

1994 Personal capitalism and British industrial decline: the personally managed firm and business strategy in Sheffield, 1880-1920. *Business History Review* 68: 364-411.

2000 *Raleigh and the British Bicycle Industry: An Economic and Business History, 1870-1960*. Aldershot, Hampshire: Ashgate, 303p.

Lorenz, E. H.

1992 Trust, community, and cooperation: toward a theory of industrial districts. in Stoper, M. and Scott, A. J. eds. *Pathway to Industrialization and Regional Development*, London and New York: Routledge. pp. 175-182.

Mendels, F. F.

1972 Proto-industrialization: the first phase of the industrialization process. *Journal of Economic History* 32-1: 241-261.

North, D. C.

1990 *Institutions, Institutional Change and Economic Performance*. Cambridge University Press, 164p.

Ogilvie, S. C. and Cerman, M. eds.

1996 *European Proto-industrialization: An Introductory Handbook*. Cambridge: Cambridge University Press, 288p.

Pollard, S.

1981 *Peaceful Conquest: The Industrialization of Europe, 1760-1870*. Oxford University Press, Oxford.

Popp, A.

2001 *Business Structure, Business Culture and the Industrial District: The Potteries, c. 1850-1914*. Aldershot, Hampshire: Ashgate, 288p.

2003 'The true potter': identity and entrepreneurship in the North Staffordshire Potteries in the late nineteenth century. *Journal of Historical Geography* 29: 317-368.

Popp, A. and Wilson, J.

2007 Life cycles, contingency, and agency: growth, development, and change in English industrial districts and clusters. *Environment and Planning A* 39: 2975-2992.

Propris, L. and Lazzeretti, L.

2009 measuring the decline of a Marshallian industrial district: The Birmingham jewellery quarter. Regional Studies 43-9: 1135-1154.

Robertson, L P. ed.

1999 *World of Possibilities: Flexibility and Mass Production in Western Industrialization*. Cambridge: Cambridge University Press, 520p.

Rodriguez-Pose, A. and Stoper, M.

2006 Better rules or stronger communities? On the social foundations of institutional change and its economic effects. *Economic Geography* 82-1: 1-25.

Rose, M

2000 *Firms, Networks, and Business Values: The British and American Cotton Industries Since 1750*. Cambridge University Press.

Sabel, C. and Zeitlin, J.

1985 Historical alternatives to mass production: politics, markets and technology. *Past and Present* 108: 133-176.

Scott, A. J.

1988 *New Industrial Spaces: Flexible Production Organization and Regional Development in North America and Western Europe*. London: Pion, 132p.

Sforzi, F.

1989 The geography of industrial districts in Italy. in Goodman, E. and Bamford, J. with Saynor, P. eds. *Small Firms and Industrial Districts in Italy*, 153-173. London and New York: Routledge.

Shaw, G.

1982 *British Directories as Sources in Historical Geography*. Norwich: Geo Books, 60p.

1984. Directories as sources in urban history: a review of British and Canadian material. *Urban History* 11: 36-44.

Shaw, G. and Coles, T.

1995 European directories: a universal source for urban historians. *Urban History* 22: 85-102.

Stobart, J.

1996 The spatial organization of regional economy: central places in North-west England in the early-eighteenth century. Journal of Historical Geography 22-2: 147-159.

2004 *The First Industrial Region: North-west England c. 1700-60*. Manchester University Press, 259p.

Sunley, P.

1992 Marshallian industrial districts: the case of the Lancashire cotton industry in the inter-war years. *Transactions Institute of British Geographers* 17: 306-320.

Tweedale, G.

1995 *Steel City: Entrepreneurship, Strategy and Technology in Sheffield, 1743-1993*. Oxford: Clarendon Press, 450p.

Vance, Jr. J. E.

1971 Land assignment in pre-capitalist and post-capitalist cities. *Economic Geography* 47: 101-120.

Wilson, J. and Popp, A.

2003 *Industrial Clusters and Regional Business Networks in England, 1750-1970.* Aldershot, Hampshire: Ashgate, 288p.

Williamson, O. E.

1985 *The Economic Institutions of Capitalism: Firms, Markets, Relational Contracting.* New York: Free Press, 468p.

Wrigley, E. A.

1988 *Continuity, Chance and Change: The Character of the Industrial Revolution.* Cambridge: Cambridge University Press, 156p.

Zeitlin, J.

1995 Why are there no industrial districts in the United Kingdom? in Bagnasco, A. and Sabel, C. eds. *Small and Medium-size Enterprises*, 98-114. London: Pinter.

2008 Industrial districts and regional clusters. in Zeitlin, J. and Geoffrey, J. eds. *The Oxford Handbook of Business History.* Oxford: Oxford University Press: pp.219-243.

〈資料〉

浅井冽・関口友愛

1883 『松本繁昌記初編』高美書店、和装。

岩永貞三編

1964 『五十年の歩み』萬有製薬株式会社、131頁。

岩本市郎編

1969 『厚和薬品三十年史』厚和薬品株式会社内社史編纂委員会、252頁。

畝川敏夫

1926 『大大阪独案内』海事彙報社、208頁。

大川一司・篠原三代平・梅村又次編

1983 『長期経済統計――推計と分析13――』東洋経済新報社、389頁。

参考文献

大阪材木商同業組合編

1942 『昭和十七年五月三十一日解散記念：沿革年譜名簿』大阪材木商同業組合、総頁数不明。

大阪市役所

1933 『明治大正大阪市史 第三巻経済篇中』日本評論社、1232頁。

大阪商業会議所編

1911 『大阪商工名録』梅田芳三、1035頁。

1918 『大正七年改正 大阪商工名録』大阪商業会議所、259頁。

1925 『大正14年改正 大阪商工名録』大阪商業会議所、715頁。

大阪商工会議所編

1937 『昭和十二年度版 大阪商工名録』大阪商工会議所、1392頁。

大阪製薬業史刊行会編

1943 『大阪製薬業史 第一巻』大阪製薬業史刊行会、1161頁。

1944 『大阪製薬業史 第二巻』大阪製薬業史刊行会、1356頁。

大阪木材新聞社編

1967 『浪速木材業史』大阪木材新聞社、288頁。

大阪木材仲買協同組合編

1998 『50周年記念誌』大阪木材仲買協同組合、250頁。

大阪薬業年金だより編集部編

1977 『創立十周年記念：明治・大正・昭和三代の歩み』大阪薬業厚生年金基金、172頁。

大阪薬種業誌刊行会

1936 『大阪薬種業誌 第二巻』大阪薬種業誌刊行会、838頁。

1937 『大阪薬種業誌 第三巻』大阪薬種業誌刊行会、853頁。

1941 『大阪薬種業誌 第四巻』大阪薬種業誌刊行会、920頁。

海陸運輸時報社編

1915 『大阪独案内』海陸運輸時報社、122頁。

薬の道修町資料館

1997　『くすりの道修町―展示パネル集―』道修町資料保存会、36頁。

2007　『企画展示　薬種問屋から製薬企業へ（明治～昭和終戦）　製薬企業の戦後から今（昭和戦後～平成現代）　展示パネル集』薬の道修町資料館、40頁。

五十年の歩み編集委員会

1974　『五十年の歩み』大坂木材相互市場、208頁。

小林儀三郎

1897　『中京繁昌記』山陽館、198頁。

塩野義製薬株式会社編

1978　『シオノギ百年』塩野義製薬株式会社、533頁。

白崎五郎七編

1892　『日本全国商工人名録』日本全国商工人名録発行所、1450頁。

新修大阪市史編纂委員会編

1994a　『新修大阪市史　第六巻』大阪市、788頁。

1994b　『新修大阪市史　第七巻』大阪市、1068頁。

鈴木喜八・関伊太郎編

1898　『第二版　日本全国商工人名録』日本全国商工人名録発行所、1550頁。

高橋隆編

1957　『大阪木材業外史』林業新聞社、352頁。

大日本製薬株式会社六十年史編纂委員会編

1957　『大日本製薬六十年史』大日本製薬株式会社六十年史編纂委員会、283頁。

大日本製薬100年史編纂委員会編

1998　『大日本製薬100年史』大日本製薬株式会社、550頁。

田口靖編

1952　『道修町』薬業往来社、124頁。

武田薬品工業株式会社内社史編纂委員会編

1962　『武田百八十年史』武田薬品工業、768頁。

武田薬品工業株式会社総務人事部大阪総務人事センター編
1999　『武田和敬翁［5代目武田長兵衛］「思い出の記」より"道修町""神農さん"のことなど』武田薬品工業株式会社総務人事部大阪総務人事センター、14頁。

田辺製薬三百五年史編纂委員会編
1983　『田辺製薬三百五年史』田辺製薬株式会社、659頁。

東京木材問屋協同組合100年史編纂委員会編著
2009　『江戸東京木材史――組合創立百周年記念出版――』東京木材問屋協同組合、723頁。

道修町文書保存会
1995　はしがき。道修町文書保存会編『道修町文書目録―近代編（上巻）―』道修町文書保存会、iii頁。

長尾無墨
1878　『善光寺繁昌記』松葉軒、和装。

中澤幸太郎
1908　『松本案内』深志時報社、144頁。

長野県編
1988　『長野県史　通史編第七巻　近代編一』長野県、863頁。

錦源兵衛編
1955　『道修町―卸業配給編―』大阪医薬品協会、121頁。

西区史刊行委員会
1979　『西区史　第二巻』清文堂出版、791頁。

日本商工会議所編
1978　『商工会議所制度100年の歩み』日本商工会議所、151頁。

日本経営史研究所編
1972　『五代友厚伝記資料―第二巻―』東洋経済新報社、545頁。

日本地誌研究所編

1974 『日本地誌 第15巻 大阪府・和歌山県』二宮書店、554頁。

日本薬史学会編

1995 『日本医薬品産業史』薬事日報社、232頁。

農商務省山林局編

1906 『東京外十一市場木材商況調査書』農商務省山林局、424頁。

1924 『山林彙報臨時増刊 大阪木材市場』農商務省山林局、165頁。

林順信編

1996 『全国都市繁昌記・案内記目録―明治・大正・昭和戦前編―』雪廼舎文庫、66頁。

林琢磐

1902 『金沢新繁昌記』宇都宮書店、108頁。

古川彦次郎

1903 『甲府繁昌記』錦巧堂、87頁。

松本案内編輯部編

1921 『松本案内』明倫堂書店、118頁。

松本市

1995 『松本市史第二巻 歴史編近代Ⅲ』松本市、950頁。

樋野亮一

1900 『大阪案内』駸々堂、133頁。

藤沢薬品工業株式会社編

1976 『藤沢薬品八十年史』藤沢薬品工業株式会社、409頁。

船越昭治

1951 『大阪木材市場の歴史的発展の過程』大阪営林局、178頁。

三宅馨

1960 『武田和敬翁追想』武田和敬翁追想録編纂委員会、420頁。

薬業往来編集部

1932 薬品市場論（2）。薬業往来5-3: 18-20。

山内實太郎編

1898　　『松本繁昌記』郁文堂、264頁。

山之内製薬50年史編纂委員会編

1975　　『山之内製薬50年史』山之内製薬株式会社、400頁。

図表一覧

表Ⅰ-1　1874（明治7）年の大阪府および東京府における生産額　5

表Ⅲ-1　1889（明治22）年の工業生産額　37
表Ⅲ-2　大阪商業会議所会員選挙権者の内訳　40
図Ⅲ-1　近世後期の大坂における主な同業者町の分布　41
表Ⅲ-3　大阪における戦後も存続した主な同業者町　42
表Ⅲ-4　使用史資料一覧　44
図Ⅲ-2　明治後期の主な同業者町の分布と同業組合事務所　46
図Ⅲ-3　1915（大正4）年における大阪の主な同業者町分布　50
表Ⅲ-5　1926（大正15・昭和元）年における大阪の主な同業者町と同業組合事務所の立地　51

図Ⅳ-1　事例地周辺の概観図　63
図Ⅳ-2　医薬品・工業薬品の生産額と製造者数の推移　66
図Ⅳ-3　明治〜大正期の主要都市における薬舗数の推移　67
表Ⅳ-1　1884年大阪の医薬品産業業者数　68
表Ⅳ-2　1910年大阪の主要医薬品産業業者数　70
表Ⅳ-3　1916年大阪の主要医薬品産業業者数　70
表Ⅳ-4　道修町の主要薬種商（1910年）　74
表Ⅳ-5　大阪市北東部周辺の主要製薬業者（1910年）　77
図Ⅳ-4　1896〜1914年頃の道修町を中心とした医薬品流通と業者間関係　79

図Ⅴ-1　1927（昭和2）年の大阪における医薬品業者営業所の立地分布　91
表Ⅴ-1　戦間期の道修町及び大阪医薬品産業を中心に見た製薬業発展の動向　92

図表一覧

図Ⅴ-2　戦間期における医薬・売薬生産額の推移（職工数5人以上の工場）　94
図Ⅴ-3　戦間期における医薬・売薬工場数（職工数5人以上の工場）　95
表Ⅴ-2　1916（大正5）年の道修町における主要薬品業者　96
表Ⅴ-3　戦間期の道修町における主要製薬業者と新薬開発の動向　98
図Ⅴ-4　明治後期から第一次大戦期までの医薬品流通経路　101
図Ⅴ-5　第一次大戦後から昭和戦前期の医薬品流通経路　102
表Ⅴ-4　大正年間における大阪製薬同業組合の実勢　107
表Ⅴ-5　大正年間における大阪製薬同業組合組合役員及び評議員　108
表Ⅴ-6　大阪製薬同業組合代議員（1917、1921、1925年度）　109
表Ⅴ-7　大阪製薬同業組合会議とその議題（1913、1917、1925年度）　111
図Ⅴ-6　戦間期道修町における調整の移行　116

図Ⅵ-1　研究対象地域の概観図　123
図Ⅵ-2　明治中期における大阪の材木流通経路　126
図Ⅵ-3　主要木材輸入港における木材輸入価額の推移　131
図Ⅵ-4　製材業生産額の推移（職工数5人以上の工場）　133
表Ⅵ-1　1910年大阪の主要材木業集積　135
表Ⅵ-2　1924年大阪の主要材木業集積　136
表Ⅵ-3　1935年大阪の主要材木業集積　137
表Ⅵ-4　西長堀、立売堀の主要材木業者（1924年）　140
表Ⅵ-5　幸町通、西道頓堀通、木津川町の主要材木業者（1924年）　144
表Ⅵ-6　横堀の主要材木業者（1924年）　146
表Ⅵ-7　港区の主要材木業者（1924年）　150
図Ⅵ-5　市売に対する材木業者間対立と同業組合の制度　157

図補-1　1892～1912年に発行された「繁昌記」（国立国会図書館所蔵）の分布図　187
表補-1　松本町における「繁昌記」とその類書の内容構成　189

239

表補-2　山内編『松本繁昌記』における商工業者紹介文の記述量と立地の関係　197
図補-2　松本中心市街地の町　198
表補-3　『第二版　日本全国商工人名録』採録の『松本繁昌記』非記載繊維業者　200
表補-4　山内編『松本繁昌記』と『第二版　日本全国商工人名録』中の採録業者にみる立地の比較　201
図補-3　長野県松本町（市）を中心とした鉄道敷設関係図　205

あとがき

　本書では、近代の同業者町が、前時代から何を強みとして引き継ぎ、どのように産業化に対応したのかを検討してきた。ただし、その視点は、製造業のみならず、流通業者の関係に注目するものであることを改めて強調しておきたい。

　今日の流通に関する議論では、流通業者の取引の流れを商流と呼び、実際の商品の流れを物流と呼んで区別する。そして、産業立地の分析においては特に後者に対して注意が払われることが多い。しかし、歴史地理学では商流の分析も同等に重要であることが早くから指摘されてきた。産業化を完遂させるには、商品を大量生産した上で大量流通させなければならないが、千葉徳爾がかつて指摘したように「特別な、時には土地によって異なる売買慣行や取引組織が、商品ごとに存在しており、生産者と需要者とがこれに適応することによって、はじめて商品の大量移動がおこる」のである（千葉徳爾1966「いわゆる裏日本の形成について（第二報）――商品取引組織からみて――」歴史地理学紀要 8: 91-106）。したがって、近代日本の産業化を具体的に解明するには、地域によって異なる取引の制度や組織に注意を払う歴史地理学の視点が不可欠といえよう。

　本書では、同業者町に集う同業者たちの関係を通じて、こうした問題の一端を筆者なりに考察したつもりである。ただし、実際の経済活動は同業者町の内部だけで完結するものではなく、より広い空間スケールの中で営まれる。近代日本の市場構造を具体的に解明するために、今後さらに全国各地域と大都市内部にある同業者町の関係を明らかにしていく必要を自覚している。

　本書は、2015年11月に京都大学大学院文学研究科に提出した博士論文『近代期大阪における同業者町に関する歴史地理学的研究――集団内の調整機能と空間的集積形態の分析を中心に――』をベースにしている。なお、いくつかの章は既発表の論文を下敷きにしており、学位論文提出後のものも含め

て、各章のもとになった論文初出は以下の通りである。ただし、収録にあたっては、全体の議論に合わせて加筆・修正のうえ、再構成した。

第Ⅰ章　書き下ろし
第Ⅱ章　書き下ろし。ただし、2015年11月の人文地理学会大会で行った「産業化期の産業地域と「ソフトな」存立基盤――日英の研究動向を中心に――」と題した報告の内容をもとにしている。
第Ⅲ章　書き下ろし。ただし、2013年11月の人文地理学会大会で行った「近代の大阪における同業者町の変化と歴史的慣性――商工名鑑的地誌を用いた同業者町分布の検討――」と題した報告の内容をもとにしている。
第Ⅳ章　「近代における同業者町の存続とその意義――明治・大正期の大阪道修町と医薬品産業を事例として――」人文地理、64巻2号、pp. 21-39、2012。
第Ⅴ章　「戦間期の同業者町における取引関係と「調整」の変化――1914～1940年の大阪・道修町の医薬品産業を事例に――」地理学評論、87巻1号、pp. 38-59、2014。
第Ⅵ章　「同業者組織の制度・慣習に立脚した調整機能の不全と同業者町の空間的再編成――明治～大正期の大阪における材木業同業者町を事例に――」地理学評論、89巻6号、pp. 303-328、2016。
第Ⅶ章　書き下ろし
第Ⅷ章　書き下ろし
補　章　「明治後期地方都市における商工名鑑的「繁昌記」の出版―山内實太郎編『松本繁昌記』を事例に―」史林、93巻6号、pp. 119-144、2010。

　本書をまとめるまでには、多くの方々のお力添えをいただいた。京都大学大学院文学研究科地理学教室では、指導教官の金田章裕先生（現名誉教授）、米家泰作先生をはじめ、小林致広先生（現名誉教授）、石川義孝先生、田中和

あとがき

子先生に学部の時から現在に至るまで、長い間大変お世話になった。劣等生の筆者が今日まで研究を続けることができたのは、先生方から賜った厳しくも温かいご指導のおかげである。地理学教室の院生諸氏からは研究を進める上での心構えやヒント、そして大きな刺激を日夜いただいてきた。前職の京都大学総合博物館では、岩﨑奈緒子館長をはじめ、同館の諸先生方から学問の垣根を超えたご教示をいただいた。現職の佛教大学歴史学部に職を得てからは、渡邊秀一先生をはじめ、歴史と文化を多面的に見つめる視点の重要性を御教示頂いている。他にも、京都周辺におられる地理学者の方々には公私にわたってお世話になりっぱなしである。ひとりひとりお名前をあげることはとてもできないが、この場をお借りして厚くお礼申し上げたい。

　調査においても数多くの方にご厚意を賜った。資料調査に際しては、国立国会図書館、国立国会図書館関西館、金沢大学附属図書館、大阪府立中之島図書館、大阪市立中央図書館、神戸大学社会科学系図書館、県立長野図書館、松本市立中央図書館の各機関でお世話になった。文書資料の閲覧や聞き取りに際しては、くすりの道修町資料館、大阪市史編纂所、荒川化学工業株式会社、一般社団法人大阪府木材連合会、株式会社大阪木材相互市場、松本市文書館、高美書店の皆様に大変お世話になった。特に、道修町文書資料館元館長の久保武雄氏（故人）、一般社団法人大阪府木材連合会の豊田義登氏には、お忙しい中、数多くの貴重なご助言を頂いた。厚く感謝申し上げたい。

　なお、本書の内容の一部は、科学研究費補助金の助成により行われた研究によるものである。また、出版にあたっては、2018年度佛教大学出版助成を受けた。

　また、出版事情の厳しいなか、清文堂出版の松田良弘氏には、本書のような内容の出版物を快く引き受けてくださり、刊行まで大変お世話になった。遅筆な筆者は原稿が滞ってしまい、多大なご迷惑をおかけすることになってしまった。改めて、深く御礼とお詫びを申し上げる。

　最後に、決して順風ではなかった筆者の研究が進捗することを信じ、援助

し続けてくれた両親と家族に深く感謝の意を表し、本書を捧げることをお許しいただきたい。

2018年早春

網島　聖

索　引

【あ行】

秋蚕種　　　　　　　　　194, 209, 210
アソシエーション（association）　26, 27
淡路町（大阪市中央区）　　　　　　91
暗黙知　　　　　　　　　　　　20, 184
移植産業　　　　　　　　　　　　4, 11
泉尾町（大阪市大正区）　　　　143, 153
伊勢町（松本城下町）　　　　　　　202
立売堀（大阪市西区）　　48, 51, 52, 122,
　　　　　　　　134, 135, 137～139, 158
市売　　　　　　124, 125, 127, 128, 130, 134,
　　　　　　　136～138, 145, 149, 152～
　　　　　　　154, 156, 159～161, 180, 181
市売委員　　　　　　　　　　　　127
市売改革要求　　　　　　　149, 153, 155
市売問屋　　　　124, 125, 127, 128, 132, 139,
　　　　　　　　142, 143, 145, 148, 149,
　　　　　　　　152, 154, 155, 158, 159
市浜　　　　　　124, 125, 127, 134, 152, 155
医薬品　　　　　　　　　57, 62, 168, 179
インフォーマルな制度・慣習　　159, 161,
　　　　　　　　　　　　　　　170～172
埋め込（み）（embeddedness）　23, 31,
　　　　　　　　　　　　　　　　32, 119
永久組　　　　　　　　　　　　　　78
英国　　　　　　　2, 10, 21～23, 28, 173～175
エキホス　　　　　　　　　　　113, 116
『江戸繁昌記』　　　　　　　　　　186
遠隔地取引　　　　　　　　206, 208～211
大阪卸仲買商組合　　　　　　90, 110～112
大阪材木商同業組合　　　　　125, 139, 152,
　　　　　　　　　　　　　　153, 156, 159
大阪市商工課　　　　　　　　　154, 158
大阪司薬場　　　　　　　　　　　64, 72
大阪商業会議所　　　　　　　5, 54, 68, 166
『大阪商工案内』　　　　　　　　　　47

『大阪商工名録』　　　　　69, 71, 72, 95, 97
大阪商法会議所　　　　　5, 38, 39, 54, 55, 166
大阪製薬株式会社　　　　　　　　73, 76
大阪製薬同業組合　　　　78, 105, 106, 110, 112
『大阪繁昌誌』　　　　　　　　44, 45, 48, 58
『大阪独案内』　　　　　　　　45, 49, 50, 56
大阪府内務部　　　　　　　　　158, 163
大阪木材市場株式会社　　　　　139, 154
大阪木材共同市場　　　　　　　152～154
大阪木材相互市場　　　　　　　　134
大阪薬種卸仲買商組合　　　65, 68, 71, 72,
　　　　　　　　　　　78, 80, 81, 85, 86
大阪薬品試験会社　　　　　　　　　81
大問屋　　　　　　　　　　　　124, 158
御蔵跡（大阪市浪速区）　　　48, 49, 52, 53
乙部仲買　　　125, 128, 143, 148, 149, 152, 155
親町（松本城下町中心部の総称）　196, 202

【か行】

外部経済　　　　　　　　　　　　19
家業　　　　　　　　　　　　　　15
『金沢繁昌記』　　　　　　　　205, 206
下部組　　　　　　　　　　　　　78
株仲間　　　　　　6, 25～27, 29, 30, 36～
　　　　　　　　　39, 65, 71, 81, 84, 124
カルテル　　　　　　　　　　　　175
観光案内　　　　　　　　　　　　193
慣習　　　　　　　3, 6, 11, 12, 18, 21, 43,
　　　　　　　124, 127, 129, 138, 149,
　　　　　　　152, 155, 158, 160, 168,
　　　　　　　170, 172, 173, 180～183
木津川町（大阪市西区）　　　　135, 142
業界紙　　　　　　　　　　　　　6, 80
業種転換型（同業者町）　　　　54, 55, 57,
　　　　　　　　　　　　　166, 171, 172
協調的な関係　　　　　　　　104, 105, 115
協調的行動　　　3, 5, 21, 24, 62, 168, 173～175

245

近接性	14, 19, 24, 176
景観変遷史法	14, 17, 18, 30
経済史	21, 29
経済社会学	21
経済主体	6, 11, 17, 18, 27, 171, 182
経済地理学	21, 28, 164, 183
形式知	20, 184
系列	105, 112, 114, 170, 174
戯作的「繁昌記」	186, 191, 193
建設的協同	21
工業所有権戦時法	93
工業薬品	65, 66, 68
後発産業化国	173, 174
甲部仲買	125, 127〜129, 134, 139, 148, 149, 153〜155, 157〜159
『甲府繁昌記』	204
五代友厚	38
小問屋	124, 125
小林町（大阪市大正区）	42, 48, 49, 52, 59, 137

【さ行】

材木業	42, 47, 57, 122, 148, 168, 174, 179, 180
在来産業	4, 11, 43, 54, 182
在来産業継続発展型（同業者町）	54, 55, 57, 166, 167, 171, 172, 178, 181, 182
在来的産業基盤	2, 12
境川町（大阪市西区）	130, 134, 136〜138, 143, 145, 154, 157
産業化（industrialization）	2, 4, 7, 10, 17, 18, 21〜23, 25, 28, 36, 37, 39, 42, 43, 53, 166〜168, 171〜176, 178, 179, 181〜183
産業革命	2, 10, 30
産業集積	2, 3, 6, 11, 12, 17, 18, 21, 22, 28, 54, 117, 166, 167, 176, 178, 180
産業上の雰囲気（industrial atmosphere）	19, 20, 31, 184
産業地域（industrial district）	10, 11, 18〜23, 171, 173〜176, 182〜184
産業地域社会	3, 11, 172

産業地域の雰囲気	21
三度売	128, 153
参入障壁	154, 159, 161, 171, 181
シェフィールド	19, 23
塩野義三郎商店	103, 106, 107, 113
塩野義製薬	62, 78, 86
清水（松本城下町近郊）	202
社会的関係	27
重工業型（同業者町）	54, 55, 57, 167, 171, 172, 182
集積の利益	19
柔軟性	172
柔軟な分散的生産システム	10
十人材木屋	124
自由民権派知識人	191
重要物産同業組合	47, 58
重要物産同業組合法	58, 125, 129
縮小・衰退型（同業者町）	54, 57, 166, 171
「純良薬品」	76
商家同族団	16
商業会議所	6, 25, 27, 29, 54, 172, 176, 178
商工会議所	29
商工名鑑	43
商工名鑑の出版物	6, 43, 186, 193
商工名鑑的「繁昌記」	187, 188, 191, 193, 203, 210〜212
正進組	78〜80, 82, 87
商秩序	38
商法会議所	6
昭和恐慌	93
職縁	12
職人（クラフト）型の工業部門	10
諸国物産荷受問屋	125, 156
『初版 日本全国商工人名録』	207
進化経済学	21
新古典派経済学	18, 23
新制度派経済学	21, 25
新薬	92, 94, 97, 99, 100, 103, 104, 115
信用保持	81
信頼関係	3, 21, 23, 24
少彦名神社	104
住吉組	78, 80, 104

索　引

製材業　129, 133, 134, 136, 145, 147, 148
精々舎　64, 72
製造業　4, 172, 174, 184
制度（institution）　3, 6, 11, 18, 19, 21,
　　　22, 24, 25, 27, 43, 124, 127, 129,
　　　130, 138, 149, 152, 155, 158, 160,
　　　166〜173, 175, 176, 180〜183
舎密局　64
製薬業者　69, 72, 76, 84, 105, 109
製薬者　64, 86
セーブル　22, 32
セリ　100
戦間期　90, 92, 93, 97, 100,
　　　103〜105, 110, 115, 180
『善光寺繁昌記』　191
善光寺道　196
全国材木荷主同盟会　152, 153, 156
ゾーリンゲン　19
組織　3, 6, 12, 24, 25, 27, 130, 138,
　　　167, 169, 171, 173, 175, 176, 182
粗製濫造　38

【た行】

『第二版　日本全国商工人名録』　196, 208
大日本製薬株式会社　73, 117, 118
大名町（松本城下町）　202
ダイレクトリー（Directory）　188, 206〜
　　　208, 211, 212
武田長兵衛商店　99, 103, 113, 114, 117, 118
武田薬品工業　62, 78, 86
田辺五兵衛商店　103, 106, 107, 113
田辺製薬　62, 78, 86
地域経済　206, 211
地域変遷史法　14, 17, 18, 30
地縁　12, 17, 27, 30, 176
千島町（大阪市大正区）　59, 122, 134,
　　　136, 137, 143, 154, 155, 158
『中京繁昌記』　208
中小零細企業　2
注文屋　78〜80, 82, 100, 103
調整（coordination）　6, 19, 24, 25, 29,
　　　62, 78, 81〜85, 90, 100,
　　　104〜106, 110, 114〜117,
　　　123, 155, 156, 158, 159, 161,
　　　168〜171, 173〜175, 181, 183
地理的慣性　15, 16, 42
賃挽　129, 130
附売　127
附売問屋　125, 129, 142, 145,
　　　149, 152〜156, 158
提携的な建設的協同　19, 20
鉄道敷設　192, 193, 203, 206〜208, 211
寺門静軒　186
伝統産業　17
同業組合　3, 6, 20, 24, 25, 29, 38〜45,
　　　47, 55, 58, 81, 124, 166〜169,
　　　172〜174, 176, 178, 181
同業組合準則　58
同業者町　2, 3, 6, 7, 11〜18, 27〜29,
　　　36, 39〜45, 47〜51, 53〜57,
　　　59, 62, 82, 84, 85, 115〜117,
　　　166〜173, 176, 178〜184
『東京新繁昌記』　186
唐薬種　62, 63
「東洋のマンチェスター」　4, 37
都市形態論　183
都市生態学　13〜17, 28, 31, 178, 183
道修町（大阪市中央区）　45, 51〜54, 57,
　　　62, 63, 65, 68〜73, 75, 76, 78, 80〜
　　　85, 90〜92, 95, 100, 103〜105, 110,
　　　112〜117, 161, 168〜170, 174, 179〜181
道修町文書　87
道修町薬種中買仲間　63
丼池筋（大阪市中央区）　48, 49, 52
取引コスト　25, 32
問屋（材木）　123, 127
問屋（薬種）　78, 80, 107
問屋卸売業者　110, 172〜174, 179, 180

【な行】

仲買（材木）　123〜125, 127
仲買（薬種）　78, 80, 83
中町（松本城下町）　196, 199, 200
七組仲買仲間　124

247

南信七郡	192, 195
西道頓堀（大阪市西区）	135, 142
西長堀（大阪市西区）	47, 48, 51, 52, 54, 57, 122, 129, 134～139, 145, 148, 149, 154～156, 158～161, 168, 170, 171, 174, 179～181
西横堀（大阪市西区）	52
荷主	148, 152, 153, 158
『日本全国商工人名録』	188
日本薬局方	76, 92
入札売	127
ネオマーシャルモデル（neo-Marsharian model）	22～24, 28, 29, 32, 173
農商工準則組合	47, 58

【は行】

バーミンガム	24
椛木道徳	128, 162
服部誠一（撫松）	186
「一繁昌記」	43, 58, 186, 190, 191, 193, 204, 211
反動不況（第一次世界大戦後）	97, 100, 106, 132, 149
ピオリ	22, 32
東町（松本城下町）	196, 202
平野町（大阪市中央区）	91
フォーマルな制度・組織	161, 168, 170, 172, 182
複数核化	52, 122
伏見町（大阪市中央区）	62, 113
歩引	128, 129, 153, 156
プロト工業化	10
文化（culture）	3, 11, 12, 21, 22
文化景観	13
封建的政策	16
補助産業	3, 12, 19, 21, 173, 183, 184
本町（松本城下町）	196, 200

【ま行】

マーシャル，アルフレッド	10, 11, 18～23, 28, 31, 173～175, 184
松屋町筋（大阪市中央区）	52
『松本繁昌記』	188, 190, 194, 204, 211
マンチェスター	4
店売屋	78, 100, 103

【や行】

薬剤師	64, 67, 86
薬種商	62, 64, 65, 67～73, 75, 76, 78, 82～86
薬正組	78～80, 86～88
薬品営業並薬品取扱規則	64, 82
山内實太郎	188, 190, 194, 204
洋薬	64, 65, 73
横堀（大阪市中央区）	51, 52, 135～137, 143, 149, 157, 159
横町（松本城下町）	199

【ら行】

ランカシャー	19
濫売	114
臨時薬業調査会	93, 107
歴史制度分析	25
歴史地理学	11, 12, 17, 28, 29, 176, 182, 183
歴史的慣性	15
六九町（松本城下町）	202

網島　聖（あみじま　たかし）
〔略　　歴〕
1981年　大阪府大阪市生まれ
2015年　京都大学大学院文学研究科博士後期課程研究指導認定退学
2015年　博士（文学）
　　　　京都大学総合博物館特定助教を経て、現在佛教大学歴史学部講師。

同業者町の研究
―同業者の離合集散と互助・統制―

2018年５月22日　初版発行
著　者　網 島　　聖 ©
発行者　前 田 博 雄
発行所　清文堂出版株式会社
　　　〒542-0082　大阪市中央区島之内2-8-5
　　　電話06-6211-6265　FAX06-6211-6492
　　　ホームページ = http://www.seibundo-pb.co.jp
　　　メール = seibundo@triton.ocn.ne.jp
　　　振替00950-6-6238

印刷：亜細亜印刷　製本：渋谷文泉閣
ISBN978-4-7924-1077-3　C3025